Tanja Aeckersberg

Der 8. Sinn

Schlüssel zur Bewusstseinserweiterung und Selbstheilung

Erfahre Deinen 6. und 7. Sinn in aktiver Form
und erlebe den **8**. Sinn in Aktion!

FITMIT-Verlag

Impressum

FITMIT-Verlag I. Aeckersberg
Kurt-Schumacher-Ring 13, 65550 Limburg, Deutschland
Telefon: 06431 408888, Telefax: 06431 408889
E-Mail: verlag@fitmit.de, Internet: www.fitmit.de

Autorin: Tanja Aeckersberg
Illustration: Tanja Aeckersberg, Ingrid Aeckersberg, Uwe Wieland
Beiträge: Rev. Prof. Dr. Rubens Faria
Photonenfotos: Danielle Gullà
Personenfotos: Ingrid Aeckersberg, Dieter Aeckersberg, Anneliese Kimpenhaus, Anne Hübner, Rubens Faria, Dana Simion, Krista Bouillé, Phyllis Krystal, Djaly und Papa Wangos Tanzgruppe.

Die in diesem Buch veröffentlichten Inhalte sind von der Autorin und vom Verlag sorgfältig in Theorie und Praxis geprüft worden. Es gibt viele Redensarten und Volksweisheiten, deren Urheber heute nicht mehr bekannt oder eindeutig zu ermitteln sind. Einige Zitate in diesem Buch sind daher ohne Namensnennung verwendet worden. Bei bekannten Urhebern ist der Name direkt in dem entsprechenden Textabschnitt angegeben. Eine Haftung der Autorin oder des Verlags für Personen-, Sach- und Vermögensschäden ist hiermit ausgeschlossen. Die Anwendung der hier beschriebenen Methoden erfolgt auf eigene Verantwortung und ersetzt nicht den Besuch beim Arzt oder Heilpraktiker.

2. Auflage 2023

Inhaltsverzeichnis

Inhaltsverzeichnis

Gib dem Hungernden einen Fisch und er wird einen Tag satt.
Lehre ihn fischen und er wird nie mehr hungern.

Inhaltsverzeichnis

Inhaltsverzeichnis

Die „Geistige Führung“

Als Kind sah ich „zufällig“ eine Fernsehsendung, in der ein Yogameister zeigte, was er konnte. Solche „Zufälligkeiten“ passierten mir damals ständig, ohne dass mir bewusst war, dass dies Hinweise auf meine „Geistige Führung“ waren. Ich schaltete immer genau zu einem Zeitpunkt das Fernsehen ein, als Sendungen liefen, in denen etwas über Geistheilung, Schamanen, Naturheiler oder spirituellen Meister und Fakire gezeigt wurde, und ich schaute gebannt zu, wenn zum Beispiel jemand in Trance fiel und von seinen Ahnen sprach. Solche Sendungen waren vor 35 Jahren noch sehr selten, aber mein Unterbewusstsein hatte es wohl immer mitbekommen, mich zur richtigen Zeit an den richtigen Ort geführt und mich die richtige Taste auf der Fernbedienung drücken lassen.

Alle diese Sendungen veränderten mein Denken und meine Zukunft, aber ich wusste dies zum damaligen Zeitpunkt noch nicht, sondern fand das alles einfach nur interessant. Heute denke ich manchmal, wäre mir die Bedeutung dieser Sendungen für meine persönliche Entwicklung als Kind schon bewusst gewesen, hätte ich sie aufmerksamer verfolgt, mir Notizen gemacht und vor allem sie mehr genossen. Diese eine Sendung mit dem Yogameister blieb mir allerdings immer als etwas Besonderes im Gedächtnis. Der Yogi saß der Moderatorin in einem Stuhl gegenüber. Die Moderatorin öffnete einen geschlossenen Umschlag, zog eine Karte mit einer Frage heraus, die nur sie allein sehen konnte. Ihre Aufgabe war es, die Frage nur im Geiste zu lesen, ohne sie auszusprechen. Der Yogi schaute sie währenddessen mit sanftem Blick an, der irgendwie durch sie hindurchzugehen schien. Nach ein paar Sekunden sprach er die Frage laut aus und beantwortete sie auch gleich darauf. Die Moderatorin war völlig verdutzt und wusste erst mal nicht weiter. Im Saal herrschte eine vor Aufmerksamkeit knisternde

Ruhe. Ja, stimmt, schluckte sie und ein zweiter Moderator kam eilig herbei, um zu übernehmen, bis sie die Fassung wiedergefunden hatte, und erklärte noch einmal, dass niemand diese geschlossenen Umschläge vorher gesehen hätte und der Notar im Hintergrund darüber wachte.

Gedanken lesen, es ist möglich!
Unglaublich – aber wahr!

Es folgten noch drei, vier Umschläge mit weiteren Fragen, die der Yogi jedes Mal scheinbar mühelos aus den Gedanken der Moderatorin herauslesen konnte. Der Begriff Telepathie war damals noch nicht so bekannt und fiel in der Sendung nicht.

Im weiteren Verlauf der Sendung führte der Yogi Körperübungen vor, zum Beispiel, wie er seine Waschbrettbauchmuskeln wie eine Welle auf und ab bewegen konnte, und er erzählte natürlich, wie er zum Yoga und zum Meditieren gekommen war, aber Details dazu sind mir nicht mehr im Gedächtnis. Mir war nach der Sendung nur eines bewusst:

Das möchte ich auch können!
Das werde ich auch erlernen!

Unbewusst speicherte sich bei mir ab, ja, Gedankenlesen ist möglich und man kann es erlernen, der Yogameister hat es geschafft. Diese Erfahrung und diese Entscheidung „Das möchte ich auch können“ hat sich viele, viele Jahre später verwirklicht. Ich habe es tatsächlich auch gelernt. Dies ist jetzt auch schon wieder fast 20 Jahre her.

Die Umstände in jener Zeit waren nicht glücklich für mich, so dachte ich damals wenigstens, und so maß ich meinen neuen Fähigkeiten gar nicht die Bedeutung bei, die sie heute für mich haben. So ist es immer, wenn man nicht genug im Jetzt ist und die Dinge, die man im Augenblick erlebt, nicht als großartig und wunderbar einordnet. So möchte ich Dir schon zwei Lehrsätze mit auf den Weg geben:

Alles ist wichtig und alles ist interessant!

**Ich bin immer zur richtigen Zeit
am richtigen Ort und
tue genau das Richtige!**

Es genügt aber nicht, sich dieser Sätze bewusst zu sein, man muss sie auch verinnerlichen, fühlen, akzeptieren und sich an ihnen freuen! Man muss sich die Zeit dafür nehmen! Also nimm Dir die Zeit, schließe Deine Augen und lasse Dir den Tag durch den Kopf gehen, was hast Du heute alles erfahren. Du hast gerade gehört, dass man Gedanken lesen lernen kann, großartig, freue Dich und akzeptiere dies als selbstverständlich, dann wirst Du es auch bald können.
Ja, so ist es!

Gedanken las ich zum ersten Mal während meiner langjährigen Krankheitszeit nach einer missglückten Wirbelsäulenoperation. Ich war bettlägerig und konnte mich kaum bewegen. In jener Zeit besuchte ich, liegend transportiert, viele Ärzte und musste viele, viele Stunden in Wartezimmern verbringen. Ein wenig gehen konnte ich, aber nicht sitzen. Ein Bett oder eine Behandlungsliege waren mir zu weich und so legte ich mich immer auf ein Handtuch in irgendeine Ecke des Wartezimmers. Dass dies nicht gerne gesehen wurde und ich mit gedanklichen Reaktionen, wie „die spinnt wohl“ oder „ist die aber arm dran“ überschüttet wurde, brauche ich nicht zu sagen.

Beides, Ärger und Mitleid, war gleichermaßen unangenehm. Schon damals spürte ich die Kraft der Gedanken, ihre Macht über mich und wie sie meine Körperenergie beeinflussten.

Zum Glück war der Großteil meiner Familie immer guter Dinge, vor allem meine Mutter, die sich, wenn sie mir Eiswürfel auflegte, um damit meine Beinschmerzen zu lindern, immer noch einen Spaß draus machte und mich dabei einfach nass spritzte. Auch die anderen Familienmitglieder erfüllten mir meine Wünsche, da ich mich als „Fachfrau", Physiotherapeutin, Heilpraktikerin, Rückenschulleiterin, ihrer Meinung nach gut auskannte. Den anderen, nicht so positiv denkenden Besuchern verbot ich kategorisch, sich Sorgen zu machen. Sich Sorgen machen empfand ich als das Schlimmste, was man einem Menschen antun konnte. Dies war eine so lähmende und schwächende Energie. Ich spürte dies schon, wenn die Menschen, die mich besuchen wollten, vor der Tür standen. In hartnäckigen Fällen wimmelte meine Familie solche Besucher schnell für mich ab.

Zum Glück hatte ich den Mut, meine Gefühle auszudrücken und mein spirituelles Wissen zu offenbaren, wenn ich wieder mal die Kraft zum Reden hatte. Ich sagte jedem meiner Besucher, mache Dir keine Sorgen um mich, fass mich nicht so mitleidig an, hör auf, über meine Krankheiten nachzudenken. Mein Rücken ist gesund und mir geht es gut, unterstütze mich und denke jetzt gefälligst positiv.

In dieser Zeit lag ich zwar viel herum, war aber hellwach dabei. Wenn man 24 Stunden im Bett liegt, hat man viel Zeit, nachzudenken und Übungen zu machen. Ich las viele spirituelle Bücher und beschäftigte mich mit geistigen Übungen, um meine Schmerzen zu lindern und mich beweglicher zu machen. So kam es, dass ich eines Tages wieder einmal in einem Wartezimmer in der Ecke lag, die Augen geschlossen hatte und aufmerksam in mich hinein und um mich herum horchte. Meine Atmung war ganz langsam und flach, mein Bauch bewegte sich nicht sichtbar.

Auf einmal hörte ich Stimmen!

Es waren aber keine Stimmen, die ich hörte, sondern es waren Gedanken, die Gedanken der Menschen um mich herum. Mit der Zeit wurde meine Aufmerksamkeit, oder soll ich es besser Bewusstsein nennen, immer weiter und ich konnte die Gedanken der Arzthelferin lesen, die am PC an der Anmeldung arbeitete. Ich las, was sie dachte, bevor sie etwas in den PC tippte. Ich nahm wahr, wie sie überlegte, es waren ganz normale Gedanken des Alltags. Bald konnte ich auch ganze Gedankengänge der anderen Patienten lesen und wusste, womit sie sich gerade beschäftigten. Als würden sie laut sprechen. Es war fantastisch.

Später konnte ich sogar nachvollziehen, wie die Menschen angesichts der Vielzahl ihrer Gedanken überlegten, welchen ihrer Gedanken sie schließlich auswählten und in Worte fassten, beziehungsweise in die Tat umsetzten. Es war sehr interessant. Ich konnte mit den Menschen viel besser umgehen, wusste, was sie wollten, und konnte schnell reagieren. Das ganze Miteinander war viel harmonischer. In einem der späteren Kapitel werde ich Dir erklären, wie Du Gedanken lesen lernen kannst. Bevor es so weit ist, ist allerdings noch etwas Theorie nötig und einige praktische Übungen, um Deinen Geist darauf vorzubereiten.

Verweile nicht in der Vergangenheit,
träume nicht von der Zukunft.
Konzentriere dich auf den gegenwärtigen Moment.

Wir sind, was wir denken. Alles, was wir sind, entsteht aus unseren Gedanken. Mit unseren Gedanken formen wir die Welt.
Du wirst morgen sein, was Du heute denkst.

Es nützt nichts, nur ein guter Mensch zu sein,
wenn man nichts tut!
Buddha

Bewusstseinszustände und Gehirnaktivität

Als Bewusstseinszustand wird bewusstes Erleben bezeichnet, das sich durch die Merkmale **Wahrnehmung, Selbstbewusstsein, Wachheit, Handlungsfähigkeit und Intentionalität** auszeichnet.

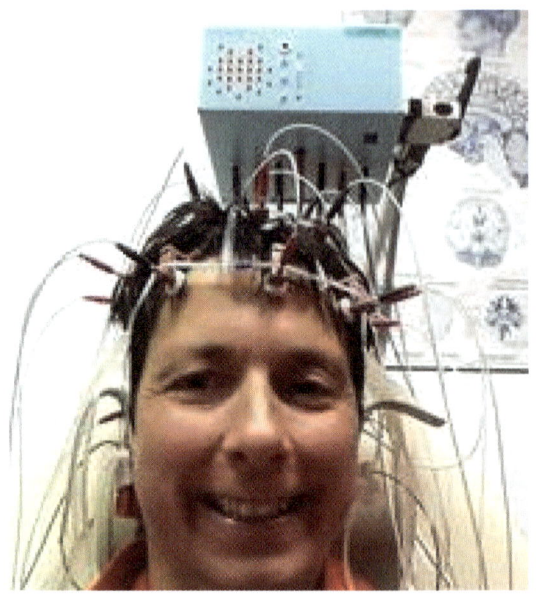

Es gibt verschiedene Bewusstseinsstufen, die man auch im Gehirn anhand der Messung elektrischer Ströme unterscheiden kann. Die Messung nennt man EEG.

Verschiedene Wachheitsgrade ziehen auch Änderungen des Frequenzspektrums der EEG-Signale nach sich.

So kann man anhand der Spannungskurven Aussagen über den Bewusstseinszustand treffen.

Gehirnwellen:
• **Gamma (100–38 Hz)** • **Beta (38–15 Hz)** • **Alpha (14–8 Hz)** • **Theta (7–4 Hz)** • **Delta (3–0,5 Hz)**

Hz = Hertz = Schwingungen pro Sekunde. Die Einheit wurde 1930 nach dem deutschen Physiker Heinrich Hertz benannt. Über die genaue Hertzeinteilung bei Vorliegen der verschiedenen Bewusstseinszustände sind sich die Forscher noch nicht einig, deswegen zeigen die Angaben im folgenden Text eine gewisse Bandbreite. Ein sehr asynchrones Muster aller Frequenzbänder deutet auf eine starke emotionale Belastung oder einen Verlust der willentlichen Kontrolle hin, während vermehrt langsame Wellen bei gleichzeitig wenigen schnellen Wellen auf einen Schlaf- oder einen Döszustand hinweisen.

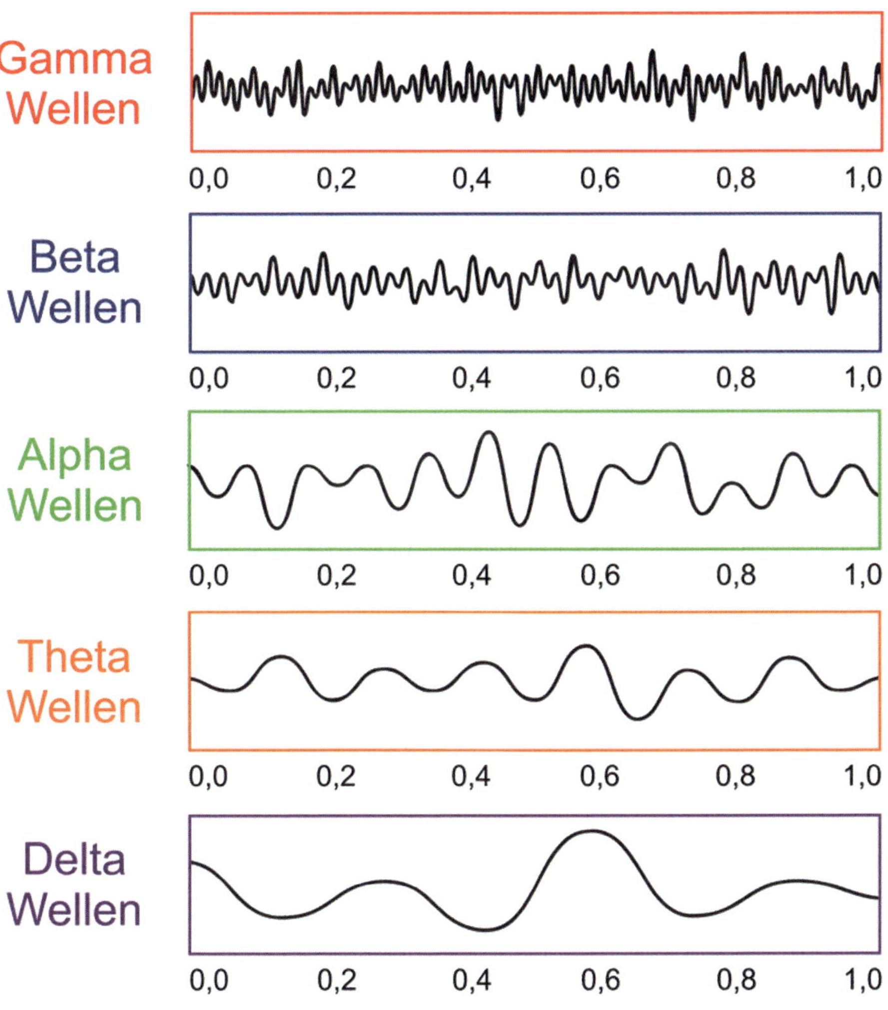

Beta-Wellen

Fangen wir mit der Beta-Welle an. Als Beta-Welle wird ein Signal im Frequenzbereich zwischen >13 und 30 Hz bezeichnet. Es ist der Zustand des **Alltagsbewusstseins** mit guter Aufmerksamkeit und Intelligenzleistung. Beta-Wellen treten beim konstanten Anspannen eines Muskels auf. Beta-Wellen entstehen aber auch als Folge der Einwirkung bestimmter Psychopharmaka. Bei einer Frequenz von 21 bis 38 Hz ist man in Aufregung, in einer „permanenten Alarmbereitschaft", die als Fritz Perls bezeichnet wird. Die Hirnwellen treten also beim normalen Wachbewusstsein auf, der nach außen gerichteten Aufmerksamkeit, des logischen, prüfenden und bewussten Denkens.

Allerdings, die hohen Frequenzen des Beta-Spektrums werden besonders beobachtet bei innerer Unruhe, Angst, Stress und dann, wenn unser innerer Kommentator oder Kritiker aktiv ist. Das ist heute immer mehr der Fall, sicherlich auf die vielen negativen Nachrichtenmedien und die Mobilfunkanlagen zurückzuführen. Sie unterscheiden sich von den niederfrequenten Beta-Wellen des spirituellen Geistes, dessen Denken klar, wach, aufmerksam und kreativ ist.

Die Alpha-Wellen

Als Alpha-Welle wird ein Signal im Frequenzbereich zwischen 8 und 13 Hz bezeichnet. Alpha-Wellen im Gehirn treten bei leichter **Entspannung beziehungsweise entspannter Wachheit**, auf. Sie stellen sich bei gelöster, entspannter Grundhaltung, beim Tagträumen und Visualisieren ein.

Alpha-Wellen treten hauptsächlich bei geschlossenen Augen auf und werden mit dem Öffnen der Augen durch Beta-Wellen ersetzt (Berger-Effekt). Der gleiche Effekt ist zu beobachten, wenn man bei geschlossenen Augen beispielsweise eine einfache Rechenaufgabe zu lösen beginnt. Alpha-Wellen sind das Tor zur Meditation, sie sind als Brücke notwendig, damit Informationen aus dem Theta-Bereich in unser Wachbewusstsein gelangen können. Wenn wir so tief meditieren, dass wir nur noch Theta- und Delta-Wellen, aber keine Alpha-Wellen mehr produzieren, werden wir uns an die Inhalte der Meditation nicht erinnern können. Alpha-Wellen sind deshalb besonders in Kombination mit anderen Hirnwellen bedeutsam.

Gamma-Wellen

Als Gamma-Welle wird ein Signal im Frequenzbereich über 30 Hz bezeichnet. Sie tritt zum Beispiel bei starker **Konzentration oder Lernprozessen** auf. Man ist hellwach. Es ist der wachbewusste Zustand. Hier findet die primäre Verarbeitung der Sinneswahrnehmung statt. Die Art der Wahrnehmung und die Wahrnehmungsinhalte, verschiedene Gemütszustände und Emotionen lassen sich für den Wachzustand heute schon mithilfe des EEGs unterscheiden.

Die wesentlichen Eigenschaften zur Unterscheidung von anderen Bewusstseinszuständen sind Gedanken, die in der Regel sprachlich organisiert sind, und Handlungsfähigkeit. Sprachlich gefasstes Denken ermöglicht und erweitert viele kognitive Fähigkeiten und damit ein sehr weit reichendes Planen der Lebensumstände, was als Vorteil im Kampf ums Überleben angesehen wird. Die Gamma-Wellen wurden als Letzte entdeckt und sind noch am wenigsten erforscht. Sie werden mit Spitzenleistungen, starker Fokussierung, Konzentration und hohem Informationsfluss, aber auch mit mystischen und transzendenten Erfahrungen in Verbindung gebracht. Es wurden auch Verschmelzungserlebnisse, das Gefühl universellen Wissens und der Verlust des Ich-Gefühls beobachtet. Derzeit werden vor allem Gamma-Wellen im Frequenzband um 40 Hz im Zusammenhang mit fokussierter Meditation erforscht. Dabei ist ein besonderes Kennzeichen die Synchronisation der Gamma-Wellen über weite Bereiche des Gehirns.

Heutzutage treten Gamma-Wellen vermehrt als Krankheitszeichen auf. Menschen die Medikamente nehmen, extrem gestresst sind und Persönlichkeitsstörungen haben. Es kommt immer darauf an wie die einzelnen Frequenzmuster in Wechselbeziehung zueinander stehen oder nicht. Keine Frequenz ist schlecht an sich, aber ist sie isoliert, dann zeigt sie Störungen auf.

Theta-Wellen

Als Theta-Welle wird ein Signal im Frequenzbereich zwischen 4 und <8 Hz bezeichnet. Theta-Wellen treten vermehrt bei Schläfrigkeit und in den **leichten Schlafphasen** auf. Bei Kleinkindern sind sie im Wachzustand physiologisch. Es sind die Wellen des Unterbewussten. Sie kommen besonders im Traum im sogenannten REM-Schlaf vor sowie während kreativer Zustände. Hier nimmt man seine Intuition wahr.

Der Theta-Zustand ist auch der Zustand bei Meditation und tiefer Entspannung. Im Theta-Bereich finden sich also unsere unbewussten oder unterdrückten seelischen Anteile und unsere Kreativität und Spiritualität. Bilder aus dem Theta-Bereich sind oft weniger farbig, manchmal bläulich getönt, vermitteln uns aber meist ein tieferes Gefühl von persönlicher Bedeutung als die lebendigen, bunten Bilder der Alpha-Wellen. Theta-Wellen allein bleiben unbewusst; erst wenn auch Alpha-Wellen hinzukommen, können wir ihre Inhalte bewusst wahrnehmen oder erinnern.

Delta-Wellen

Delta-Wellen weisen die niedrigste Frequenz von 0,1 bis <4 Hz auf. Sie sind typisch für die meist traumlose **Tiefschlafphase.**

Sie stellen den unbewussten Bereich dar. Im traumlosen Tiefschlaf, dem erholsamen Teil des Schlafes, produzieren wir ausschließlich Delta-Wellen. Es ist der Zustand, der bei Astralreisen, Trance oder Tiefenhypnose auftritt.

Oft finden sich bei Menschen aus helfenden Berufen hohe Anteile an Delta-Wellen, dann spiegeln diese eine intuitive Aufmerksamkeit wider. Bei Säuglingen sind sie auch im Wachzustand physiologisch, bei älteren Kindern können sie noch im Grundrhythmus eingelagert sein. Delta-Wellen treten auch bei Gehirnschäden auf. Delta-Wellen werden vermehrt bei Heilern beobachtet.

K-Komplexe

K-Komplexe sind Wellenmuster, die typischerweise in der Non-REM-Schlafphase auftreten.

Vertex-Wellen

Vertex-Wellen sind charakteristisch für den Wach-Schlaf-Übergang, treten aber auch im weiteren Schlafverlauf vor allem im stabilen Leichtschlaf auf. Sie haben eine Dauer von weniger als 200 ms und sind auch noch weitgehend unerforscht.

Die rechte und linke Gehirnhälfte

Die beiden Gehirnhemisphären des Menschen haben unterschiedliche Funktionen.

rechts
Gefühl

links
Verstand

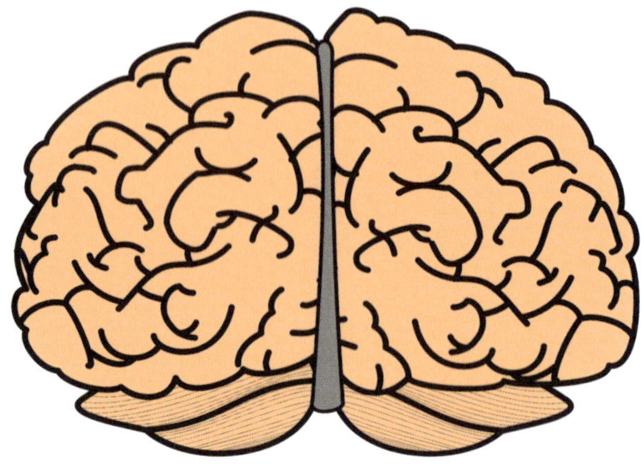

Die rechte Hemisphäre steuert die Funktionen der **linken** Körperseite und ist für das räumliche Vorstellungsvermögen und das Musikverständnis zuständig. Man nennt sie auch die Gefühlsseite oder die weibliche Seite. **Die linke Hemisphäre** ist für die Funktionen der **rechten** Körperseite zuständig. Die sprachlichen, arithmetischen und begrifflichen Funktionen entwickeln sich in dieser Gehirnhälfte. Man nennt sie auch die Verstandesseite oder die männliche Seite. Erst die **synchrone Zusammenarbeit** beider Hemisphären ermöglicht es, geistige Potenziale zu erschließen. Je besser die beiden Gehirnhälften zusammenarbeiten, desto größer ist das Bewusstsein und desto breiter ist der Balken zwischen rechter und linker Hemisphäre ausgebildet. Je ausgeprägter die beiden Gehirnhälften im Gleichgewicht sind, desto flexibler, feiner und schneller kann das Gehirn arbeiten und desto feiner, flexibler und schneller werden die Bewegungen gesteuert. Dies zeigte sich zum Beispiel bei Albert Einstein, der sein Gehirn für die Nachwelt zu Forschungszwecken zur Verfügung gestellt hat. Die rechte Hemisphäre, die parallel, bildhaft, emotional, unkoordiniert und ungebremst sehr viele Informationen aufnehmen kann, führt erst in synchroner Zusammenarbeit mit der linken Hemisphäre, die strukturiert, analysiert, auswählt und kombiniert, zur Fähigkeit der ganzheitlichen Erfassung und Analyse von Informationen und somit zur Entwicklung einer übergeordneten Betrachtungsweise von Sachverhalten (= höheres Bewusstsein!).

Unser Gehirn befindet sich, entsprechend seinem gegenwärtigen Bewusstseinszustand, auf einem bestimmten Schwingungsniveau. Diese Schwingungen stellen gewissermaßen die Frequenz unserer Gehirnaktivität dar. In der spirituellen Entwicklung spricht man davon, seine Schwingungsfrequenz zu erhöhen, was man folglich durch einen entsprechenden Bewusstseinszustand erreichen kann. Beta- und Alpha-Wellen findet man übrigens vorwiegend in der linken Hemisphäre, Theta- und Delta-Wellen eher in der rechten Hemisphäre. Man hat viele Gehirne von Yogameistern, Gurus und Geistheilern bei ihrer Arbeit untersucht und typische Gemeinsamkeiten gefunden. Eine besondere Bedeutung bei der Geistheilung und göttlichen Wahrnehmung haben die Gehirnwellen im Delta-Bereich, deren Auftreten im Wachzustand aus medizinischer Sicht als krankhaft bezeichnet wird. Normalerweise treten sie nämlich nur während traumloser Schlafphasen auf. Für viele Psi-Phänomene wie Trance, Hypnose und Geistheilung aber ist gerade die Zunahme ihrer Aktivität kennzeichnend. Delta-Wellen sind bei solchen Phänomenen Träger von Informationen. So kann der Heiler von seinem Klienten Informationen, zum Beispiel in Form von Bildern, empfangen und auch über diese Trägerwellen Heilenergie und gesunde Informationen übertragen. Die Wellenmuster treten dabei vor allem im limbischen System auf und nicht wie sonst in der Großhirnrinde. Dieses geheimnisvolle Delta-Wellenmuster und die Abläufe bei einer Geistheilung sind allerdings noch weitgehend unerforscht.

Übrigens dämpft Elektrosmog die Gehirnaktivitäten. Dies fand der Physiker und Psychologe **Günter Haffelder** heraus. Man sollte die Nähe von elektrischen Transformatoren, wie sie zum Beispiel bei Halogenlampen verwendet werden, unbedingt meiden. In der Gehirnhälfte, die einer solchen Elektrosmogquelle zugewandt ist, werden nämlich bei einem Abstand bis mindestens einem Meter sämtliche Gehirnwellen in ihrer Stärke gedämpft. Wird die Lampe ausgeschaltet, verschwindet dieser Effekt schlagartig. Dies ist ein unbestreitbarer Beweis für die Gefährlichkeit von Elektrosmog. Haffelder bestätigte auch anhand seiner Messungen altes Wissen und den Einfluss der Körperhaltung auf die Meditation. Als hinderlich hat sich beispielsweise das Falten der Hände und Überkreuzen der Beine erwiesen, da es gewissermaßen einen „Kurzschluss" der beiden Gehirnhälften bewirkt.

Des Weiteren zeigte Haffelder auf, dass Rhythmen zur Gehirnhälftensynchronisation oder zur Vertiefung der Meditation genutzt werden können. Das Wissen darum ist uralt und wird beim Drehen von Gebetsmühlen, bei Tänzen, Tranceritualen und gemeinsamen Gesängen genutzt. In Günther Haffelders Messungen erwiesen sich unter anderem bestimmte Musik- und Klangaufnahmen als förderlich für tiefere Meditationen, darunter vor allem diejenigen des bekannten amerikanischen Monroe-Institutes, das sich vor allem mit Astralreisen beschäftigt. Als Kind und Jugendliche habe ich die Bücher von **Robert Allan Monroe** regelrecht verschlungen, da ich selbst in diesen Jahren bereits viele außerkörperliche Erfahrungen gemacht hatte und nach Antworten suchte.

Glaube, Tugend und Schwingungsfrequenz

Am wichtigsten ist die geistige Hygiene beim eigenen Denken und der bewusste, achtsame Umgang mit den Mitmenschen und der Umgebung, das fand Günter Haffelder ebenfalls heraus. Mit wissenschaftlichen Methoden stellte er fest, dass die Geisteshaltung eines Menschen das Muster seiner Gehirnwellen grundlegend bestimmt.

So wurde eine einfache Regel uralter Weisheitslehren durch die moderne Wissenschaft wiederentdeckt: die Bedeutung von **Achtsamkeit und Bewusstheit** in jedem Moment des Lebens, und sei er noch so alltäglich.

Die grundsätzlichen Lehren, wie sie in allen Religionen zu finden sind, haben also ihre Bedeutung und Notwendigkeit, versuche sie zu praktizieren. Dies ist eine der wichtigsten Übungen, um Dein Bewusstsein zu erweitern, gesünder und telepathisch zu werden.

Es ist dabei egal, welchen Glauben Du hast.

Gott, die Liebe, das Mitgefühl, die Wahrheit, der Frieden, die Aufrichtigkeit und die Rechtschaffenheit ...

... sind Grundlage jeder Glaubensrichtung. Versuche diese Energiezustände in Deinen Alltag zu integrieren und sie zu leben.

Ich spreche hier nicht davon, was die verschiedenen Religionen aus diesen Grundsätzen gemacht haben. Die meisten Religionen werden heute meiner Meinung nach nur als Machtinstrumente missbraucht, um die Gläubigen zu manipulieren. Man sollte sie meiden, allerdings nicht ihre grundlegenden, ursprünglichen Lehren von Menschlichkeit, Liebe und Frieden.

Das Praktizieren einer Religion ist ein hilfreiches Sprungbrett zu höheren Bewusstseinsebenen, aber nicht unbedingt notwendig. Auf den nächsten Seiten werde ich die grundlegenden Lehren einiger Religionen aufzählen. Dabei bitte ich um Nachsicht bei der Auswahl. Es geht mir nur um Aspekte, die sich in allen Religionen gleichermaßen finden, und diese beziehen sich immer auf höhere Charaktereigenschaften, die starke Energie- und Lichtkräfte sind. Es geht mir nicht um Vollständigkeit oder darum, auf eine Religion umfassender einzugehen oder für sie zu werben.

Beginnen möchte ich mit zwei Lehrsätzen eines indischen spirituellen Meisters, des Weltenlehrers Sathya Sai Baba:

Hilf immer und verletze niemals!

Es gibt nur eine Religion – die Religion der Liebe.
Es gibt nur eine Kaste – die Kaste der Menschheit.
Es gibt nur eine Sprache – die Sprache des Herzens.
Es gibt nur einen Gott – und ER ist allgegenwärtig.

Eine kurze Religionsübersicht

Dharma

Die indischen Veden sind wohl die älteste Religionsschrift der Welt. Sie lehren die Sadharana-Dharmas, auch die Gaben des Menschen von göttlicher Natur genannt. Es sind wichtige Lichtkräfte, die sich in Tugenden ausdrücken:

- **Wahrhaftigkeit (satyam)**
- **Gewaltlosigkeit (ahimsa)**
- **Zornlosigkeit (akrodha)**
- **Freigebigkeit, Entsagung (danam)**
- **Enthaltung von Diebstahl (asteyam)**
- **Rituelle, geistige und körperliche Reinheit (saucam)**
- **Zügelung der Sinne und Begierdelosigkeit (indriya-nigraha)**
- **Nachsichtigkeit und Vergebung (ksama)**
- **Selbstkontrolle (dama)**
- **Urteilskraft (dhi)**
- **Mildtätigkeit (dana)**
- **Mitgefühl, Güte (daya)**
- **Gastfreundschaft (atithi)**
- **Frieden (shanti)**

Jeder Hindu kann die „sechs Feinde“ des Dharmas, der kosmischen und göttlichen Ordnung, aufzählen. Diese sechs Feinde sollte jeder Mensch, der gesund bleiben möchte, vermeiden.

Die sechs Feinde des Dharma:

- weltliche Begierden (kama)
- Zorn (krodha)
- Gier, Geiz (lobha)
- Verblendung, geistige Dunkelheit (moha)
- Hochmut (mada)
- Eifersucht und Neid (matsarya)

Deutlich erinnern diese Übel an die „sieben Todsünden“ der Katholiken und an die drei Geistesgifte der Buddhisten.

Das Christentum

Die sieben Todsünden:

Nach der klassischen christlichen Theologie lassen sich alle Sünden auf sieben schlechte Charaktereigenschaften zurückführen:

- Hochmut, Eitelkeit, Übermut (Superbia)
- Geiz, Habgier (Avaritia)
- Wollust, Genusssucht, Begehren (Luxuria)
- Zorn, Wut, Rachsucht (Ira)
- Völlerei, Maßlosigkeit, Selbstsucht (Gula)
- Neid, Eifersucht, Missgunst (Invidia)
- Faulheit, Feigheit, Ignoranz, Trägheit des Herzens (Acedia)

Die sieben Tugenden:

Den sieben Todsünden gegenüber stehen die sieben Tugenden der christlichen Theologie, auch göttliche Tugenden oder christliche Tugenden genannt. Sie beschreiben im Gegensatz zu den zehn Geboten keine konkreten Handlungsvorschriften, sondern von Christen verlangte Lebenseinstellungen.

- **Glaube**
- **Hoffnung**
- **Liebe**
- **Klugheit, Weisheit**
- **Gerechtigkeit**
- **Tapferkeit, Mut**
- **Mäßigung, Besonnenheit**

Die zehn Gebote:

- **Du sollst an einen Gott glauben!**
- **Du sollst den Namen Gottes nicht missbrauchen!**
- **Du sollst den Tag des Herrn heiligen!**
- **Du sollst Vater und Mutter ehren!**
- **Du sollst nicht töten!**
- **Du sollst nicht die Ehe brechen!**
- **Du sollst nicht stehlen!**
- **Du sollst nicht lügen!**
- **Du sollst nicht begehren deines Nächsten Frau/Mann!**
- **Du sollst nicht begehren deines Nächsten Gut!**

„Wenn der Geist der Wahrheit über Euch kommt,
wird „ER“ Euch in Wahrheit leiten.“
Jesus Christus

Die Bedeutung der zehn Gebote:

- **Der Glaube an Gott**
- **Die Ehrfurcht vor Gott**
- **Die Verehrung von Gott**
- **Die Familie**
- **Das Leben**
- **Die Liebe und Ehe**
- **Das Eigentum**
- **Die Wahrheit**
- **Die Treue**
- **Der soziale Frieden**

Buddhismus

Seine drei Hauptbestandteile sind:

- **Ethische Lebensführung und Moral**
- **Geistige Disziplin und Meditation**
- **Wissen und Weisheit**

Die Lehre von den drei Geistesverschmutzungen oder den drei Wurzeln des Unheilsamen ist eine wichtige Grundlage in der buddhistischen Ethik. Der Begriff „Geistesverschmutzungen" deutet auf die Reinigungsfähigkeit und ursprüngliche Andersartigkeit des Geistes hin.

Die drei Geistesgifte des Buddhismus:

- Gier oder Sucht (pali lobha)
- Hass oder Zorn (pali dosa)
- Verblendung oder Unwissenheit (moha)

Die Gier, auch als Sucht oder Begierde übersetzt, ist das Haben- und Besitzen wollen. Dazu gehört heftiges Begehren. Um dieses Geistesverschmutzung zu reinigen, benötigt man Großzügigkeit und Mildtätigkeit (dāna).

Hass, auch als Zorn oder Aggression übersetzt, ist die Selbstbehauptung eines illusionären Selbst den Mitwesen gegenüber. Das heilsame Gegenmittel ist die Güte (metta).

Verblendung, Unwissenheit und Nicht-Wissen ist die Grundursache für alles erfahrene Leid. Nicht-Wissen ist die Grundlage allen karmischen Handelns. Es bedeutet, die Wahrheit über die Natur des Geistes nicht zu kennen. Ist dieser Zustand gereinigt, erscheint der heilsame Aspekt im Geist, nämlich die Weisheit (paññа).

Als Folge der drei Geistesgifte entwickeln sich drei ungesunde Geisteshaltungen.

- Gleichgültige Geisteshaltung durch Unwissenheit
- Anhaftende Geisteshaltung durch Gier
- Ablehnende Geisteshaltung durch Hass

In jedem der drei Fälle ist das Gegengift

„Liebe und Mitgefühl".

Den drei unheilsamen Handlungen, stehen drei heilsame (kusala) Handlungen gegenüber!

Die heilsamen Handlungen des Buddhismus:

- **Unverblendetheit (amoha)**
- **Gierlosigkeit (alobha)**
- **Hasslosigkeit (adosa)**

Die glorreichen Tugenden des Buddhismus:

- **Barmherzigkeit, sie ist der Schlüssel zur unveränderlichen Liebe**
- **Aufrichtigkeit ist der Schlüssel zur Harmonie in Wort und Tat**
- **Geduld, damit ist die sanfte Geduld gemeint, die durch nichts zu erschüttern ist**
- **Leidenschaftslosigkeit und Gleichmut gegenüber Freude und Schmerz**
- **Unerschrockenheit, die furchtlose Kraft, die ihren Weg zur überirdischen Wahrheit erkämpft**
- **Kontemplation, die religiöse Betrachtung oder auch göttliche Besinnung ist das offene Tor zur Wahrheit**

Der edle Pfad des Buddhismus:

Der achtfache Pfad ist der Pfad der Bewusstheit, und Achtsamkeit ist die Grundlage.

- **Rechtes Verstehen**
- **Rechtes Denken**
- **Rechte Rede**
- **Rechtes Handeln**
- **Rechter Lebenserwerb**
- **Rechtes Bemühen**
- **Rechte Achtsamkeit**
- **Rechte Konzentration**

Der Weg liegt nicht im Himmel.
Der Weg liegt im Herzen.
Buddha

Islam

Tugenden eines Muslims:

- **Gottesfurcht (Taqwa)**
- **Reue (Taubah)**
- **Wohltätigkeit (Ihsan)**
- **Geduld**
- **Zufriedenheit**
- **Rechtschaffenheit**
- **Aufrichtigkeit (Ichlas)**
- **Wahrhaftigkeit (Sidq)**
- **Vertrauenswürdigkeit (Amana)**
- **Regelmäßigkeit**
- **Dankbarkeit**
- **Großzügigkeit**
- **Barmherzigkeit und Sanftmütigkeit**
- **Fleiß und Nützlichkeit**

Schändlichen Sünden eines Moslems:

- Polytheismus und Götzendienst (schirk)
- Auflehnung gegen die Eltern
- Tötung eines Menschen
- Meineid
- Magie
- Vernachlässigung des Pflichtgebets
- Außerehelicher Geschlechtsverkehr
- Prostitution und Zuhälterei
- Zinsen nehmen und geben
- Lügen im Namen Allahs oder Seines Gesandten
- Hochmut und Arroganz
- Rauschmittel (Alkoholische Getränke und Drogen)
- Diebstahl und Raub

- Ungerechtes Verhalten und das ungerechte Richten
- Verbergen von Wissen
- Verbreiten von Gerede, Klatsch, Tratsch und Gerüchten und sinnloses reden
- Fluchen
- Nicht-Einhalten geschlossener Verträge
- Überheblichkeit und Respektlosigkeit gegenüber dem Ehepartner (das gilt für Frauen und Männer)
- Unterdrückung der Schwachen
- Schädigen und Beschimpfen der Menschen
- Betrug und Habgier
- Zürnen im Unrecht
- Neid
- Heuchelei
- Verachten von Armen und Schwachen und das Achten der Reichen wegen ihres Vermögens
- Horten von Vermögen und Geiz

Heute gibt es viele Kontroversen und Konflikte, die zwischen Religionen brodeln. An keiner Religion ist etwas falsch. Keine Religion hat jemals Feindschaft unter den Glaubensbekenntnissen gepredigt.

Es ist die Engstirnigkeit Einzelner, die Konflikten und Differenzen Raum gibt. Ehrlich gesagt kann es keinen Spielraum für solche Dispute geben.

Das Wort „Islam“ beispielsweise bedeutet Hingabe und Frieden – was Ergebenheit an Gott und ein friedliches Leben mit den Mitmenschen besagt. Zwei Worte im Koran sind wichtig: Salaat und Zakaat. Salaat bedeutet, Gott mit beständiger Hingabe anzubeten, Zakaat meint Wohltätigkeit für die Bedürftigen und Armen und Hilfe für die Mitmenschen.

Die alten Hindus lebten nach dem Motto: „Mögen alle Wesen in allen Welten glücklich sein (lokah samasta sukhino bhavanthu)" und „Helft immer, verletzt niemals (Paropakarayah punyaya, papaya para peedanam)".

Diese Aphorismen als ihren Lebensatem betrachtend, lebten Menschen aller Religionen in der Vergangenheit in Freundschaft und Harmonie miteinander. Sie sahen Wahrheit, Frieden, Liebe und Duldsamkeit als ihren wahren Lebensatem an.

Alle Religionen sind da, um eine gute Richtung zu lehren. Alle Religionen bringen dieselbe Wahrheit ein, sie beten denselben Einen Gott an und die Essenz der Texte ist dieselbe. Somit muss sich jedes Lebewesen auf ihre Heiligkeit und Moral verlassen und diese nähren. Moral ist das Licht in jedem Einzelnen. Ohne dieses Licht wird nur Dunkelheit um euch sein. Dies ist die Essenz des Gesangs „Führe uns von Unwahrheit zur Wahrheit, von der Dunkelheit zum Licht und vom Tod zur Unsterblichkeit (asato maa sad gamaya; tamaso maa jyotir gamaya; mrityor maa amritam gamaya). Weise haben nach Gott gesucht und schließlich erklärt, dass sie ihn erkannt hätten. Wo haben sie Gott gesehen? In ihrem Herzen. Sie sagten, sie hätten das Absolute Wesen gesehen, das jenseits aller Dunkelheit ist.

(Sathya Sai Baba, *My Dear Students Volume 2*)

Beginne den Tag mit Liebe,
verbringe den Tag mit Liebe,
beende den Tag mit Liebe,
das ist der Weg zu Gott!
Sathya Sai Baba

Moral

Die Moral ist eine starke Lichtkraft

Die Moral ist eine philosophische Disziplin, eine Form von Ethik. Wikipedia bezeichnet sie als eine „praktische Philosophie", da sie sich mit dem Handeln des Menschen befasst, der Bewertung seiner Motive und Folgen und damit, wie sich dadurch die Welt verändert. Was die Moral genau ist und was moralisch richtig und falsch ist, ist schwer zu definieren. Aber jeder Mensch spürt sofort tief in seinem Inneren, wenn er eine unrechte Handlung begangen hat. Die moralischen Prinzipien sind wichtige Grundkräfte, die jedem Menschen und Lebewesen innewohnen. Sie bestehen aus höchsten Werten und Tugenden, aus dem höchsten Gut! Moral dient der Harmonie und dem Zusammenleben aller Lebewesen.

Religion, Moral und Rechtschaffenheit nach Sathya Sai Baba

Die Grundlage von allem ist Moral. Ohne moralische Werte kann die Menschheit nicht überleben. Oft halten Menschen verschiedener Religionen an unterschiedlichen Zielen fest und sind unfähig, die zugrunde liegende Wirklichkeit zu sehen, und haben als Ergebnis verschiedene Ansichten. Zum Beispiel: Man sagt, einen Rupie bestehe aus vier Viertelrupien, und ein anderer sagt, es seien zwei halbe Rupien, und ein Dritter meint, es seien 10 Paisa. All diese Bezeichnungen bedeuten dieselbe Rupie. Nur unwissende Menschen, die dogmatisch werden und diese Einheit nicht bemerken, stellen sich Unterschiede vor und nehmen Zuflucht dazu, einander zu kritisieren. Die heiligen Schriften haben gelehrt, dass es keinen Streitereien und Debat-

ten über Religionsangelegenheiten geben solle. Sie müssen friedlich gelöst werden. Die Leitlinien aller Religionen führen zum Endziel der Wahrheit und Rechtschaffenheit.

Religionen werden dargelegt, damit Menschen sich am Gewinn einer moralischen Lebensführung erfreuen können. Religion ist ein lobenswertes System, das Körper, Geist (mind) und Intellekt vereint. Integrität oder gesundes Verhalten ist Moral. Moral wird auch als Rechtschaffenheit (dharma) bezeichnet. Allein das Praktizieren von Moral kann der Welt helfen, höhere Ebenen von Wohlstand zu erlangen. Alle Religionen haben dasselbe Ziel und etablieren dieselbe Wahrheit. Ihre fundamentale Pflicht ist es, einen Menschen in ein göttliches Wesen zu transformieren. Religion bringt eine innere Transformation in einem Menschen hervor. Sie zielt darauf ab, Selbstvertrauen für eine gute Lebensführung zu entwickeln. Alle Religionen werden auf dem sicheren Fundament der Moral errichtet. Wenn Moral verfällt, verfallen nicht nur Religionen, sondern die Menschheit als Ganzes. Jeder muss üben, gut zu sein und ein moralisches Leben zu führen. Das Erlangen von Wohlstand und Reichtum ist durch das Praktizieren moralischer Werte möglich. Die Zahl der Schüler und Studenten an Schulen und Colleges ist signifikant gestiegen. Formale Bildung, die lange Zeit das Privileg einiger Gelehrter und der Söhne der Reichen war, liegen jetzt in der Reichweite jeder Haustür. Die Menschen haben sich gefreut, als Schulen und Colleges mehr und mehr in den Ländern der Welt entstanden, ohne zu erkennen, was durch sie geschieht. Unruhe, Angst und Sorge nehmen wegen ungeeigneter und unvollständiger Bildung zu. ***Ein Erziehungsprozess, der sich nicht mit echten Werten verbindet und kein Gewicht auf Moral legt, ist gefährlich.*** *Folglich werden die Produkte des Prozesses, die keinen Sinn für Werte haben, allmählich Zugang zu höheren Positionen mit größeren Befugnissen in der Verwaltung der Nationen bekommen. Deshalb ist die Welt an den Rand einer Katastrophe gekommen. Bildung kann nur Frieden* *und Wohlergehen schenken, wenn die Studenten neben technischen Fertigkeiten und objektiven Informationen auch mit moralischen Idealen, einem rechtschaffenen Leben und spirituellen Einsichten ausgerüstet werden.*

Ihr alle seid Funken des Göttlichen. So wie ein Feuerfunken vom Ofen sich nach einer Weile in Asche verwandelt, vergesst auch ihr euren göttlichen Ursprung. Wenn ihr eure Bildung verfolgt, müsst ihr auch spirituelle Disziplin verfolgen, die euch zur Göttlichkeit führt. Diejenigen, welche in Institutionen studieren, die eine spirituelle Disziplin haben, müssen sich als extrem glücklich schätzen. Wenn ihr euch dazu entschließt, an den erlernten Idealen festzuhalten und nur einen kleinen Bruchteil von Gottes Lehren zu praktizieren, werdet ihr den echten Zweck von Bildung und das wahre Ziel des menschlichen Lebens erkennen. Bildung ohne rechtes Verhalten ist von keinem Wert. Ihr müsst das, was ihr erlernt habt, nicht nur für den Verdienst des Lebensunterhaltes nutzen, sondern auch für den Dienst an der Gesellschaft. Nur dann werden eure Abschlüsse einen Sinn haben. Welche Arbeit ihr auch annehmt, wo ihr auch arbeitet, ihr müsst weiter spirituelle Disziplin praktizieren und nach Selbsterkenntnis zielen.

(Aus dem Buch *My Dear Students Volume 2* von Sai Baba inspiriert.)

Wenn wir unrechte Handlungen, mit denen Leid verursacht wird, nicht in Schach halten, haben wir Teil an der Verderbtheit derer, die sie ausführen, und werden mit ihnen die Früchte teilen, die sie ernten.

Gott wird all jene zur Rechenschaft ziehen, die sich dem Schlechten nicht in den Weg gestellt haben, und wird ihre adharmische (unreine) Handlungsweise als Unrecht aburteilen. Niemand wird sich auf Unwissenheit oder Unbeteiligtsein her-

ausreden können. Er wird vielmehr fragen: Du, der Du um die Dinge weißt, warum bist Du dem, was Du als schlecht erkannt hast, nicht entgegengetreten, wann immer Du ihm begegnet bist? Warum hast Du die anderen nicht die Wahrheit gelehrt, die Dir bekannt ist? Warum hast Du nicht das Leid vermieden?

Diese eigentümliche Schwäche in euch Menschen – das Hinnehmen der Verfehlungen anderer – wird euch dahin führen, dass ihr die Folgen der üblen Taten miterleiden müsst. Nur wenn ihr euch allem Unrecht und allen Schandtaten, die wir heute innerhalb der Gesellschaft erleben, entgegenstellt, könnt ihr mit Recht sagen, dass ihr euren Teil zur Wiedereinführung der Rechtschaffenheit beigetragen habt. Ob es sich um Verwandte, Freunde, eure eigenen Kinder, Bekannte oder auch Unbekannte handelt: ***Wenn sie Unrecht begehen, müsst ihr Einspruch erheben, die Dinge richtigstellen und die Betreffenden dazu anhalten, dass sie ihr Verhalten umgehend bessern. Sonst werdet ihr automatisch in den ganzen Prozess der Schuld und ihrer Folgen (Karma) mit einbezogen.***

(Sathya Sai Baba, *Sathya Sai Briefe – Heft 21*)

Ethik ist wichtiger als Religion!

Manchmal denke ich, es wäre besser, wenn wir gar keine Religionen mehr hätten, sie bergen ein Gewaltpotential. Wir brauchen eine säkulare Ethik jenseits aller Religionen. Der Mensch kann ohne Religion auskommen, aber nicht ohne innere Werte. Unser spirituelles Wohl entspringt unserer menschlichen Natur, unserer Veranlagung zu Güte und Mitgefühl. Wir haben eine elementare und menschliche ethische Urquelle in uns die wir kultivieren müssen.

(Dalai Lama – Basel 2015)

Karma

Viele Menschen glauben, dass Karma etwas Negatives ist. Das ist nicht der Fall. Karma ist das Gesetz der Resonanz. Was man aussendet, bekommt man auch wieder zurück. Sehr anschaulich wird dies in dem berühmten Spruch von Archimedes formuliert:

Was du nicht willst, das man dir tu,
das füg auch keinem anderen zu.

Übrigens entsteht Karma immer sofort. Viele denken, die Mühlen Gottes mahlen langsam. Das stimmt auch, nur die Weichen werden sofort gestellt. Der Stein ist längst ins Rollen gebracht der vielleicht später zur großen Lawine wird. Bei jeder Handlung entsteht die karmische Anziehung sofort, nur merkt man es selten. Menschen treten in das Leben, Situationen ändern sich im Augenblick, da sie durch die momentane Energie angezogen werden. Bis man die Auswirkungen dieser sofortigen karmischen Veränderung endlich wahrnimmt, dauert es je nachdem, wie grob oder fein die Wahrnehmung ist. Ist die eigene Aufmerksamkeit sehr fein, dann erkennt man sein Karma sofort und kann es, wenn die vorausgegangene Handlung eine falsche war, viel schneller und leichter korrigieren. Einen kleinen Schneeball hält man leicht auf, wenn allerdings eine Lawine daraus wird, ist es schwieriger.

Ist der Geist heilbar?

Selbstverständlich, Geist und Körper sind eins, der Geist ist der Körper, der Körper ist reiner Geist. Heilt der Körper, dann heilt auch der Geist, heilt der Geist, dann heilt der Körper. Alles ist Energie.

Jeder kann seinen Geist selbst heilen und sollte auch an sich selbst arbeiten, um ihn gesund und leistungsfähig zu halten. Aber man kann auch den Geist anderer heilen, das geht auch.

Auch zu diesem Thema schaltete ich in meiner Jugendzeit zufällig eine Fernsehsehsendung ein. Es wurde berichtet, dass in einem Land, es könnte Brasilien gewesen sein, in einer bestimmten Region alle Verbrecher zu einem Heiler geschickt wurden. Der Heiler legte den Kriminellen die Hände auf und danach waren die Menschen nicht mehr gewalttätig. Diebe, Mörder und Betrüger, alle wurden zu dem Heiler gebracht, viele auch gegen ihren Willen, danach konnten sie einfach niemandem mehr ein Leid zufügen. Durch die Heilung wurden sie achtsam und liebevoll. Das Verlangen, die Gier und der Zorn waren verschwunden. Von diesem Phänomen habe ich später ein zweites Mal gehört und ärgere mich natürlich heute, dass ich damals nicht die Geistesgegenwart besessen hatte, mir alles genau aufzuschreiben und nachzuforschen. Damals fand ich es nur einfach wunderbar, dass es so etwas gibt, und stellte mir vor, wie auf diese Weise die Gefängnisse bald überflüssig werden würden.

Vielleicht genügt es ja auch, nur zu wissen, dass so eine Einflussnahme möglich ist, dass sie Ausdruck der gesunden Grundeigenschaften des Menschen ist und dass man sich und andere in diesen Zustand hoher Energie bringen kann.

Viele fragen mich, wenn du meine körperlichen Beschwerden heilst, dann habe ich meine Lernaufgabe doch nicht erfüllt, dann habe ich mich nicht zum Positiven verändert. Darauf antworte ich immer, doch, Du hast Dich sehr wohl verändert, denn wenn Dein Körper geheilt worden ist, so ist auch Dein Geist geheilt worden. Dein Körper ist auch Dein Geist. Wenn Dein Körper geheilt wird, dann hast Du zugleich auch etwas gelernt und Dich verändert. Alles steht miteinander in Verbindung, alles ist eins. Das hat übrigens nichts mit Gehirnwäsche zu tun, der Mensch kommt durch die Geistheilung in seine göttliche Schwingung, und diese ist sein normales Sein und sein gesundes Lebensprinzip. Der Mensch kommt in den Zustand, den er schon immer anstrebte, und er wird so, wie er schon immer sein wollte. Wir Menschen sind nicht nur Individuen, sondern auch ein Kollektiv, was einer oder eine von uns gelernt hat, kann der oder die andere einfach übernehmen. Die Entwicklung der Computertechnik ist ein anschauliches Beispiel. Ich freue mich, wenn ich den Computer bedienen kann, ich muss nicht genau wissen, wie er funktioniert, auch bringe ich mein Auto in die Werkstatt, wo Fachleute es reparieren. Für die Erledigung der einzelnen Aufgaben sind jeweils andere da, wir sind eine Gemeinschaft und ergänzen uns.

Natürlich gibt es Versuche des Militärs und der Staatoberhäupter, den menschlichen Geist zu manipulieren. HAARP- und ELF-Wellen zur Gehirnmanipulation sind ein Begriff. Allerdings kann man mit diesen Frequenzen nur diejenigen Menschen erreichen, die bereits auf diesen Frequenzen schwingen, ansonsten gehen diese niederen Energien einfach durch den Menschen hindurch, weil er feinstofflicher ist als sie. Wenn man allerdings niederfrequente Energien nutzt, also beispielsweise das Fernsehen einschaltet oder mit dem Handy telefoniert, muss man sich der möglichen Manipulation bewusst sein und diese Frequenzen folglich maßvoll nutzen damit sich die eigene Schwingung nicht zu weit absenkt.

Verführung und Manipulation gibt es immer, das sind die Prüfungen für einen spirituellen Menschen, die jedoch durch gute Lichtkräfte mühelos bestanden werden können. Manchmal muss man sich auch entscheiden, die Geräte einfach auszuschalten oder zum Beispiel auf WLAN-Geräte zu verzichten, eine Kabelverbindung erfüllt den gleichen Zweck. Allzu bequem darf man es sich nicht machen, Bequemlichkeit geht meistens auf Kosten der eigenen Freiheit.

Darf ich geheilt werden?

Einige spirituelle Menschen denken immer noch, sie dürften sich nicht helfen lassen, sie müssten den schwierigen Weg alleine schaffen, bis sie die Ursache für ihr schlechtes Karma erkannt und aufgelöst hätten.

Nun, im Ansatz ist dies richtig gedacht und natürlich muss man sich ändern. Aber im selben Moment, wo man geheilt ist, hat man sich schon geändert, man ist auf einer anderen, höheren Schwingungsebene und hat automatisch sein Problem verstanden und überwunden. Wer den Weg zum Heiler findet, hat sich schon längst geändert. Die Heilung ist nur das Ergebnis der neuen und gesunden Handlungen. Geist und Körper sind eins. Ist der Geist geheilt, ist auch der Körper geheilt. Der Körper kann nicht alleine, ohne den Geist heil werden.

Man muss die Ursachen für seine Probleme nicht völlig verstehen. Wer ist schon in der Lage, das Universum zu verstehen. Wichtig ist, dass man sich ändert, ob man nun der Ursache für seine Probleme auf den Grund gegangen ist oder nicht, ist erst mal nicht so wichtig. Durch eine gesunde Schwingung wird man ein anderer Mensch und handelt auch ganz anders. Wie schon erwähnt, dieser andere Mensch ist man aber selbst. Man ist der, der man sein will, der, der man wirklich ist. Der Mensch von vorher, der Mensch mit Krankheiten und negativen Emotionen, war man nicht wirklich. Wenn wir nach den Ursachen für unser Leid suchen, dann landen wir über Eltern, Großeltern, Urgroßeltern irgendwann bei den ersten Menschen, bei Adam und Eva. Sind sie also schuld am menschlichen Leid? Oder ist vielleicht Gott schuld, der sie geschaffen hat? **Alles ist gut!**

Karmische Handlungen von Sathya Sai Baba

Die Menschen befassen sich im Großen und Ganzen nur deshalb mit Tätigkeiten, weil sie von dem Wunsch geleitet werden, Vorteile aus den Ergebnissen für sich herauszuholen. Vom Tun, das ihnen keinen Nutzen bringt, halten sie sich fern. Aber die Gita (Heilige Schrift) verurteilt beide Verhaltensweisen, denn ob Konsequenzen entstehen oder nicht, man kann der Verpflichtung, tätig zu sein, doch nicht entfliehen.

Wie kann man es dann vermeiden, sich im Netzwerk der Folgen zu verfangen?

Jede Tat endet in irgendeiner Konsequenz, wenn nicht sofort, dann doch gewiss nach einer bestimmten Zeit. Es ist unvermeidlich.

Die Konsequenz mag gut oder schlecht sein, wenn aber die Handlung dem Herrn gewidmet war, dann wird keine von ihnen den Handelnden berühren. Durch das Sakrament der Hingabe wurde die Tat in eine höhere Ordnung umgewandelt und göttlich, gottgefällig und heilig. Hingegen werden Handlungen, die unter der Inspiration des Egos ausgeführt wurden, zur Fesselung führen. Wie der gesunde Schimmer des Körpers für das Auge unter den Kleidern verborgen ist, die ihn bedecken, so ist die durch Egoismus verdeckte Seele nicht imstande, den strahlenden Glanz des Göttlichen zu offenbaren, der ihr kostbarer Besitz ist. Denn Egoismus ist die Wurzel allen Übels, aller Schäden, aller Unzulänglichkeiten, er wurde aus dem Verlangen geboren. Sei also frei von jedem Egoismus.

Dharma (die Göttliche Ordnung) stellt die Richtschnur für die Gruppe und für das Einzelwesen dar. Das Dharma des Wassers ist Bewegung und Kälte, bei Feuer ist es Verbrennung und

Licht. Bei den Menschen ist es Menschlichkeit und bei den Tieren Tierhaftigkeit. Diese Dharma bewahren sie vor dem Niedergang. Wie kann Feuer noch Feuer sein, wenn es nicht die Kraft des Brennens und des Lichtes hat. Es muss sein Dharma offenbaren, um es selbst zu sein. Wenn es diesen einbüßt, wird es ein lebloses Stück Kohle.

Ähnlich hat auch der Mensch einige natürliche Charakteristika, die seinen ureigenen Lebensatem darstellen. Die menschlichen Eigenschaften sind Moral, rechtschaffene Rede und Handlungen, Mitgefühl, Wahrheit, Sitte und Ethik. Die Menschen können nur so lange als solches bezeichnet werden, wie diese Fähigkeiten in ihnen gefunden werden, sonst sind sie keine Menschen mehr.

(Aus *Mensch und göttliche Ordnung* von Gita Vahini)

Gesunde „Besetzungen"

Es wird viel geredet über Besetzungen und das Austreiben von Besetzungen.

Früher sagte man, dass ein böser Geist in einen Menschen hineingefahren sei. Das stimmt auch in gewisser Weise, niedere und böse Gedanken sind eine niedere und böse Schwingungsfrequenz, auf die man sich eingestellt hat, und auf dieser Ebene zieht man natürlich wiederum niedere und böse Schwingungen an. Der Mensch ist ein Sender und Empfänger. Was er aussendet, das empfängt er auch. Man besetzt sich selbst durch die Geistesgifte oder Geisteskräfte und verändert sich. So sollte jeder bestrebt sein, immer seinen Geist mit gesunden Energien zu füllen, die wiederum weitere gesunde Energien anziehen.

Freiheit durch den Sieg des Geistes

Der Irrtum der Menschen besteht darin, dass sie sich so stark mit der Materie identifizieren und ihr völlig erliegen. Sie denken nicht daran, dass sie sich auch mit dem Geist identifizieren könnten. Wartet also nicht länger auf äußere Hilfe und glaubt nicht mehr, dass alle eure Schwierigkeiten von außen kommen. Die meisten Menschen halten sich selbst für untadelig: Schuld hat immer der Ehepartner, der Nachbar, das politische System oder es liegt am Geld, der Nahrung oder dem schlechten Wetter. Diese Menschen würden nie zugeben, dass sie sich durch ihre eigene abstoßende Philosophie eine katastrophale Zukunft aufbauen. Man muss die Philosophie der Materie durch eine Philosophie des Geistes ersetzen.

Ich habe Menschen gekannt, die alles verkauft haben, ihre Familie, ihre Arbeit, ihre Freunde und alles andere im Stich gelassen und ihr Glück im Ausland gesucht haben, weil sie frei sein wollten. Sie wussten nicht, dass man sich nicht auf diese Weise befreien kann. Sie haben sich zwar von den äußeren Dingen gelöst, aber sie haben vergessen, innerlich an sich zu arbeiten, um sich von gewissen Gedanken und Wünschen zu befreien. Deshalb stoßen sie immer wieder auf die gleichen Schwierigkeiten, egal wo sie hingehen. Wie viele Menschen habe ich schon in meinem Leben gesehen, die sich so ungeschickt zu befreien versuchten, dass es nicht nur für sie selbst, sondern auch für die anderen gefährlich war! Wenn ihr in Euer Herz und Euren Kopf nicht die höheren Wahrheiten hineinlasst, dringen andere ein und übernehmen den Platz, und dann wird es schrecklich. Kopf und Herz müssen also von einem hohen Ideal, von den besten, edelsten und lichtvollsten Gedanken „besetzt“ sein.

(Aus dem Buch *Die Freiheit – Sieg des Geistes* von Omraam Mikhael Aivanhov)

Der 7. Sinn

Die Parapsychologie unterscheidet drei Formen der außersinnlichen Wahrnehmung, das sind:

- **Telepathie:** Übertragungen von Informationen zwischen Lebewesen ohne Beteiligung der bekannten Sinneskanäle
- **Hellsehen:** Außersinnliche Wahrnehmung eines gleichzeitigen Ereignisses
- **Präkognition:** die Erfahrung von zukünftigen Ereignissen

Die auditive Form des Hellsehens ist das Hellhören, die außersinnliche Wahrnehmung von Worten oder Geräuschen ohne objektives akustisches Ereignis.

Die in die Vergangenheit gerichtete Form der Präkognition, also das In-die-Vergangenheit-Sehen, ist die **Retrokognition**, das außersinnliche Erfahren eines vergangenen Geschehens.

Aus meiner Sicht kann man mit jedem der fünf körperlichen Sinne außersinnliche Informationen empfangen, beziehungsweise die erhöhten Schwingungen des globalen Bewusstseinsfeldes, auch morphogenetisches Feld oder Matrix genannt, können durch die körperlichen Sinne heruntertransformiert und verstanden werden.

Meiner Meinung nach gibt es acht höhere Sinne!

Offiziell sind 5 Sinne bekannt:
tasten, riechen, schmecken, hören und sehen.

Rudolf Steiner ergänzte sie mit sieben weiteren Sinnen: Das sind der **Wärmesinn, Gleichgewichtsinn, Bewegungssinn, Wortesinn, Gedankensinn, Lebenssinn und Ich-Sinn**.

Ein Beitrag von dem Neurowissenschaftler und Heiler Dr. Rubens Faria, der die Sinne wie folgt beschreibt:

Es ist wichtig zu verstehen, dass die Neurowissenschaft bereits anerkennt, dass wir sieben Sinne haben. In der Schule wurde uns immer beigebracht, dass wir fünf Sinne haben – Riechen, Sehen, Hören, Fühlen und Schmecken –, die die Sinne der **Exterozeption** sind, also des Äußeren.

Nummer eins, der wichtigste Sinn, ist **Interozeption**. Die Information, die das Gehirn darüber erreicht, was im Inneren des Organismus passiert. Was in den Organen passiert. Wir sprechen über das Herz, den Atem, den Magen, den Darm. Es ist Sinn Nummer eins, denn von allen Dingen, die passieren, ist es dieser Sinn, dem das Gehirn die größte Bedeutung beimisst, er hat Priorität für das Gehirn.

An zweiter Stelle steht der **Propriozeptionssinn**, die Information, die das Gehirn darüber erreicht, wie mein Körper äußerlich ist, welche Körperhaltung, Gesten und Empfindungen ich in meinem ganzen Körper habe. Sehen, Hören, Riechen, Schmecken, Berühren, Haut, Gleichgewicht und Intuition, die das vestibuläre System bilden, Exterozeption und Interozeption.

Wir haben **32 Sinne** in unserem Körper, ja, wir haben mehr als die klassischen 5 Sinne und alle sind wertvoll für unser Überleben. Es ist diesen „unbekannteren“ Sinnen zu verdanken, dass wir morgens aufstehen, dass wir Freunde und Feinde finden, dass wir wissen, was wir essen können, dass wir wissen, wo unser Körper ist (selbst mit geschlossenen Augen), dass wir Hunger, Kälte, Hitze, Schmerz wahrnehmen… .

Rev. Prof. Dr. Rubens Faria ist ein Neurowissenschaftler mit Ausbildung in den USA, Großbritannien und Brasilien. Er ist auch Medium für das Geistwesen **Dr. Fritz**. Er ist internationaler Sprecher und Lehrer mit mehreren Interviews und veröffentlichten Artikeln aus den Bereichen Bewusstseinserweiterung und Gedächtnisbildung. Er erforscht Bewusstsein und spirituelle Felder und sucht nach Parametern für die Quantenmedizin, den Geist und spirituelle Energie. Sein 35-jähriger wissenschaftlicher Hintergrund und seine eigenen Erfahrungen als Geistheiler und Geistchirurg haben ihm geholfen, eine Therapie zu entwickeln, die auf diesen beiden Feldern basiert und Menschen dabei hilft ihre Realität zu verändern und die Selbstheilung zu fördern. Es ist die **Transbioenergie – Therapie**, die er bei uns im Heilzentrum lehrt.

Dr. Rubens Faria im Zentrum für Geistiges Heilen

Dr. Rubens Faria sagt:

Alles ist Energie und das ist alles, was es gibt!

Nun weiter zur „außersinnlichen Wahrnehmung“!

Die ersten fünf **höheren Sinne,** sind die Erweiterungen der normalen körperlichen Sinne.

1. Sinn – Tasten erweitert sich zu Hellfühlen
2. Sinn – Riechen erweitert sich zu Hellriechen
3. Sinn – Schmecken erweitert sich zu Hellschmecken
4. Sinn – Hören erweitert sich zu Hellhören
5. Sinn – Sehen erweiterte sich zu Hellsehen

Weiterhin gibt es das Bauchgefühl oder die Intuition, den 6. Sinn. Er ist ein Gefühl von Energie, welches bei richtig oder falsch, ja oder nein wahrgenommen wird. Er ist die Erweiterung des 1. Sinns, dem Hellfühlen.

6. Sinn – Intuition, Bauchgefühl

Wenn ein Mensch über seine Körpergefühle spürt, dass ihm mehr Energie zufließt, entspricht das in der Regel dem Guten, dem Ja und dem Richtigen. Er empfängt dann ein Mehr an höherer Energie, dies ist immer ein gutes Zeichen. Wenn ihm dagegen keine Energie zufließt, dann ist das ein Zeichen für etwas Niederschwingendes, und verliert er sogar Energie, ist dies ein Zeichen dafür, dass etwas Ungesundes geschieht.

Dies darf man jetzt nicht mit dem geistigen Heilen verwechseln, es geht alleine um die eigene Schwingung.

Der Energiezustand des Menschen lässt sich von ihm indirekt in seinem Inneren erfühlen oder als Reaktion an der Körperoberfläche ablesen, wie es zum Beispiel beim Pendeln der Fall ist. Beim Pendeln am Faden mit einem kleinen Gewicht oder Kristall und auch beim Rutengehen wird der 6. Sinn angesprochen, genauso wie beim Körperpendeln, welches ich in meiner Spirituellen Rückenschule beschreibe. Der 6. Sinn ist manchmal auch mit den ersten fünf höheren Sinnen gekoppelt.

7. Sinn – Inneres absolutes Wissen, die absolute Wahrheit

Die Medialität, das innere Wissen ist der 7. Sinn. Der 7. Sinn wird oft direkt als absolute Wahrheit wahrgenommen. Diese absolute Wahrheit, diese wahrhaftigen Informationen kommen oft über die fünf höheren Sinne. So zeigt sich der 7. Sinn zum Beispiel in Kombination mit dem Hellsehen. Man sieht ein Bild vor seinem inneren Auge, und dieses Bild ist absolut korrekt, die absolute Wahrheit, man sieht es, man weiß es, man fühlt es, es ist richtig. Man hat alle nötigen Informationen und diese sind allumfassend und vollständig.

Dieses innere absolute Wissen kann auch genauso gut mit dem Hellhören gekoppelt sein, dann hört man eine Stimme aus der Geistigen Welt. Diese Stimmen sind immer höhere Stimmen und Worte von höheren Energien. Diese Engel und Geisteskräfte unterscheiden sich vollständig von menschlichen Stimmen und Gedanken, man weiß es genau. Der 7. Sinn geht immer einher mit einer Woge von positiver Energie, mit Glückseligkeit und Liebe. Der 7. Sinn ist absolutes göttliches Bewusstsein.

8. Sinn – Das „IST", der aktive Gott

Der 8. Sinn ist das göttliche „Jetzt", die Göttlichkeit in Aktion. In der *Matrix*-Trilogie der Wachowski-Geschwister wurde versucht, den 8. Sinn filmisch darzustellen, viele kennen diese Filmserie. Man braucht nichts Außersinnliches mehr wahrzunehmen, die Realität verändert sich im Augenblick, „es ist" einfach!

Im Film sah man zum Beispiel, wie das Team durch ein Haus die Treppe hoch ging, es gab Türen und Fenster, alles war wie in der normalen Wirklichkeit. Auf einmal waren die Fenster verschwunden und die Türen an ganz anderer Stelle. Die Wege veränderten sich, vorher ging es links herum, im nächsten Augenblick ging derselbe Weg nach rechts. Was man brauchte, wurde im Augenblick erschaffen und kam aus dem „Nichts“. Wo gerade noch ein verödeter, dunkler und verkommener Platz war, veränderte sich auf einmal die Realität und der Platz war wunderschön, sauber und strahlte im Sonnenschein. Suchte man einen Ausgang, war der prompt da, er entstand scheinbar aus dem Nichts! Die Filmtrilogie zeigt eine anschauliche Beschreibung des 8. Sinns. Man lebt seine Realität im Augenblick und sie ist so, wie man sie sich tief im Inneren denkt und wünscht, die Veränderung ist geschehen, man ist im Jetzt, Zukunft und Vergangenheit existieren gleichzeitig, parallel.

Auf diese Weise geschehen auch Spontanheilungen, die ich selbst sehr oft miterlebt habe. Die Realität ist neu erschaffen und der Mensch hat von einem Augenblick zum anderen einen ganz anderen Körper und ist vollkommen gesund. Unheilbare Krankheiten sind verschwunden, als wären sie niemals da gewesen. Schwerwiegende Probleme im Leben existieren einfach nicht mehr. Wenn der 8. Sinn wirkt, nennt man das „ein Wunder“.

Die original „Geistige Wirbelsäulenaufrichtung“ basiert auf demselben Effekt. Innerhalb von Lichtgeschwindigkeit ist der Mensch ein neuer Mensch mit neuer Statik.

Sathya Sai Baba hat die Existenz des 8. Sinns auch oft anhand von Materialisation und Teleportation aufgezeigt. Die Meinung, dass diese Phänomene auf die Wirkkraft des 8. Sinns zurückgeführt werden können, teile ich, unter der Voraussetzung, dass die Materialisation aus der höheren Geistigen Welt kommt und göttlich ist. Ich kenne eine Reihe glaubwürdiger Wissenschaftler und Heiler, die viele Geschichten von Teleportation und Materialisation erlebt und mir davon erzählt haben. Sicherlich wird es für spätere Generationen völlig üblich sein, Materie aus dem „Nichts“ erschaffen zu können.

Jeder Mensch hat schon häufiger den 8. Sinn im Kleinen erfahren, aber wahrscheinlich nicht als solchen erkannt. Wenn der 8. Sinn aktiv ist, dann passieren Wunder im Leben!

Alles ist möglich! – Es gibt noch Wunder!

Übrigens haben die Wachowski-Geschwister auch bei dem Film *Cloud Atlas* nach David Mitchells mitgewirkt, den sich anzuschauen ich auch jedem empfehle. Wenn wir schon bei Filmempfehlungen sind, *Avatar* kennst Du bestimmt und gerade kam der Film *Astral City – Unser Heim* heraus. Auch er ist eine wunderbare spirituelle Bereicherung. Allerdings gibt es noch viel, viel mehr filmische Anregungen, nur die meisten davon sind einfach nicht so bekannt. Schau Dich um, es gibt so viele Geistige Gesetze, die bereits verfilmt sind und Dein Bewusstsein erweitern können, wenn Du die Filme mit offenen Augen anschaust.

Die acht höheren Sinne:

1. **Sinn – Hellsehen**
2. **Sinn – Hellhören**
3. **Sinn – Hellriechen**
4. **Sinn – Hellschmecken**
5. **Sinn – Hellfühlen**
6. **Sinn – Intuition**
7. **Sinn – Absolutes, wahrhaftiges Wissen**
8. **Sinn – Es IST – Gott!**

Bewusstseinsblockaden

Besonders niedrige Frequenzen können das Bewusstsein an seiner Ausdehnung hindern, die höhere Wahrnehmung blockieren und die Aufnahme von bewusstseinserweiternden Energien stören.

Dies sind außer den beschriebenen negativen Tugenden und Geisteshaltungen niedere Gedanken, Emotionen und vorgefasste Meinungen.

Jeder Gedanke, jedes Gefühl, jede Meinung, einfach alles ist Energie. Energie mit einer bestimmten Schwingungsfrequenz und gleichermaßen Energie mit einem bestimmten Bewusstsein beziehungsweise Informationsgehalt. So kommt es sehr auf die Qualität der Energiefrequenz an, wenn man zu bestimmten Informationen Zugang haben möchte. Vor allem Deine eigene Energie, Deine Energie als Empfänger ist in diesem Zusammenhang sehr wichtig. Je klarer und offener Deine Energie ist, je größer und feiner ist auch Deine Sende- und Empfangsantenne.

Alles ist Energie!

Die wohl berühmteste Formel von Albert Einstein lautet:

$$E=mc^2$$

Sie zeigt, wie viel Energie = E, in einer Masse = m steckt, c ist die Lichtgeschwindigkeit. Es besteht also eine Äquivalenz von Masse und Energie und Masse und Energie sind nicht unabhängig. Jedes physikalische System mit Masse besitzt eine Ruheenergie. Jede Änderung der Energie eines Systems zieht eine Änderung seiner Masse nach sich.

Die Lichtgeschwindigkeit beträgt 300.000 Kilometer pro Sekunde (km/s). Entsprechend ist c^2 = 90.000.000.000 (90 Milliarden) km^2/s^2. Mit dieser gigantischen Zahl muss die Masse (m) multipliziert werden, um ihre Energiemenge berechnen zu können. Angesichts der so riesigen Zahl c^2 wird deutlich, dass auch in den kleinsten Teilchen eine große Menge Energie steckt.

Zu meiner Schulzeit hieß es, das kleinste Teilchen sei der Atomkern mit seinen Protonen, Elektronen und Neutronen. Allerdings weiß man heute, in jedem Atomkern stecken wiederum drei Quarks. Von diesen kleinsten Bausteinen, die bis heute entdeckt wurden, gibt es insgesamt sechs verschiedene Arten, zum Beispiel Ups oder Downs. Egal wie groß etwas ist, alles besteht aus kleinen Teilchen, die wiederum aus noch kleineren Bausteinen zusammengesetzt sind. Mittlerweile forscht die Wissenschaft nach dem Gott-Teilchen, denn sie hat herausgefunden, dass diese kleinsten Teilchen mehr sind als nur Stoff oder Energie, sondern Information, Intelligenz und Bewusstsein.

Physiker interessieren sich auch für die Kräfte, die unsere Welt zusammenhalten. Bis heute haben sie vier Basiskräfte gefunden: Die Gravitation sorgt dafür, dass sich Körper anziehen, sie hält uns am Boden fest. Die elektromagnetische Kraft wirkt nur auf geladene Teilchen. Sie ist die Ursache dafür, dass sich in einem Atom negativ geladene Elektronen und der positiv geladene Kern anziehen. Dadurch bekommen Dinge ihre Festigkeit. Die dritte Kraft, die schwache Kernkraft, lässt Atomkerne zerfallen, das ist die für uns schädliche Radioaktivität. Die vierte Kraft ist die starke Kernkraft oder Farbkraft. Man kann sie sich als Klebstoff vorstellen, der Quarks zusammenhält, ohne sie würden diese sich nie zu Protonen und Neutronen verbinden.

Der Mensch besteht also aus den ganz kleinen und noch kleineren Ur-Teilchen, die viel mehr Energie besitzen als die gröberen Teilchen, die sie im Körper zusammen bilden. Schafft man es, die Schwingung seiner kleinen Teilchen zu ändern, ändern sich die groben Bausteine automatisch.

Kleinere Teilchen als Dein grobstofflicher Körper sind Deine Gedanken. Änderst Du Deine viel feiner zusammengesetzten Gedanken, so wird Dein grobstofflicher Körper automatisch mit verändert. Übrigens hast Du viele verschiedene Energiekörper, auf die ich später im Kapitel Aura sehen noch eingehen werde. Kommen wir jetzt erst einmal wieder zurück zu der Gedankenenergie.

In dem Augenblick, in dem ein schlechter Gedanke auftaucht, müsst ihr euren Geist (mind) lehren:

„O Geist, befindest du dich auf dem Weg der menschlichen Werte oder dem Weg eines Tieres? Dieser Gedanke ist ein tierischer Gedanke – du bist kein Tier.“ Trainiert euren Geist, indem ihr sagt: „O Geist, Menschen sind nicht dazu bestimmt, zu essen, zu schlafen und sich an Vergnügen zu erfreuen. Wirf alle tierischen Eigenschaften ab, gib deine bisherigen Gewohnheiten und alten Wege auf. Du musst von allem Übel fortgehen.“ Wenn ihr euren Geist auf diese Weise lehrt, wird seine Geschwindigkeit vermindert und verändert sich der Gedankenfluss. Ihr müsst euren Geist beständig lehren, eure Gedanken zu transformieren. Bei diesem Prozess wird es Schwierigkeiten geben. Aber lasst sie kommen – wer hart arbeitet und diese Bedrängnisse durchläuft, wird Frieden in Hülle und Fülle genießen. Ohne Anstrengung kann es keinen Gewinn und keine Freude geben. Sorgt euch somit nicht wegen Schwierigkeiten.

(Sathya Sai Baba, *aus einer Ansprache vom 9. März 1993)*

Wasserforschung

Masaru Emoto aus Japan war einer der erfolgreichsten Wissenschaftler unserer Zeit. Er hat mit einfachen Mitteln aufgezeigt, dass gute und schlechte Gedanken sofort die Materie verändern. Dazu fror Wasser auf eine bestimmte Gradzahl ein und betrachtete die entstandenen Wasserkristalle unter dem Elektronenmikroskop. Je nachdem, welchen Umständen das Wasser vorher ausgesetzt war, wiesen die Wasserkristalle extrem unterschiedliche Formen und Farben auf.

Er hat herausgefunden, dass das Wasser aus allen Heilquellen, zum Beispiel aus Lourdes, wunderschöne, formvollendete Kristalle bildet. Wasser aus verseuchten und verstrahlten Gebieten hingegen bildet keine Kristalle, sondern sieht unter dem Mikroskop schlammig, formlos und deformiert aus. Wasser ist ja ein sensibles, neutrales Element, das schnell jede Schwingung aufnimmt. Masaru Emoto hat das Wasser vor und nach einem Gottesdienst verglichen. Er hat Wasser mit positiven Affirmationen besprochen, mit guten und mit negativen Gedanken bedacht, den Klängen von Mozart und Heavy Metal ausgesetzt.

Das Ergebnis verblüffte die ganze Welt! Gute Gedanken, schöne Musik bilden wunderschöne Kristallstrukturen aus, wie das Wasser aus den Heilquellen oder das Weihwasser nach einem Gottesdienst. Das negativ besprochene Wasser sieht dagegen wie Brackwasser aus und bildet nur schlechte oder gar keine Strukturen.

Im positiv besprochenen Wasser bilden sich auch kaum Bakterien aus, wenn man dort Kulturen anlegt. Auf dem negativen Wasser sofort – und sie verbreiten sich viel, viel schneller, als es normalerweise der Fall ist. In einem anderen Versuch wurde gekochter Reis in ein Glas gefüllt, das Glas verschlossen und anschließend von Schulkindern besprochen. Der negativ besprochene Reis verdarb sehr schnell und wurde ungenießbar. Der positiv besprochene Reis dagegen mumifizierte und blieb genießbar.

Der Mensch besteht zu 70 Prozent aus Wasser, darum sollte es ihm gelingen, durch gute Gedanken seine Körperflüssigkeit zu wunderschönen Kristallen werden zu lassen.

Das erste Foto zeigt eine Probe von destilliertem Wasser unter dem Elektronenmikroskop, das nach dem Verfahren von Masaru Emoto untersucht wurde. Destilliertes Wasser verändert sich nicht, auch nicht über Wochen. Es bleibt immer gleich und

destilliertes Wasser

bildet keine Kristalle aus. Es sieht nach „nichts“ aus, ähnlich wie Leitungs- und Brackwasser.

Schon nach kurzer Zeit auf einer Karte, die mit guten Gedanken und Schwingungen beschriftet wurde, veränderte sich das destillierte Wasser. Es fängt an, Kristalle zu bilden.

Die Kristalle nehmen mit der Zeit immer mehr an Form, Dichte und Schönheit zu.

Masaru Emotos Erkenntnisse könnten also auch genutzt werden, um das verseuchte Wasser von Fukushima zu verbessern. Nimm Dir also die Zeit und denke positiv an Deine Umwelt, dann wird sie sich verbessern, ich tue dies jeden Tag.

Übung: Zwei Blätter energetisieren

Pflücke zwei Blätter von einem Baum und lege sie nebeneinander auf ein Regal in Dein Zimmer.

Ein Blatt sehe Dir jeden Tag an, denke Liebevolles in das Blatt hinein, streichele es und widme ihm einige Minuten Deiner Zeit. Denke nur Positives! Das andere Blatt beachte einfach nicht.

Du wirst sehen, dass das Blatt, dem Du liebevoll Zeit und Energie widmest, nicht so schnell verwelkt wie das Blatt, das nicht beachtet wird.

Diese Übung gelingt 90 % der Menschen sofort. Mit etwas Übung können Gedanken sogar Samen keimen lassen oder es wachsen aus leblosen Ästen wieder Wurzeln. Unsere Heiler-Schüler schaffen es immer, aus den Rosen, die sie während der Seminartage geschnitten haben, ganze Rosenstöcke zu züchten.

Gedanken verändern die Materie!

2003 waren wir auf den Baseler Psi-Tagen zu einer Studie eingeladen, die im ZDF dokumentiert wurde. Dort haben wir in der „Nacht der Heiler“ mit 20 Heilern 10.000 Menschen behandelt und nachweißlich wurden davon 70% geheilt. Ein Heilerkollege dort zeigte sein Können und legte trockene Samenkörner auf seine Hand. Innerhalb einer Minute brachte er sie zum Keimen. Probiert es einfach aus und übt.

Den Geist frei machen

Schaue Dir bitte die Abbildung auf der nächsten Seite an. Welche Gedanken kommen Dir zu den einzelnen Symbolen?

Übung: Hintergedanken erkennen

Überlege Dir bitte pro Bild fünf verschiedene Gedanken bzw. Meinungen, die dazu passen. Du kannst sie zum Beispiel auf ein Blatt notieren, dann kannst Du, wenn Du Deine Gedanken vor Dir siehst, anschließend besser damit arbeiten.

- ein kühles leckeres Bierchen
- herrliche Schaumkrone
- lustiges Gesicht
- Alkohol trinke ich nicht
- schon das 13. Bier
- Bier schmeckt gut
- Bier ist ungesund

Nichts ist wirklicher als nichts.
Samuel Beckett

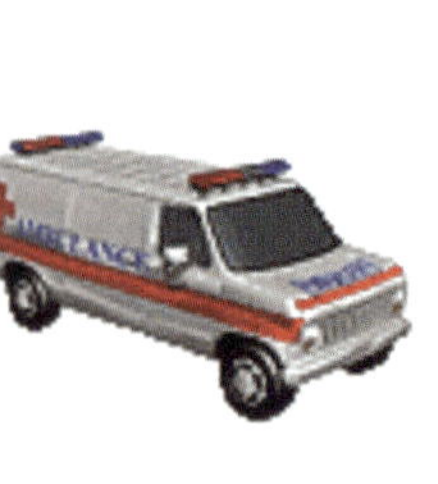

- hmmm, ein leckeres Würstchen
- Weißmehl ist ungesund
- Schweinefleisch esse ich nicht
- Ketschup besteht aus Nanoteilchen und Glutamat
- frisch gegrillt, dieser Duft, einfach himmlisch

- Obst schmeckt mir nicht
- der Apfel ist bestimmt lackiert
- jetzt ist keine Erdbeerzeit
- sind die Himbeeren vielleicht gespritzt

- Hilfe, Polizei
- bin ich vielleicht zu schnell gefahren
- die können nur Knollen verteilen
- die Polizei ist nie da, wenn man sie braucht

Egal was Du über die einzelnen Symbole denkst, sobald Du anfängst, Emotionen niederer Art zu zeigen oder zu verurteilen, so wie ich es im obigen Beispiel getan habe, verkleinert sich Dein Bewusstsein und Deine Schwingungsfrequenz sinkt beziehungsweise die Gehirnwellen werden grober.

Achte auf deine Gedanken,
denn sie werden deine Worte,
achte auf deine Worte,
denn sie werden deine Handlungen,
achte auf deine Handlungen,
denn sie werden dein Charakter,
achte auf deinen Charakter,
denn er wird dein Schicksal.
Talmud

Glück im Unglück – Unglück im Glück

Die folgende Geschichte stammt aus China, aus dem Daoismus, vom chinesischen Meister Huainan. Sie ist seit dem 2. Jahrhundert vor Christus bekannt, mittlerweile gibt es viele Versionen davon, die nun folgende habe ich während meiner Geistheilerausbildung kennengelernt.

Das Gleichnis vom weißen Pferd

Ein alter rechtschaffener Mann lebte in einem kleinen Dorf, er war sehr arm, aber selbst Könige waren neidisch auf ihn, denn er besaß ein wunderschönes weißes Pferd.

Die Könige boten fantastische Summen für das Pferd, aber der alte Mann sagte ihnen: „Dieses Pferd ist für mich kein Pferd, sondern wie ein Mensch. Und wie könnte man einen Menschen, einen Freund, verkaufen?"

Der Mann war arm, aber sein Pferd verkaufte er nie.

Eines Morgens fand er sein Pferd nicht im Stall. Das ganze Dorf versammelte sich, und die Leute sagten: „Du dummer alter Mann! Wir haben immer gewusst, dass das Pferd eines Tages gestohlen würde. Es wäre besser gewesen, es zu verkaufen. Welch ein Unglück für dich!“

Der alte Mann sagte: „Geht nicht so weit, das zu sagen. Sagt einfach: Das Pferd ist nicht im Stall. So viel ist Tatsache; alles andere ist Urteil. Ob es ein Unglück ist oder ein Segen, weiß ich nicht, weil dies ja nur ein Bruchstück ist. Wer weiß, was darauf folgen wird?“ Die Leute lachten den Alten aus. Sie hatten schon immer gewusst, dass er ein bisschen verrückt war.

Nach zwei Wochen kehrte eines Abends das Pferd plötzlich zurück. Es war nicht gestohlen worden, sondern in die Wildnis ausgebrochen. Und nicht nur das, es brachte auch noch ein Dutzend wilder Pferde mit. Wieder versammelten sich die Leute, und sie sagten: „Alter Mann, du hattest recht. Es war kein Unglück, es hat sich tatsächlich als ein Segen erwiesen.“

Der Alte entgegnete: „Wieder geht ihr zu weit. Sagt einfach: Das Pferd ist zurück! Wer weiß, ob das ein Segen ist oder nicht? Es ist nur ein Bruchstück. Ihr lest nur ein einziges Wort in einem Satz – wie könnt ihr das ganze Buch beurteilen?“ Dieses Mal wussten die Leute nicht viel einzuwenden, aber innerlich wussten sie, dass der Alte unrecht hatte. Zwölf herrliche Pferde waren gekommen.

Der alte Mann hatte einen einzigen Sohn, der begann, die Wildpferde zu trainieren. Schon eine Woche später fiel er vom Pferd und brach sich ein Bein. Wieder versammelten sich die Leute, und wieder urteilten sie.

Sie sagten: „Wieder hattest du recht! Es war ein Unglück. Dein einziger Sohn ist nun ein Krüppel und er war die einzige Stütze deines Alters. Jetzt bist du ärmer als je zuvor.“ Der Alte antwortete: „Ihr seid besessen vom Urteilen. Geht nicht so weit, sagt nur, dass mein Sohn sich ein Bein gebrochen hat. Niemand weiß, ob dies ein Unglück oder ein Segen ist. Das Leben kommt in Fragmenten, und mehr bekommt ihr nie zu sehen."

Es ergab sich, dass das Land nach ein paar Wochen einen Krieg begann. Alle jungen Männer des Ortes wurden zwangsweise zum Militär eingezogen. Nur der Sohn des alten Mannes blieb zurück, weil er verkrüppelt war. Der ganze Ort war von Klagen und Wehgeschrei erfüllt, weil dieser Krieg nicht zu gewinnen war, und man wusste, dass die meisten der jungen Männer nicht nach Hause zurückkehren würden. Sie kamen zu dem alten Mann und sagten: „Du hattest recht, alter Mann – es hat sich als Segen erwiesen. Dein Sohn ist zwar verkrüppelt, aber immerhin ist er noch bei dir. Unsere Söhne sind für immer fort."

Der alte Mann antwortete wieder: „Ihr hört nicht auf zu urteilen. Niemand weiß! Sagt nur dies: dass man eure Söhne in die Armee eingezogen hat, und dass mein Sohn nicht eingezogen wurde, denn nur GOTT, nur das Ganze weiß, ob dies ein Segen oder ein Unglück ist."

Aus dem Daoismus, auch Taoismus genannt, der chinesischen Religionslehre:

Unglück bewirkt Glück und Glück bewirkt Unglück.
Dies passiert ohne Ende und niemand kann es abschätzen.

Solange man in der „Dualität" mitschwingt.

Wichtig ist die „Neutralität" zu bewahren und nicht gleich drauflos zu urteilen.

Neutralität

Es ist besser, die Dinge in der Welt neutral zu betrachten, ohne Vorurteile und vorgefasste Meinungen. Alles kann gut oder schlecht sein, man selbst bestimmt, wie etwas für einen ist. Daher sollte man alles positiv sehen und für alles, was einem passiert, dankbar sein.

Übung: Dinge neutral betrachten

Jetzt schau Dir bitte noch einmal die Symbole an. Nimm Dir jedes im Einzelnen vor. Nimm Dir die nötige Zeit, denn Dein Unterbewusstsein beobachtet Dich, Deine Zellen lernen von Dir. Wenn Du diese Übung jetzt gewissenhaft und sorgfältig machst, wird dies Dein Unterbewusstsein auch in Zukunft von alleine tun und Du ersparst Dir viel Arbeit.

Machst Du die Übung halbherzig, ohne richtige Anstrengung und Bereitschaft, Dich zu verbessern, dann hast Du Dir bereits eine energetische Blockade gesetzt. So ist das übrigens mit allem, was Du tust, tue alles mit bestem Wissen und Vermögen, dann wird Dir auch alles bestens gelingen.

Viele wundern sich, warum ihnen eine Frage, die sie der Geistigen Welt stellen, nicht umgehend beantwortet wird, und beschweren sich darüber. Das liegt nur an diesen Menschen selbst, an ihrer Art zu leben. Wenn sie alles, was in ihrem Leben zu tun ist, sofort richtig tun würden, dann kämen die Antworten aus der Geistigen Welt ebenfalls sofort und richtig. Das Leben ist ein Spiegel, was man aussendet, so schwingt man, und solche Schwingungen empfängt man auch wieder.

Also, schaue Dir bitte noch einmal alle Symbole im Einzelnen an und beschreibe diesmal die Symbole auf eine für Dich neutrale Art. Finde zu den verschiedenen Symbolen mindestens fünf allgemeine und nicht energetisch besetzte Beschreibungen, am besten schreibst Du Dir die Ergebnisse wieder auf.

- ein Becher mit einer Flüssigkeit
- nach der Farbe und dem Schaum könnte sie Bier sein
- von der Becherform und dem Aussehen könnte es ein Bierglas sein
- auf dem Deckel sind dreizehn Markierungen
- der Becher hat ein Gesicht
- das Gesicht sieht fröhlich aus
- ein längliches Brötchen halb aufgeschnitten
- in der Mitte liegt eine Wurst
- von Form und Beschaffenheit könnte es ein Hot Dog sein
- auf der Wurst verläuft etwas Gelbes in Wellenlinien
- es sieht aus wie Senf
- eine Schale mit Früchten
- es sind sechs Früchte
- zwei rote Früchte
- die roten Früchte könnten Äpfel sein
- drei Bananen
- eine Orange
- ein PKW
- man sieht ihn von vorne
- er ist grün
- mit Blaulicht auf dem Dach
- das Blaulicht ist eingeschaltet

Es ist notwendig, seine eigene Energie in Ruhe zu halten und nicht durch unnötige Gedanken und Vorstellungen zu beeinflussen. Wenn Du beim Anblick eines Polizeiautos gleich einen Schreck bekommst, wie soll Dir Dein höheres Bewusstsein das Bild eines Polizeiautos vermitteln, das wichtig für Dich ist. Wenn Du denkst, eine schwarze Katze am Freitag den 13. bringt Unglück, wie soll Dir die Geistige Welt die arme Katze zeigen, die am Straßenrand liegt und Deine Hilfe benötigt.

Deine Schwingung ist Dein Empfänger, Deine Schwingung muss empfangsbereit sein. Bist Du voreingenommen oder emotional erregt, kannst Du nicht die höheren Informationsquellen lesen, Deine Antenne ist zu schwach, Du empfängst dann nur wenige Signale und kleine unvollständige Kanäle. Dein Alphabet, Deine Gedanken müssen neutral sein. Wenn Du durch voreilige Urteile Dein Bewusstsein herabsetzt, kann die große und ganze Information nicht zu Dir durchdringen. Wenn Du ein **H** gehört hast und bei H sofort überall herumläufst und erzählst, oh ich habe ein H gehört, toll wunderbar, ich habe ein H gehört, kommst Du nicht weiter.

H, He, Her, Hera, Herab, ...
Herabblicken
Herabspringen

Das H, das Du hörst, ist immer nur der Anfang, also habe Geduld, beobachte, sei neutral, halte Deine Energie ausgeglichen, dann wirst Du die ganze Botschaft empfangen.

erl ...
erlangen
erledigt
erleiden
erlauben
erleichtern

erlegen
erlahmen
... aus dem Wortanfang kann sich so vieles entwickeln.

Wie findet man etwas, das man nicht kennt?

Wenn Du einen Schlüssel verloren hast, kannst Du ihn leicht wiederfinden, weil Du weißt, wie ein Schlüssel aussieht. Wenn Du aber etwas vollkommen Neues und für Dich Unvorstellbares erfahren möchtest, brauchst Du eine größtmögliche Bewusstseinsoberfläche. Dein Bewusstsein muss sich ausdehnen, um die neue Information, die größer ist als Dein bisheriges Energiefeld aufzunehmen. So werden auch Erfindungen gemacht.

Wie dehnt man einen Luftballon aus? Von innen, das ist klar, indem man Luft hineinbläst, und zwar gleichmäßig. Versucht man den Luftballon von außen zu greifen und von einer Seite auszudehnen, zieht und zerrt man einseitig, damit erreicht man keine Volumenvergrößerung.

So ähnlich ist es mir Deinem Bewusstsein, wenn es größer werden soll, dann muss es sich gleichmäßig in alle Richtungen ausdehnen. Urteile und Meinungen ziehen immer nur in eine Richtung. Sie bedeuten Einseitigkeit, nicht Ausdehnung in alle Richtungen.

Also:

- keine Urteile
- keine vorgefassten Meinungen
- keine Schubladen
- keine Emotionen
- keine Ab- oder Aufwertung

sondern:

- Neutralität
- Offenheit
- Neugier
- Hilfsbereitschaft
- Disziplin
- Geduld

Mit Emotionen meine ich nicht normale Gefühle, sondern starke Gefühlsausbrüche wie Wut, Ärger, Aufregung, Hass, Lust oder Angst.

Udaseenh *bedeutet die Freiheit von Anhaftung.*
Es meint, durch Lob oder Tadel, Frieden oder Sorge, Freud oder Leid ruhig und gelassen zu bleiben, von Erfolg nicht erhoben und von Scheitern nicht niedergeschlagen zu sein.

Ihr dürft niemals der Verleumdung unterliegen und über Ruhm jubeln. Lob und Tadel sind wie vorüberziehende Wolken, sie müssen beide gleich behandelt werden. Wenn ihr sie ernst nehmt, führen sie zum Aufkommen von Aufregung im Verstand, was zu dämonischen Neigungen führt. Jeder Gottesverehrer, der diese heiligen Tugenden besitzt, ist Gott sehr lieb.

Shuci *bedeutet Reinheit.*
Sie bezieht sich nicht nur auf äußere Sauberkeit des physischen Körpers. Euer Geist (mind) wird von falschen Gedanken

und schlechten Gefühlen verschmutzt. Wenn ihr euren Geist kontinuierlich mit schlechten Gedanken anfüllt, werdet ihr schlechte Folgen ernten. Gebt somit falschen Gedanken und Gefühlen keinen Raum und vertreibt jegliche Negativität.

Euer Körper muss frei sein von den Flecken der Gewalt und Verletzung. Die Menschen verüben mit ihren Händen viele gewaltvolle Handlungen und sündhafte Taten. Das ist nicht richtig.

Der Körper wurde in erster Linie gegeben, um Rechtschaffenheit (Dharma) zu praktizieren. Solch ein heiliges Geschenk muss genutzt werden, um anderen zu dienen. Niemand kann nicht einmal eine Minute lang Handlungen unterlassen. Man sollte sich unter keinen Umständen mit unreinen Handlungen befassen. Ihr müsst diese Reinheit mit fester Entschlossenheit erreichen.

(Sathya Sai Baba, *aus der Ansprache vom 30. August 1993*)

Wir sind Wahrnehmung.
Wir sind Bewusstsein.

Wir sind keine Objekte, wir haben keine feste Konsistenz, wir sind grenzenlos. Die Welt der festen Objekte ist ein Mittel, unsere Wanderschaft auf Erden angenehm zu machen. Sie ist nur eine Beschreibung, geschaffen, um uns zu helfen.

Wir – oder besser: unsere Vernunft – vergessen gern, dass die Beschreibung nur eine Beschreibung ist, und so schließen wir die Ganzheit unseres Selbst in einen Teufelskreis ein, dem wir, solange wir leben, kaum entrinnen können.

(Don Juan *von Carlos Castaneda)*

Gedankenkontrolle

Eine Methode die Gehirnhälften auszugleichen, die ich bereits in meinen anderen Büchern beschrieben habe und auf deren Beschreibung ich hier auch nicht verzichten kann, ist das „Nichts denken".

Übung: Nicht denken

Mache es Dir bequem und entspanne Dich. Beobachte Deine Gedanken und versuche, einfach „nichts" zu denken. Durch diese Übung kommst Du in den Alpha-Zustand und später in den Theta-Zustand bis hin zum Delta-Bereich. Nebenbei kannst Du herausfinden, ob es das „Nichts-Denken" überhaupt gibt. Ja, das gibt es! Man kann es erlernen!

Wenn Du es schaffst, fünf Minuten lang „nichts" zu denken, kannst Du zufrieden mit Dir sein. Natürlich solltest Du Dich auch schon alleine für den Versuch loben und allein deswegen zufrieden mit Dir sein. Jede Absicht bringt Dich weiter. Versuche, diese Zeit des „Nichts-Denkens" nach und nach zu steigern. So erlangst Du einen reinen und klaren Geist!

Am Anfang hilft es, sich auf eine Sache zu konzentrieren, am besten einen Gedanken oder eine Affirmation. Eine Affirmation ist ein positiver Satz, wie zum Beispiel „Mir geht es gut". Wiederhole diesen Satz im Geiste so kräftig und schnell hintereinander, dass andere Gedanken gar keine Zeit haben, dazwischen zu gelangen. Wenn Dir das nicht zu unangenehm ist, kannst Du auch Deine Atmung beobachten. Irgendwann, wenn Dein Geist sich beruhigt hat, bist Du dann in der Lage, auch diesen letzten Satz „Mir geht es gut“ loszulassen und im „Nichts“ zu sein.

Der „Nichts-denken“-Zustand hat mehrere Bewusstseinsstufen. Zuerst denkst Du wirklich nichts und beobachtest nur. Dann kannst Du irgendwann Deine Gedanken wieder „wahrnehmen“, ohne sie zu denken. Sie werden nicht zu Deiner Realität. Später entdeckst Du, dass Du auch in der Rolle des bloßen Beobachters irgendwie entscheidest und dass es dahinter einen weiteren „Nichts denken“-Zustand gibt, den Du auch erreichen kannst, und so weiter.

Eine andere Möglichkeit, in den „Nichts denken“-Zustand zu gelangen, ist, sich über die eigenen Gedanken klar zu werden und sie zu erfassen.

Wenn Dir ein Gedanke bewusst wird, dann lass diesen Gedanken immer sofort los. So lange, bis Du nichts mehr denkst. Dies kann schnell gehen, aber auch Monate der Übung bedürfen bis die Gedanken immer mehr verblassen.

Zu Anfang kannst Du Dir auch eine Brücke bauen. Zum Beispiel kannst Du, sobald Du einen Gedanken fasst oder ein Gedanke Dich erfasst, ihn auf eine Wolke setzen und ihn nach oben aufsteigen lassen.

Oder Du stellst Dir den Gedanken als eine Seifenblase vor, die Du einfach zerplatzen lässt. Beobachte, was Dir besser erscheint. Ideal ist, den Gedanken einfach zu erahnen und ihn gar nicht erst in das Bewusstsein aufsteigen zu lassen. Wiederhole das öfters und so lange, bis Du nichts mehr denkst. Setz Dir hierbei kleine Ziele. Wenn sich der Erfolg nicht gleich einstellt: Jede Übung bringt Dich voran und es ist schon sehr gut, wenn Du weniger denkst. Übung macht den Meister. Diese Übung solltest Du, bis es klappt, täglich ausführen.

Übung: Mehrspurig denken

Eine andere Möglichkeit, ins „Nichtsdenken“ zu gelangen, ist, zunächst einmal mehr zu denken. Dadurch kommt man in die Gamma-Hirnwellenfrequenz. Durch die starke Konzentration wird das eigene Energieniveau erhöht und das Bewusstsein dehnt sich aus. Wenn man höhere Bewusstseinsebenen erfassen möchte, ist es sowieso nötig, viele Informationen gleichzeitig aufzunehmen. Dies gelingt allerdings nicht mehr mit dem Verstand und dem menschlichen Geist, sondern diese Informationen werden über das Gefühl und das eigene Energiefeld aufgenommen. So kann man auch gleichzeitig mehrere Dinge tun, erfassen und wissen.

Diese Übung ist ähnlich wie die vorangegangene Übung „Nichts denken“ und hat auch das gleiche Ziel. Allerdings suchst Du Dir jetzt bitte drei Affirmationen aus. Zum Beispiel: „Mir geht es gut“, „Ich bin wach“ und „Ich bin gesund“.

Diese drei Affirmationen solltest Du jetzt gleichzeitig, parallel im Geiste denken. Spüre dabei jeden Satz als Empfindung und Energie. Wichtig ist, dies wirklich parallel zu tun und nicht zeitversetzt. Es entsteht dann im Geiste eine Mischung aus Denken, Fühlen und Ausdrücken eines Gedankens, und das gleich dreimal gleichzeitig. Dein Geist wird dadurch so wach und trainiert, dass störende Gedanken sofort verschwinden und Du auf höhere Wahrnehmungsebenen gelangst. Bald wirst Du viel mehr Lichtinformation und Energie aufnehmen können. Du wirst nicht mehr denken, sondern fühlen und irgendwann nur noch wissen. Irgendwann stellst Du fest, dass Du nicht denkst, und doch bist Du weiterhin existent als Bewusstsein, das auch irgendwie noch denkt, beziehungsweise entscheidet. Es ist nur eine andere Form des Denkens, ein Denken mit erhöhter Sinneswahrnehmung. Wahres Denken erfolgt mit Lichtgeschwindigkeit.

Optische Illusionen

Nicht nur der Geist kann die höhere Wahrnehmung behindern, sondern auch die Sinne selbst. Man unterliegt vielen antrainierten optischen Täuschungen.

Übung: Optische Illusionen erkennen

Schaue Dir die Abbildung an und vergleiche die beiden Figuren, welche ist größer?

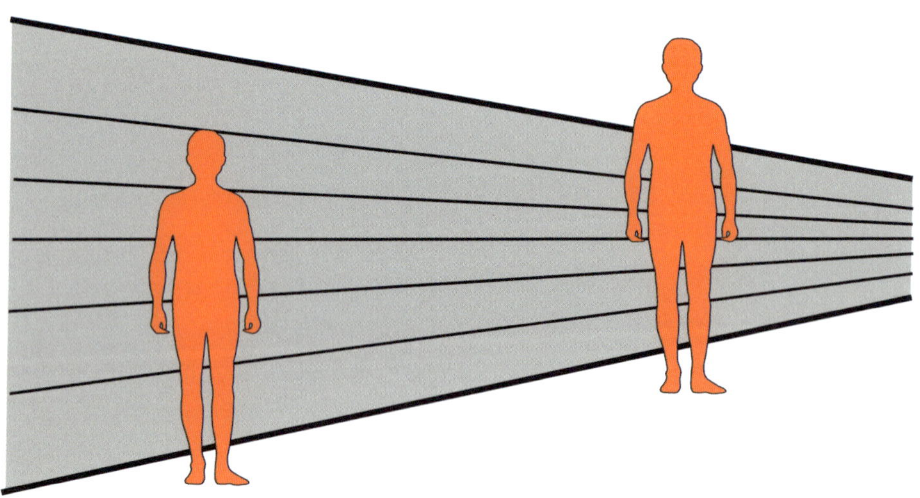

Die rechte Figur scheint größer als die linke, aber in Wirklichkeit sind beide Figuren gleich groß. Nimm einfach ein Lineal und messe es nach. Auch auf der nächsten Abbildung scheinen die Figuren unterschiedlich groß zu sein, sind es aber nicht.

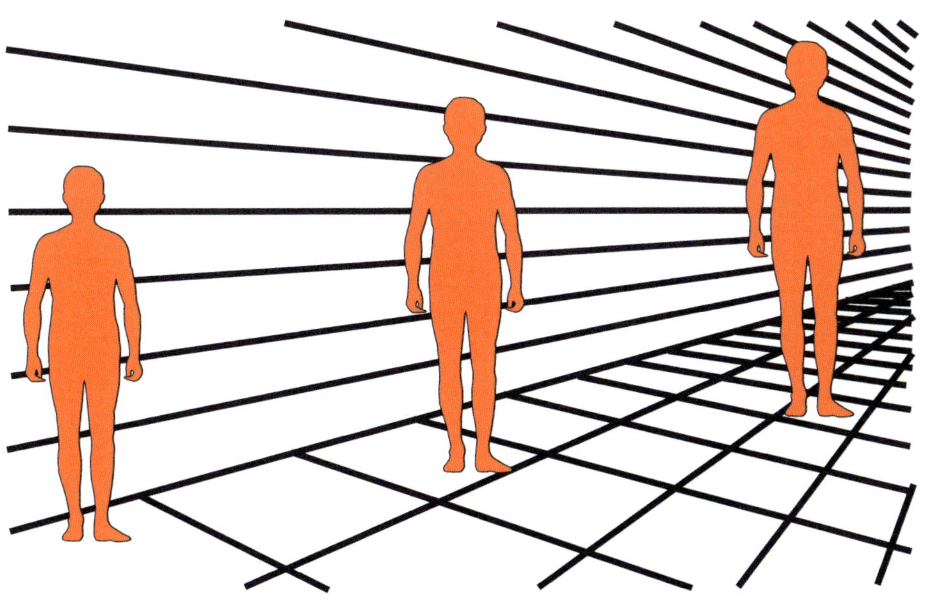

Wenn Du beide Abbildungen vergleichst, sehen die beiden Figuren auf der ersten Zeichnung etwas trüber und blasser aus als die drei Figuren auf dieser zweiten Zeichnung hier, obwohl die Farben absolut gleich sind. Das liegt am Hintergrund, ein weißer Hintergrund macht alles heller, kräftiger und kontrastreicher als ein dunkler, grauer Hintergrund.

Sind das 3 oder 4 Balken?

Übung: Die Gewohnheit

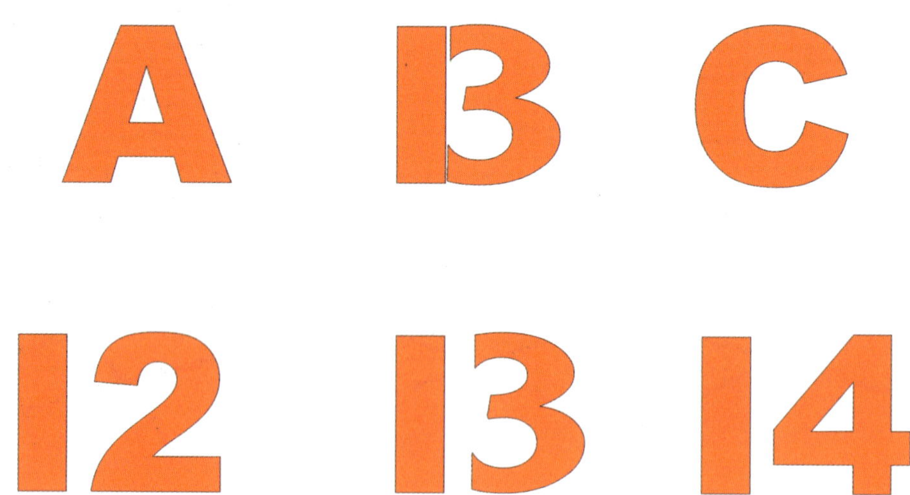

A,B,C oder A,13,C, oder 12,13,14 oder 12,B,14
Wie man es braucht!

Übung: Die richtige Aufmerksamkeit

Ich ging eines Abends in die Stadt.
Da kamen mir vier Bauern entgegen. Jeder Bauer führte zwei Esel, die jeweils zwei Säcke auf dem Rücken trugen. In jedem Sack war jeweils eine Katze mit fünf Jungen.

Wie viele Beine waren auf dem Weg in die Stadt?

Antwort: – nur meine zwei.

Beherrsche deinen Geist oder er wird dich beherrschen.
Buddha

Bitte lies folgenden Text:

Afugrnud enier Sduite ist es egal, in wlehcer Rienhefogle die Bcuhtsbaen in eniem Wrot sethen, das einizg whicitge dbaei ist, dsas der estre und lztete Bcuhtsbae am rcihgiten Paltz ist.

Du hast den Text verstanden, oder?

Was das Bewusstsein doch alles kann. Wir können einen Unsinnstext einfach drauflosIesen, und unser Bewusstsein ergänzt ihn zu einem sinnvollen Zusammenhang. Selbst wenn, wie beim Scrabble, die gleichen Buchstaben zu ganz unterschiedlichen Wörtern kombiniert werden könnten.

Worte und Bedeutung:

In Griechenland verfuhr ich mich einmal mit dem Auto und landete mitten im Nirgendwo an einer Wegkreuzung. Zum Glück kam ein Einheimischer vorbei. Weil ich kein Griechisch sprach verständigten wir uns mit Zeichensprache. Ich deutete auf die Straße und der Mann sagte: „ne, ne“. Ich als Hessin dachte natürlich, er wolle mir mitteilen, dass ich im Begriff war, den falschen Weg einzuschlagen, denn „ne“ bedeutet in Hessen „nein“. Kurze Zeit später fand ich allerdings heraus, dass das griechische „ne“ auf Deutsch „ja“ heißt. Es wäre der richtige Weg gewesen.

Niemand rettet uns, außer wir selbst.
Wir müssen selbst den Weg gehen.
Buddha

Übung: Unterbewusste Reflexe erkennen

Welche Farbe hat Feld A?

Nicht die gleiche Farbe wie Feld **B,** wirst Du sofort sagen!
So scheint es, aber es ist nicht so.

Die Felder A und B haben die gleiche Farbe!

Das Gehirn macht alles, was im Schatten liegt, heller, somit sieht Feld A heller aus als Feld B, obwohl es genauso dunkel ist.

Hier ist die Abbildung ohne Schatten:

Du wirst mir das nicht glauben, deswegen habe ich ganz hinten auf der letzten Seite des Buchs noch einmal diese optische Illusion abgedruckt, damit Du Feld A ausschneiden kannst zum Vergleich. Schneide Feld A aus und lege es neben Feld B, dann wirst Du sofort sehen, dass es stimmt.

Dies ist übrigens der berühmte Schachbrett-Versuch von Professor Edward H. Adelson aus dem Jahr 1995.

Illusion und Angst

Wenn ihr abends auf der Straße geht und plötzlich ein langes, dickes Stück Seil am Boden liegen seht, denkt ihr instinktiv, es sei eine Schlange und erschreckt!

Woher kam diese Angst?
Wie verschwindet sie wieder?

Hat sich die Schlange in ein Seil verwandelt, damit eure Angst verschwindet? Nein! Das Seil ist nach wie vor ein Seil, ihr habt es nur fälschlicherweise für eine Schlange gehalten! Diese Sinnestäuschung, der ihr erlegen ward, ist das Ergebnis eines weltlichen Blickwinkels. Erkennt, dass die ganze Welt eine Manifestation des Göttlichen (brahman) ist. Eure Sichtweise ist durch Unwissenheit, Illusion und Sinnestäuschung getrübt, die die Welt als materielle Gegenstände und nicht als Göttliche Schöpfung wahrnimmt. Wisset, dass alles, was ihr in der Welt seht und für echt haltet, in Wirklichkeit unwirklich und falsch ist.

Die spirituelle Sichtweise erhellt eure Wahrnehmung, lässt euch Wahrheit als Wahrheit erfahren und nimmt euch jegliche Angst.

(Sathya Sai Baba, *aus der Ansprache vom 25.12.1980*)

Angst macht blind, Angst trübt das Bewusstsein, die Angst tötet den Geist, die Angst bringt mich um den Verstand. So gibt es viele Redensarten im Volksmund. Gerade jetzt nach der Coronaviruspanik hat man gemerkt was Angst anrichtet. Millionen von Menschen sind nur wegen der Angst und Panik-Kurzschlußhandlungen, überstürzten Entscheidungen usw. ums Leben gekommen, haben sich umgebracht oder sind in die Nadel gelaufen. Habe also niemals Angst!

Das 3. Auge

Die Öffnung des 6. Chakras und 7. Sinnes!

**Das 3. Auge – das Auge der Weisheit –
das Auge des Horus – das Anja Chakra – die Zirbeldrüse!**

Symbol des Anja-Energiezentrums

Das 3. Auge ist das Stirnchakra beim Menschen.

Ist es aktiv, kann der Mensch mehr sehen und wahrnehmen als mit seinen physischen Augen. Man kann es mit einer uralten Technik aktivieren. Im Folgenden beschreibe ich nun eine weitere Methode, die beiden Gehirnhälften auszugleichen. Diesmal durch den magischen Blick, die Öffnung des 3. Auges! Vorher sind allerdings ein paar Grundkenntnisse über das Chakrensystem und die dazugehörigen Auraschichten nötig.

Die Aborigines schauen ins Feuer, der Schamane Don Juan nahm zwei Steine, die Mönche schauen nach oben und der New-Age-Spirituelle verwendet Stereogramme. Das Prinzip ist seit Anbeginn überall gleich, nur die Verpackung ist heute moderner.

Eine Aussage, die hinter Castanedas *„Lehren des Don Juan"* steht, lautet: *Der Mensch und die Welt, die ihn umgibt, sind ein unergründliches Geheimnis; nur wer den „Weg des Herzens" geht und immer seinem Herzen folgt, kann den „Pfad des Kriegers" beschreiten, sein Bewusstsein erweitern und seine Lebensenergie effektiv nutzen.*

Der „Pfad des Kriegers" hat nichts mit einem kämpferischen, unwissenden Soldaten zu tun, sondern der spirituelle Krieger kämpft gegen das Individuelle und das Ego. Eine interessante Aussage von Don Juan über den sogenannten Montagepunkt möchte ich hier noch einfügen, gerade auch, weil ich den Film Matrix erwähnt habe. In diesem Film lag der Montagepunkt zwischen den Menschen und der sie umgebenden Energieblase am ersten Halswirbel. Das Prinzip des Montagepunktes bildet den zentralen Aspekt der Lehre Don Juans. Seiner Beschreibung nach leben alle Lebewesen in einer Energieblase, einem „Kokon". Dieser umgibt uns Menschen und stellt die Begrenzung unseres Wesens dar. In diesem „Kokon" befindet sich, eine halbe Armeslänge hinter den Schulterblättern, der sogenannte Montagepunkt, der die Größe eines Tennisballs hat. Das Universum besteht nach den Lehren Castanedas aus unendlich vielen Energiefäden, die sich, jeder für sich, ihrer selbst bewusst sind. Der Montagepunkt bündelt alle Energiefasern, die durch ihn hindurchgehen. Da jede Faser Informationen über die Welt beinhaltet, findet durch die Bündelung Wahrnehmung statt. Das heißt, die Lebewesen nehmen wahr, weil die Energiefasern des Universums im jeweiligen Montagepunkt gebündelt werden. Da sich der Montagepunkt aller Menschen nahezu an derselben Stelle befindet, nehmen alle Menschen auch dieselbe Welt wahr. Nach Castaneda ist es möglich, diesen Montagepunkt zu verschieben, somit ändert sich die Wahrnehmung des betreffenden Menschen. Das Ziel der Zauberer ist es, den Montagepunkt an eine Stelle zu verschieben, an der die Wahrnehmung von Energie als Energie möglich wird, also eine Interpretation zum festen Objekt unterbleibt und der Fluss der reinen Energie wahrgenommen wird. Eine Verschiebung des Montagepunktes müsse willentlich „beabsichtigt“ werden, die wichtigste Disziplin dazu sei das „Anhalten des inneren Dialogs“.

Nun, der Mensch hat meiner Ansicht nach viele Anschlüsse = Energieverbindungen = Chakren, die mit dem Universum und der restlichen Welt interagieren. Der Montagepunkt ist die hintere Öffnung des Herzchakras, wie es Barbara Brennan in ihrem Buch „Licht-Arbeit“ beschrieben hat. Man spricht nicht umsonst von Engelflügeln. Engelflügel sind die energetischen Ränder eines großen hinteren Herzchakras, wenn jemand besonders viel Mitgefühl hat.

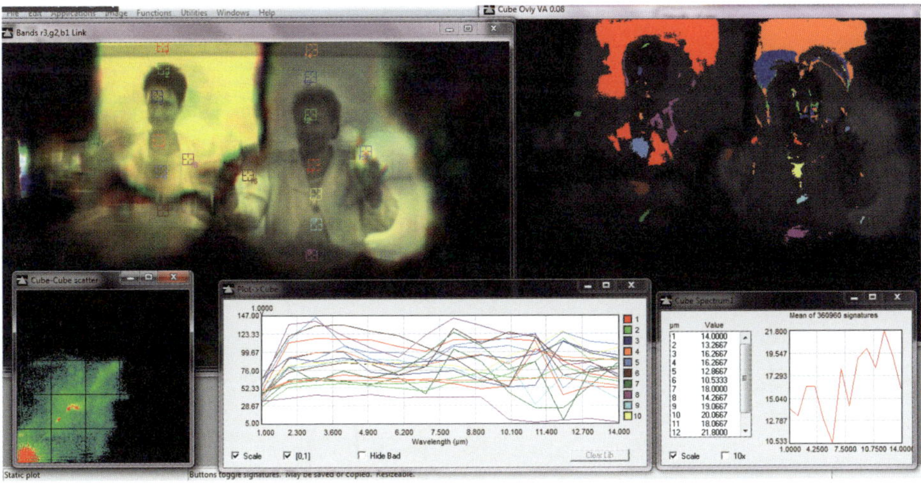

Danielle Gullà, ein italienischer Wissenschaftler, hat Anne und meine Chakren während der Heilarbeit ausgemessen, sie zeigen dabei höhere Aktivitäten als normal.

Die sieben Hauptchakren

Sanskrit:
7. Sahasrara
6. Ajna
5. Vishuddha
4. Anahata
3. Manipura
2. Svadhistana
1. Muladhara

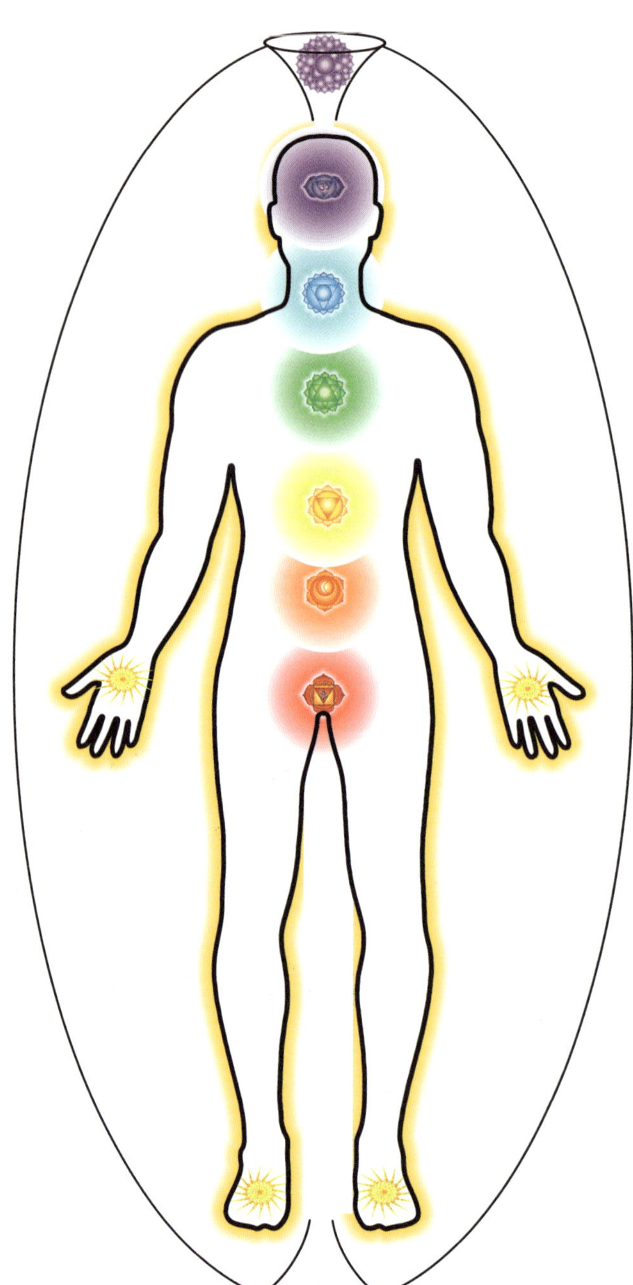

1. Wurzel-Chakra – Rot

Schule der Moral – Angst – Atomare Kraft
Das unterste Hauptenergiezentrum des Menschen hat die tiefste Frequenz und die unterste Farbe des Lichtspektrums. Es ist die pure Kraft und Lebensenergie.

Zugeordnet sind Erdgebundenheit, Raum und Zeit. Organe, die von dem Energiezentrum hauptsächlich versorgt werden, sind die Wirbelsäule, die äußeren Geschlechtsorgane, die unteren Gliedmaßen, die Nieren mit den Nebennieren und die Blase, also der urogenitale Bereich.

2. Sakral-Chakra – Orange

Läuterung von Körper und Geist – Molekulare Kraft
Es ist zuständig für Lebensfreude und lässt den eigenen Platz im Universum erkennen.

Zugeordnet sind Freigiebigkeit, Opferwille, Rechtschaffenheit, Sauberkeit, Gut oder Schlecht, die Vergangenheit. Zugeordnet sind ihm ein Teil der Nieren, die Blase, die Sexualorgane, der Säure-Basen-Haushalt und das Immunsystem.

3. Solarplexus-Chakra – Goldgelb

Vitalenergie – Mikroorganismen
Dieses Chakra ist mit dem Willen zur körperlichen Gesundheit verbunden. Hier entspringt auch die Fähigkeit zum spirituellen Heilen. Zugeordnet sind Genügsamkeit, Dankbarkeit, Bereitschaft zur Konfliktlösung, Gemeinschaftsgefühl, Beziehungspflege.

Es steuert neben den Mikroorganismen auch Magen, Leber, Galle, Bauchspeicheldrüse und die Verdauungsorgane.

4. Herz-Chakra – Grün

Liebe – Zellkraft

Es ist das Liebeszentrum und gibt uns die Kraft, alle Bereiche des Lebens mit unserer Liebe zu umfassen. Das Herz-Chakra ist das wichtigste Chakra in einem Heilprozess. Hauptkraftstrom im Wechsel von irdischer und spiritueller Energie. Zugeordnet sind Mitgefühl, Harmonie, Freundlichkeit, Dienstbereitschaft, Zuwendung. Das Herzchakra steuert die Regeneration, Zellteilung, Zellerhaltung, das Immunsystem und die den Körper erhaltenden und bildenden Kräfte. Zugeordnete Organe beziehungsweise Körperbereiche sind das Herz, die Thymusdrüse und der obere Rücken.

5. Hals-Chakra – Blau

Bewusstsein – Organkraft

Es ist das Chakra der Kommunikation und befähigt uns zum Handeln. Wir verfolgen unser Ziel und wirken und bewirken. Es regelt Zufriedenheit, Geduld, Gerechtigkeitsempfinden, Hören, Lernen und Lehren, Intuition, Gelassenheit.

Organe des Halschakras sind die Schilddrüse, die Bronchien, die Lunge und die Speiseröhre.

Das Problem ist, du glaubst du hast Zeit.
Buddha

6. Stirn-Chakra – Violett

Das 3. Auge – Höheres Selbst
Es steht für Ganzheitlichkeit. Für kollektives Bewusstsein, die Fähigkeiten zur Imagination, Visualisation, Kommunikation, für Gewissenhaftigkeit, Umsicht, den Sinn für Schönheit und für das Gottvertrauen.

Organe, die es versorgt und steuert, sind die Hypophyse, der untere Teil des Gehirns, das linke Auge, die Ohren, die Nase und das Nervensystem.

Schärft man seine 5 Sinne,
kommt der 6. Sinn ganz von alleine.
Lehrsatz der Ninja

7. Kronen-Chakra – Weiß / Gold

Harmonie und Weisheit
Es ist Sitz der außersinnlichen Wahrheit, Heilung, Regeneration. Sowie der Sitz der Seele, des Gemeinschaftssinns, der Heiligkeit, Seligkeit, Erkenntnis, Schöpfung. Organe, die es versorgt, sind das Gehirn, der Hypothalamus, die Hypophyse und Zirbeldrüse, das endokrine System.

Wer übrigens immer noch denkt **Chakren** gibt es nicht, hier auf den Bildern von Danielle Gullà ist der wissenschaftliche Beweis.

Das nächste Bild zeigt hohe Heilenergie, die aus meinen Chakren während der Geistheilung austritt.

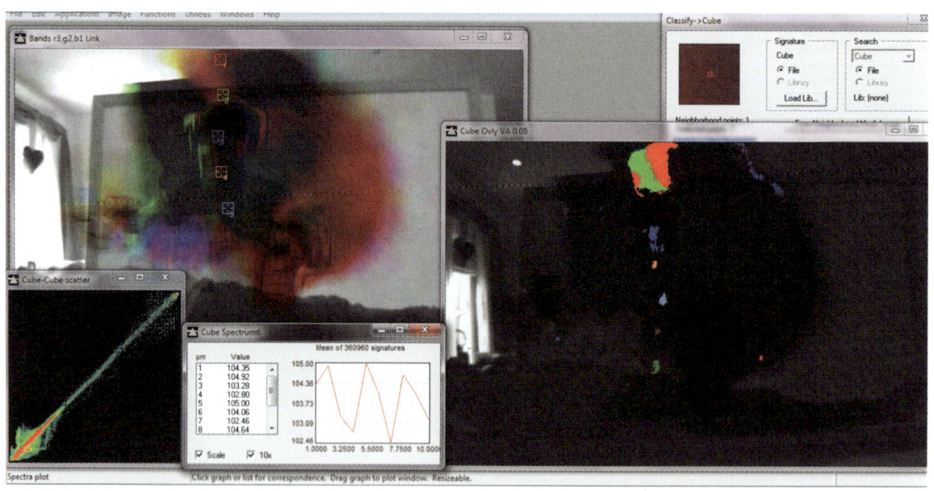

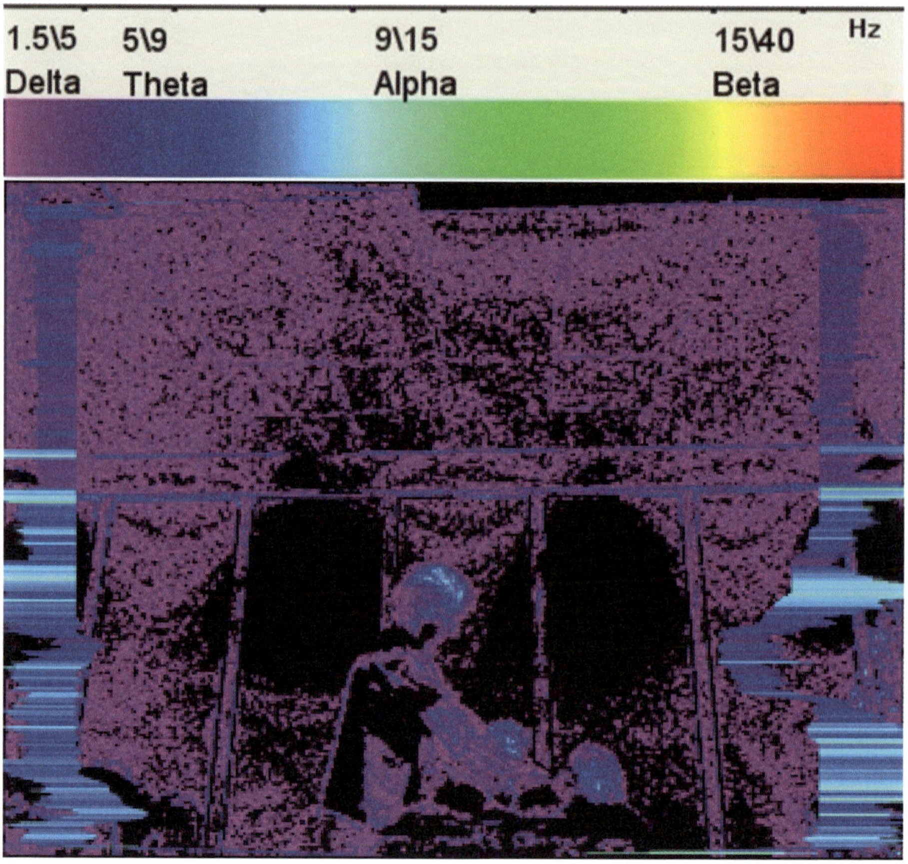

1.5\5 Delta | 5\9 Theta | 9\15 Alpha | 15\40 Beta | Hz

Hier sieht man mich während der Heilarbeit mit aktivem Kronenchakra, welches den ganzen Raum füllt.

Chakrendarstellung

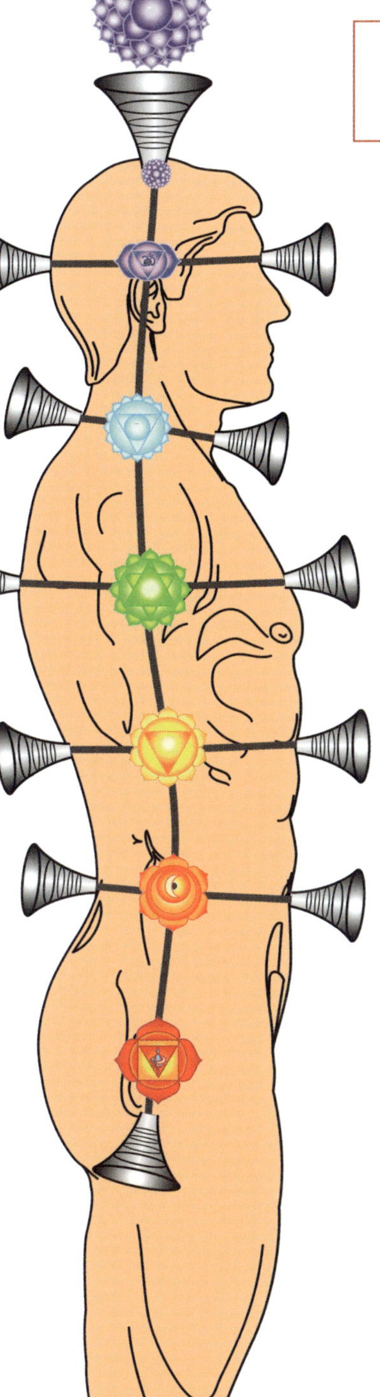

Oben
Mentalzentrum

Vorne
Gefühlszentren

Hinten
Willenszentren

Die Aura

So wie der Heiligenschein ein großes, starkes Kronenchakra sinnfällig macht, so sind die Engelsflügel Indiz für ein starkes Herzchakra, und eine liebevoll herzliche Stimme für ein offenes Kehlkopfchakra. Wenn Chakren besonders weit sind und viel Energiedurchfluss haben, kann man besonders gut ihre Ränder sehen. Diese Ausstrahlung, diese Aura wird seit tausenden von Jahren beschrieben und auf künstlerischen Werken dargestellt. Jesus wird oft mit seinem Heiligenschein abgebildet.

Chakren sind übrigens immer mehr oder weniger geöffnet, stehen und schwingen auch immer etwas unterschiedlich und drehen mehr oder weniger stark. Das ist ganz normal und hängt auch sehr stark von der momentanen Tätigkeit und Denkweise des Menschen ab.

Jedes Chakra hat sein Pendant auf den verschiedenen Energieebenen. So kann es sein, dass ein Chakra auf einer Energieebene auch mal linksherum dreht und auf der nächsten Ebene rechts herum, es mal stärker und mal schwächer ist.

Wichtig ist, all diese Energieknoten zu weiten, um mehr Wissen, mehr Energie und mehr Informationen zu erhalten oder anders ausgedrückt, ein besser handelnder, weiser und glücklicher Mensch zu werden. Also eine spirituelle Entwicklung zu durchlaufen! Alle Chakren müssen in Harmonie sein und vor allem ausgewogen. Es nützt nichts, ein starkes sechstes Chakra zu haben, wenn das fünfte Chakra schwach ist und die Energie dort nicht weitergeleitet wird. Der harmonische Energiefluss durch den ganzen Körper ist entscheidend, dann öffnet sich auch automatisch das Kronenchakra. Hat sich ein Mensch erst einmal für den Weg der spirituellen Entwicklung entschieden, kann er auch nicht mehr davon abgebracht werden.

Der Mensch hat viele energetische Körper! Der Heiligenschein, die Aura ist meistens der mit bloßem Auge gut sichtbare Ausdruck des zweiten oder dritten Energiekörpers. Der erste Energiekörper dagegen umhüllt die Körperoberfläche wenige Zentimeter und wird meist als gräulicher oder bläulicher Schimmer wahrgenommen.

Wie groß ist die Aura?

Die Aura, die Energie, die Ausstrahlung eines Menschen ist übrigens unendlich groß, nur hat sie verschiedene Frequenzen und damit verschiedene Schichten und Hüllen, vergleichbar einer Zwiebel.

Kinder der Liebe,
wie schön ist Euer Sein, jetzt gerade hier auf der Erde, denn Ihr könnt Zeit-Zeuge der Wandlung sein, wie sie zu keiner Zeit für den Erdenplaneten möglich war.

Ja, Ihr könnt durch Eure Geistesgesinnung sogar dazu beitragen, dass sie sich beschleunigt und dem größten Segen dient! Friedensdiener sollt Ihr sein, denn wenn in Eure Herzen der Friede eingezogen ist, dann tragt Ihr ihn auch nach außen und so kann sich ein flächendeckender Segen ausbreiten, der jede Ecke und jeden Spalt erreicht, der wie ein Schleier des Lichtes das Land umhüllt, erfüllt, weil ER alles füllt.

Niemand muss mehr leiden, niemand muss sich grämen, dem Kummer in die Augen schauen. Wenn ER Euch füllt, dann seid Ihr daheim. Lasst Eure Gedanken Lichtkreise ziehen, dorthin, wo noch die Dunkelheit gelebt wird. Alles wird sich durch Euch erhellen, wenn Ihr fest an Euch glaubt! Der Segen ist in Euch, für immer und für alle Zeit! Danke von Herzen!

(Anne Hübner zu Tanjas Bewusstseinsseminar 2008)

Übung: Auraschicht sehen!

Verdunkele etwas den Raum und halte Deine Hand gegen die Zimmerdecke. Dann strecke Deine Hand Richtung Decke, schaue zur Decke hoch und bewege Deine Hand vor Deinem Blickfeld langsam hin und her. Dann wirst Du bald die blaue Silhouette der ersten Auraschicht sehen können.

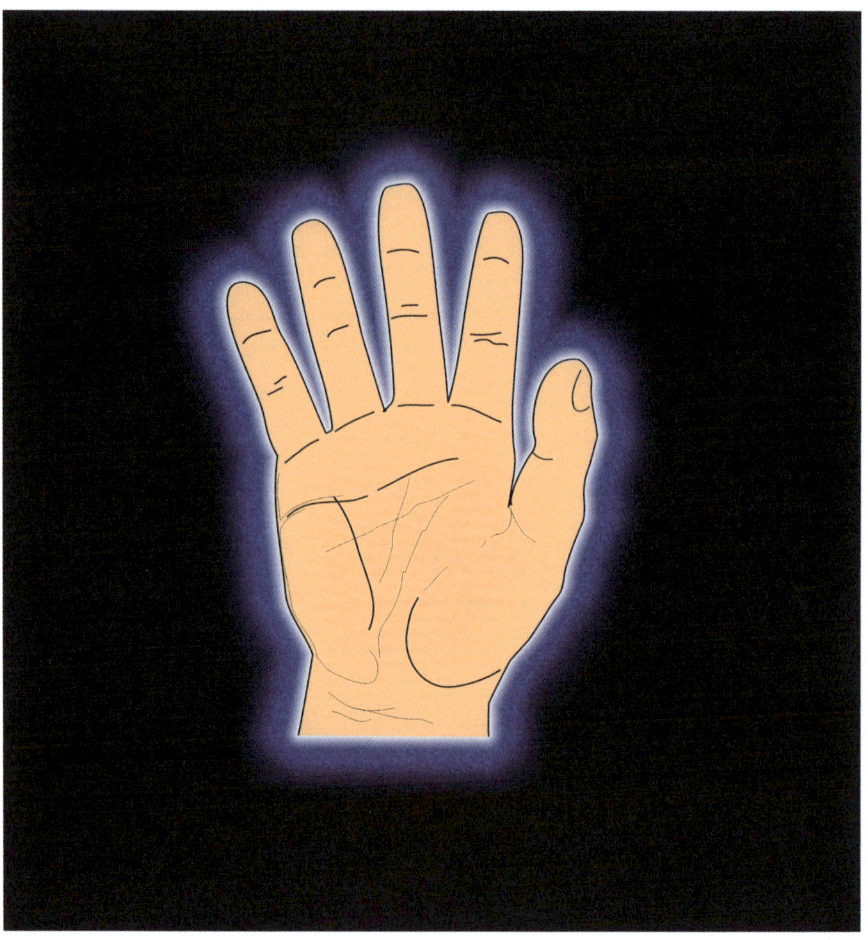

Mit etwas Übung schaffst Du es, die ersten drei Auraschichten zu sehen. Das ist selbst mit bloßem Auge ziemlich leicht.

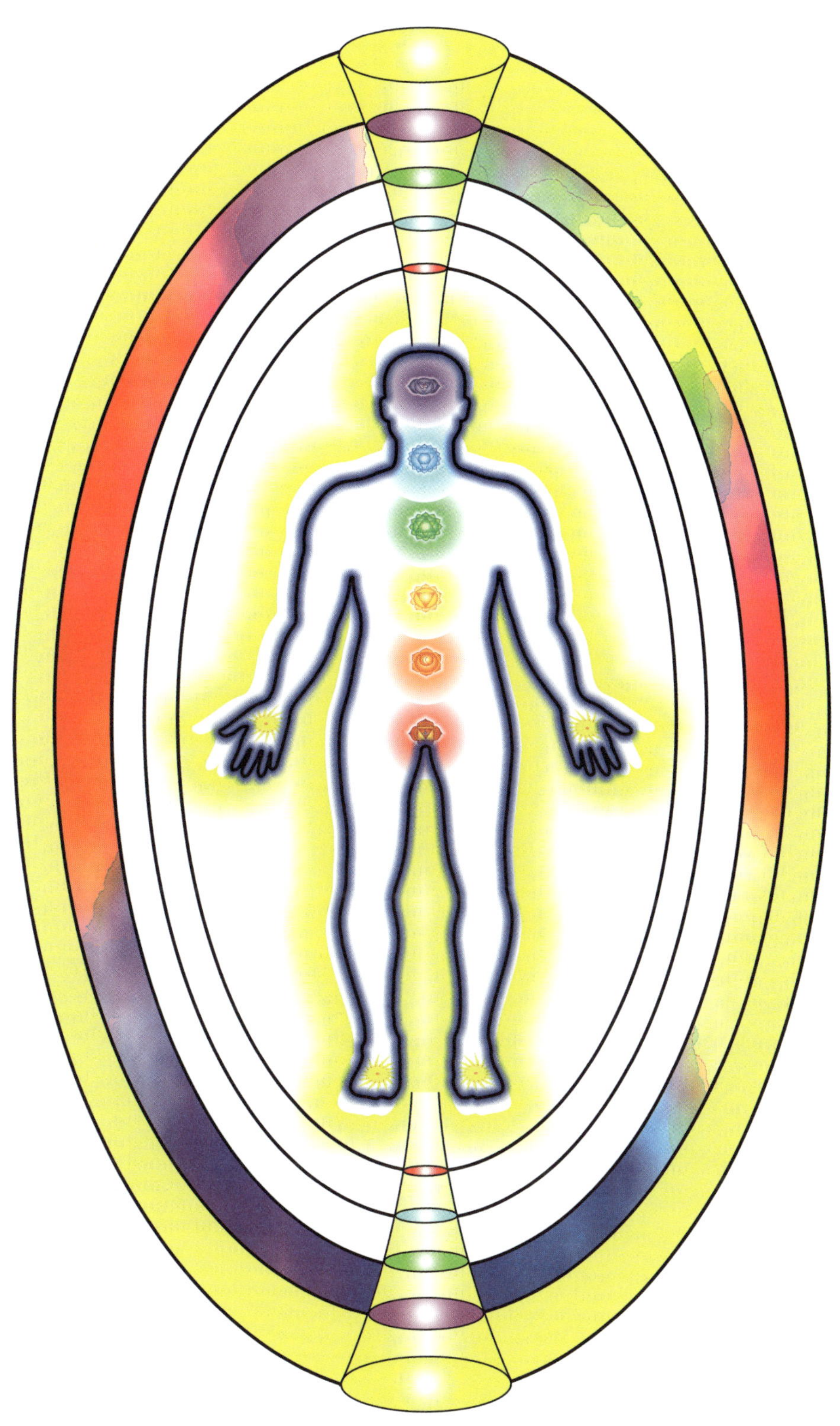

Die ersten sieben Auraschichten des Menschen – von innen nach außen betrachtet

1. Schicht – Physischer Energiekörper

Die innerste Schicht, sie strahlt meist blau 1–2 cm über die Körperoberfläche aus. Sie ist die Ebene der körperlichen Empfindungen und des Helltastens. Hier fühlen wir den Schmerz und können ihn hier auch ausschalten. Rubens Faria ist ein Heiler, bei dem die Patienten keine Schmerzen haben, er wirkt wohl auf dieser Ebene.

2. Schicht – Emotionalkörper

Der Emotionalkörper kann mithilfe der Aurafotografie sichtbar gemacht werden, die positiven Emotionen und Gedanken erscheinen in einer wunderschönen Farbwolke. Er dehnt sich bis 5–10 cm von der Körperoberfläche weg aus. Es ist die Ebene der Gefühle zu sich selbst und des Hellriechens. Gute und gesunde Emotionen riechen gut, Wut, Ärger und Zorn stinken wie die Pest. Die Redewendung, jemanden nicht riechen können, hat hier ihren Ursprung. Oft kann ich, wenn ein Patient die Tür hereinkommt, schon riechen, wo seine Probleme liegen.

3. Schicht – Ätherkörper

Das Ende der dritten Auraschicht ist ungefähr 10–20 cm von der Körperoberfläche entfernt. Diese Ebene kann man bei spirituellen Menschen als Heiligenschein leuchten sehen. Ebene des rationalen Verstands, der Mentalkraft, des Hellschmeckens, man hat etwas auf der Zunge. Oft erlebe ich bei der Geistheilung, dass ich Körperorgane meines Patienten schmecken kann. Meistens bei Problemen auf dieser Auraebene.

4. Schicht – Astralkörper

Meist der Körper, der bei Astralreisen benutzt wird. Ebene der zwischenmenschlichen Beziehungen. Der Ich-du-Verbindungen. Ebene des Hellhörens. Der Astralkörper ist meistens durchsichtig bläulich zu sehen. Dies ist auch die Farbe der Gespenster.

5. Schicht – Kosmischer Körper

Ebene des Göttlichen Willens im Inneren, des Hellsehens und der weltlichen Ordnung, oft als blaue Matrix beschrieben. Über diese Ebene kann man die Körperform verändern, dies lehre ich auch in meinen Skolioseseminaren, um hartnäckige Verknöcherungen aufzulösen.

6. Schicht – Spiritueller oder Himmlischer Körper

Ebene der Göttlichen Liebe, der spirituellen Ekstase. Geprägt durch verschiedene wunderschöne kosmische Farben. Durch gold- und silberfarbene Energieverbindungen, die als Engelsflügel wahrgenommen werden.

7. Schicht – Kausalkörper

Zirka einen Meter weit. Ebene des Göttlichen Geistes, der Wahrheit, der heiteren Gelassenheit. Wahrgenommen als goldenes Ei. Reguliert den Energiefluss auf allen Auraebenen. Hier entstehen die schöpferischen Ideen und klaren Erkenntnisse. Ich bin Gott!

Alles was wir jetzt sind,
ist das Resultat unserer Gedanken.
Wenn du wissen willst, wer du warst,
dann schau, wer du bist.
Wenn du wissen willst, wer du sein wirst,
dann schau, was du tust.
Buddha

Ursprünge der Energiezentren in der Wirbelsäule

Die Ansatzpunkte der Chakren an der Wirbelsäule und ihre Zuordnung zu den Energiekörpern nach Barbara A. Brennan

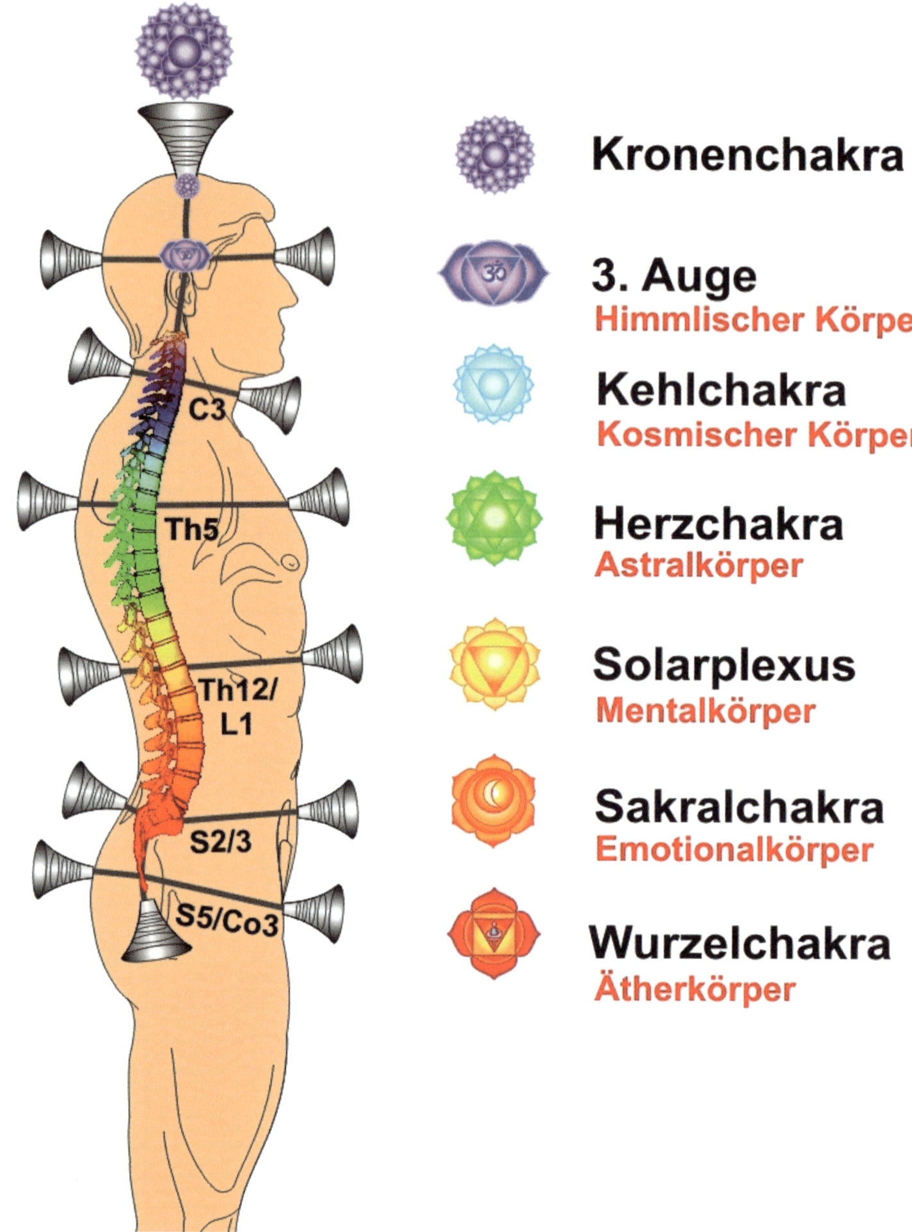

C = Halswirbel, Th = Brustwirbel, L = Lendenwirbel,
S = Kreuzbein, Co = Steißbein

Der magische Blick

Die Zirbeldrüse ist unsere Verbindung zwischen Gehirn und Augen. Sie liegt in der Mitte des Gehirns, über den Sehnerven.

Die Zirbeldrüse ist erdnussgroß, bei spirituell aktiven Menschen ist sie oft physiologisch vergrößert.

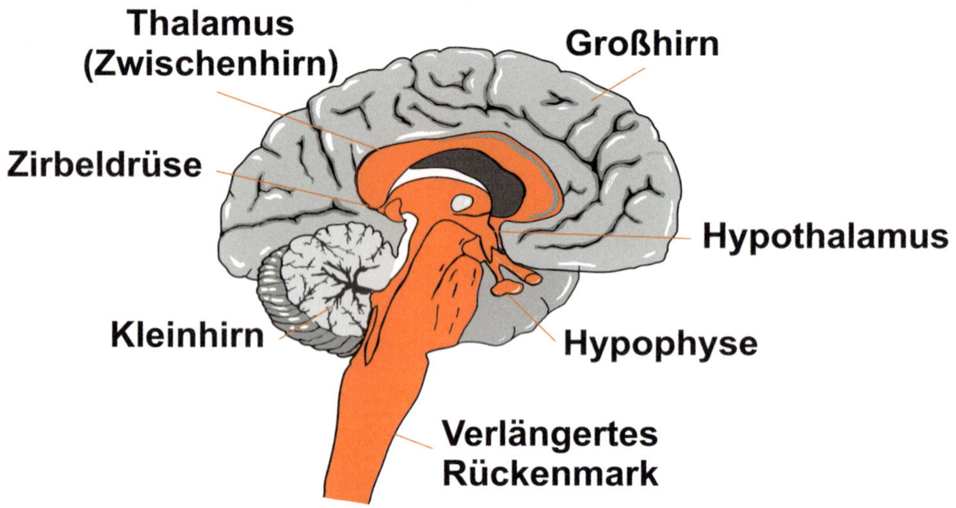

In diesem Bereich liegt das 3. Auge oder 6. Chakra genannt. Schon vor Jahrtausenden galt die Zirbeldrüse als Sitz der Seele und der Intuition.

Das allsehende 3. Auge ist bereits seit vielen Jahrtausenden ein spirituelles Zeichen, auch von Geheimbünden, und ist heute noch auf dem Ein-Dollar-Schein abgebildet. Dargestellt wird es dort als ein von einem Strahlenkranz umgebenes Auge und von einem Dreieck umschlossen, das auf die Trinität verweist. Dieses Dreieck verweist auch auf die Aspekte, die der Zahl Drei von alters her nachgesagt werden und sie zur heiligen göttlichen Zahl gemacht haben. Das Auge der Vorsehung (auch Allsehendes Auge, Auge Gottes) ist ein Symbol, welches gewöhnlich interpretiert wird als das alle Geheimnisse durchdringende allsehende Auge Gottes, das den Menschen an die ewige Wachsamkeit Gottes erinnern soll.

Das Horusauge

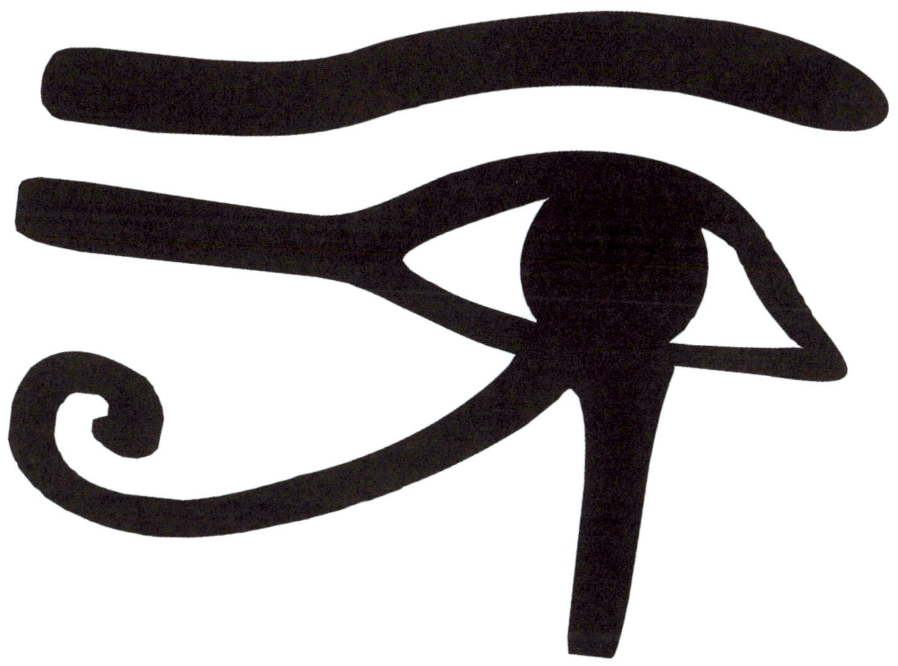

Das ägyptische Horusauge, welches ebenfalls das 3. Auge darstellt, ist weltbekannt. Es bildet das Innere des menschlichen Gehirns ab.

Schneidet man ein menschliches Gehirn einmal halb durch, lässt sich im Inneren das Horusauge erkennen, welches von Thalamus, Hypothalamus, Hypophyse, Zirbeldrüse und Medulla oblongata (Verlängertes Rückenmark) gebildet wird.

Das Horusauge ist auch das heilende Auge in der ägyptischen Heilkunde. Es wurden ihm außerdem sechs Formen der Wahrnehmung zugeordnet: Geruch, Gesicht, Gedanken, Gehör, Geschmack und Gefühl. Zudem entsprach jedem dieser Teile ein mathematischer Bruch. Es gibt ein wunderbares Buch welches Gott im Zahlensystem erklärt, es heißt „Geist, Kraft, Stoff" und ist von Gisela Weidner.

Die Zirbeldrüse weist nach den Nieren den zweigrößten Blutdurchfluss auf. In ihr konzentriert sich die größte Menge Serotonin im Körper und sie ist in der Lage, das Hormon Melatonin zu produzieren. Der Neurotransmitter Serotonin ist übrigens mit halluzinogenen Drogen verwandt. Melatonin ist das umstrittene Wundermittel, das den Tag-Nacht-Rhythmus des Menschen steuert und gerne als Einschlafmittel und bei Jetlag genommen wird. Schizophrene Menschen, die meist auch unter Schlafstörungen leiden, haben übrigens die höchste Serotoninkonzentration. Die Melatonin-Produktion wird in der Zirbeldrüse bei Licht gehemmt und bei Dunkelheit angeregt. Melatonin findet man auch auf der Netzhaut des Auges und es steuert dort die Pigmentierung.

In den Anfängen meiner spirituellen Entwicklung ist mir in Österreich ein Heiler begegnet, der willentlich seine Augenfarbe verändern konnte. Er saß mir mit seinen braunen Augen gegenüber, dann konzentrierte er sich und nach kurzer Zeit waren sie grün-gelb und einige Zeit später blau. Als er aufhörte, sich zu konzentrieren, wurde die Augenfarbe mit der Zeit wieder braun. Das war sehr beeindruckend.

Die Zirbeldrüse steht übrigens auch mit der Hypophyse in Kontakt, die die größte Anzahl der biochemischen Prozesse im Körper steuert. Den Höhepunkt erreicht die Melatonin-Produktion, Du wirst lachen, zur Geisterstunde, beziehungsweise drei bis sechs Stunden nach beginnender Dunkelheit.

Sowohl in der Zirbeldrüse als auch in der Netzhaut gibt es viele Stoffe, die stark halluzinogen wirken. Sie haben große Ähnlichkeit mit Inhaltsstoffen von Ritualpflanzen. Einige wirken auch schmerzlindernd. Sie verstärken außerdem die Alpha-Wellen und visionäre Zustände sowie die Selbstwahrnehmung. Auch bereiten einige dieser Stoffe Schwierigkeiten beim Fokussieren der Augen, womit wir beim nächsten Thema sind.

Beim Defokussieren der Augen werden neuronale Vorgänge im Gehirn in Gang gesetzt, die die Produktion bewusstseinsverändernder Neurotransmitter verstärken. Magier, Hexen und Schamanen haben das Defokussieren schon immer praktiziert, um ihr Bewusstsein zu erweitern.

Als kleines Kind lag ich manchmal tagsüber wach im Bett und hatte die Augen geschlossen. Es passierte mir öfters, dass ich dachte, ich hätte die Augen offen, weil ich dem Raum vor meinen Augen ganz genau erkennen konnte. 1:1. Irgendwann merkte ich dann, dass meine Augen fest geschlossen waren und ich also mit geschlossenen Augen genauso gut sehen konnte wie mit offenen Augen. Da ich nicht wusste, dass dies etwas Außergewöhnliches war, vergaß ich die Fähigkeit wieder, bis ich später als Erwachsene während meiner Ausbildung zur Parapsychologin das „Hellsehen“ wieder übte.

35 Jahre nach diesen Erfahrungen in der Kindheit erzählte mir ein Heiler-Schüler, Frank Bohne, dass er genau diese Art des Hellsehen mit kleinen Kindern übe. Bis zum Alter von zwölf Jahren könnten die Kinder lernen, mit geschlossenen Augen zu sehen, also nur mit ihrem 3. Auge. Das würde bei jedem Kind nach ein paar Trainingsstunden wunderbar funktionieren, nur bei älteren Kindern und Erwachsenen gelänge das nicht mehr so gut, aber wäre auch noch möglich. Somit war meine Erfahrung aus der Kindheit bestätigt. Ich freue mich für die Kinder, die mit diesem Wissen aufwachsen.

Eine lustige Anekdote ist, dass ich vor einigen Wochen zufällig eine Polizeisendung im Fernsehen einschaltete, in der eine Polizeistreife einen Wagen anhielt, der etwas dicht auf seinen Vordermann auffuhr. Die Polizisten staunten nicht schlecht, als die Frau hinter dem Steuer eine dicke Binde vor beiden Augen hatte. Natürlich dachten sie, das wäre ein Scherz, und glaubten nicht, dass diese Frau mit verbundenen Augen im Straßenverkehr unterwegs war, sondern vermuteten irgendwo ein Guckloch in der Binde. Aber es war keineswegs ein Scherz, sie erzählte den Beamten, dass sie mit geschlossenen Augen sehen könne und so trainiere. Nun, die Beamten sagten ihr, sie solle in Zukunft ohne Binde vor den Augen fahren, um die anderen Verkehrsteilnehmer nicht zu erschrecken. Sie fuhr dann ohne Augenbinde weiter.

Die Augen sind der Spiegel der Seele.
Japanische Weisheit

Stereogramme

Das Defokussieren der Augen forciert der New-Age-Spirituelle und Bewusstseinsforscher mit Stereogrammen, den sogenannten 3D-Bildern.

Als 1995 aufgrund der Möglichkeiten, die die Computerbildbearbeitung eröffnete, die ersten 3D-Bücher herauskamen, saß ich Tag und Nacht davor. Es war eine unbeschreibliche Erfahrung. Bis ich mein erstes 3D-Bild sehen konnte, dauerte es fast zwei komplette Tage. Ich weiß es noch genau, es war Wochenende und ich saß, lag, stand stundenlang vor den 3D-Büchern und versuchte etwas zu erkennen. Ich wusste, hinter den merkwürdig aussehenden Farbverläufen steckte ein Geheimnis, etwas Unbekanntes, etwas Neues und ich wollte unbedingt herausfinden, was es war. Aber ich sah nichts, ich übte, schwitzte, aber nein, immer noch nichts. Erst am Nachmittag des zweiten Tages bekam ich zum ersten Mal die Umrisse eines verborgenen 3D-Motivs zu sehen. Ich rätselte, überlegte, aber bekam nicht heraus, was es war, bis sich auf einmal mein Bewusstsein weitete und ich das ganze Motiv auf einen Schlag sehen konnte ... es war ein Auto! Wow ... unglaublich! Zwei Tage Mühe, aber ich hatte es geschafft, es hatte sich gelohnt, mein erstes 3D-Motiv hatte sich gezeigt.

Falls Du schon versucht hast, etwas auf dem lila Farbgemisch der Abbildung weiter oben zu erkennen: es ist das Horusauge.

Als ich es nach zwei Tagen Üben und Probieren endlich geschafft hatte, klingelte es. Meine Oma kam zu Besuch. Ich stürzte mich voller Begeisterung auf sie und meinte, Oma guck mal, etwas Neues, 3D-Bilder, du musst nur so und so gucken ...

Meine Oma nahm das 3D-Buch in die Hand, schaute kurz rein und meinte, oh, ein Auto ... dann die nächste Seite, ein Pferd, ein Schmetterling ...

Toll, was es alles gibt.

Ich war völlig verblüfft und erwiderte, Oma, ich übe seit zwei Tagen, habe übermüdete Augen und bin fix und fertig. Wie hast du das innerhalb von zwei Sekunden geschafft?

Nun, einfach tief hineingeschaut, antwortete sie und guckte sich noch die restlichen Bilder in dem Buch an. Interessant, sagte sie und widmete sich dann anderen Dingen.

Heute, fast zwanzig Jahre später, mit 95 Jahren, liest meine Oma immer noch mühelos diese 3D-Bilder. Sie hatte auch damals nie Probleme damit, mir zu Trainingszwecken alle möglichen Energiegebilde in den heimischen Garten zu stellen, damit ich diese „hellsehen" konnte. Sie hatte immer schon zu allem eine liebevolle Lebenseinstellung und legte Wert auf menschliche Tugenden. Sie ist bis heute offen und aufgeschlossen für Neues und ist sich nie zu alt, dazuzulernen.

Damit möchte ich sagen, man muss nicht „extra" spirituell sein um einen guten Draht zur geistigen Welt zu haben. Das „menschliche" genügt völlig.

Meine Großmutter wurde übrigens 100 Jahre alt und war fit bis zu letzt.

Ist der Geist spirituell und ausgeglichen, bleibt er aktiv und die Gesundheit bis ins hohe Alter erhalten.

Anne, Phyllis, Krista, Tanja 2014

So kenne ich auch die ins Guinnessbuch der Rekorde aufgenommene Phyllis Krystal sehr gut. Mit 100 Jahren hält sie noch Seminare bei uns im Heilerzentrum und steckt ihre viel jüngeren Studenten, ich möchte es mal so salopp ausdrücken, locker in die Tasche. Ihr Bewusstsein ist so ausgedehnt und weit, dass sie jeden ihrer hundert Schüler im Seminar im „inneren Blick“ hat, und ihr Geist ist so schnell und wach, dass sie die Probleme und Einschränkungen ihrer Studenten sofort erkennen, darauf reagieren und auflösen kann. Sie vergisst nichts von dem, was ihr wer auch immer erzählt hat. Von solchen aktiven Menschen können die jüngeren Generationen sehr viel lernen, und erst recht viele Ältere.

Ob man die Motive auf 3D-Bildern erkennt, hängt also von vielen Faktoren ab. Erst einmal von den Augen selbst, aber hauptsächlich vom Mentalen. Je lockerer, entspannter und neutraler ein Betrachter ist, desto schneller gelingt es ihm, weil die Gehirnfrequenz tiefer beziehungsweise die eigene Energieschwingung höher ist. Je verbissener und angestrengter man etwas zu erkennen versucht, je asynchroner sind die beiden Gehirnhälften und man wird in diesem Zustand keinen Erfolg haben. Erst wenn beide Gehirnhälften ausgeglichen sind, wenn beide Augen gleichmäßig schauen, dann sieht man die 3D-Motive.

Die Augen stehen im direkten Kontakt mit den beiden Gehirnhälften, das rechte Auge mit der linken Gehirnhälfte und das linke Auge mit der rechten. Trainiert man die Augen, trainiert man sein Gehirn.

Mithilfe der 3D-Bilder kann man wunderbar sein Bewusstsein erweitern. Das Betrachten von 3D-Bildern ist natürlich auch ein ausgezeichnetes Augen-, Konzentrations- und Wahrnehmungstraining. Es fördert die Gehirnleistung, schärft die Sinne und fördert die Aktivierung des 3. Auges. Durch diese Bewusstseinserweiterung können sich beide Gehirnhälften ausgleichen, was Harmonie in alle Bereiche bringt. Daher wird diese Methode zu medizinischen, therapeutischen, pädagogischen und spirituellen Zwecken eingesetzt. Kurzum, Du wirst auch gesünder. Am Anfang ermüden Gehirn und Augen schnell, weshalb kurze Übungszeiten empfohlen werden.

Übrigens verbessert sich durch dieses Training auch die Sehfähigkeit und schon viele Menschen konnten auf diesem Wege ihre Brille loswerden. Die Gesundheit des Auges kann man übrigens hervorragend mit Hilfe der Irisdiagnose beurteilen. Die Irisdiagnose beruht auf Jahrtausende langer Beobachtung und Erfahrung und sie lässt sich bis etwa 2000 vor Christus zurückverfolgen, wie ich in meinem Buch „Reflexzonen" ausführlich erkläre.

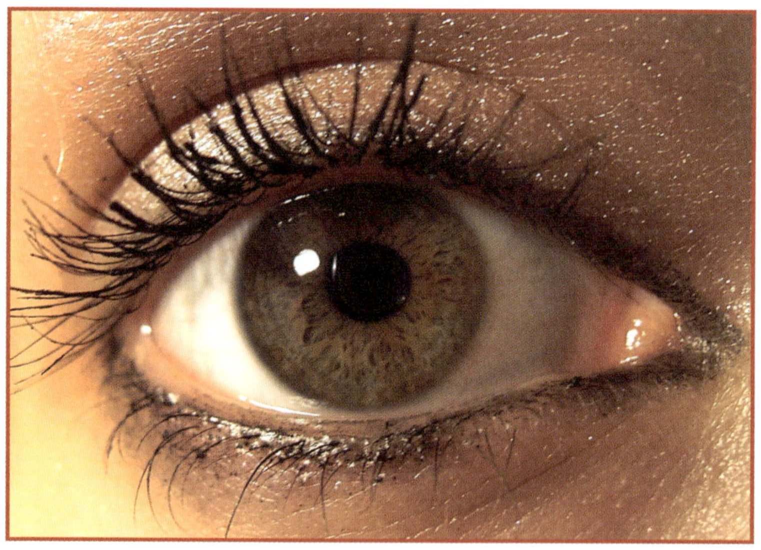

Das Auge gibt dem Körper Licht.
Wenn dein Auge gesund ist,
dann wird dein ganzer Körper gesund sein.
Matthäus 6,22

Sie ist eine wunderbare Möglichkeit, Erkrankungen, gesundheitliche Störungen und psychische Probleme bei Mensch und Tier auf direktem Wege zu erkennen. Das Anschauen der Regenbogenhaut im Auge eröffnet dem Betrachter die tiefsten und konkretesten Einblicke. Das Auge ist eines unserer wichtigsten und sensibelsten Sinnesorgane.

Techniken des magischen Blicks

Im folgenden Abschnitt findest Du eine Anleitung zum magischen Sehen und zur Aktivierung des 6. und 7. Sinnes.

Übung 1: Die Paralleltechnik
(divergentes Sehen)

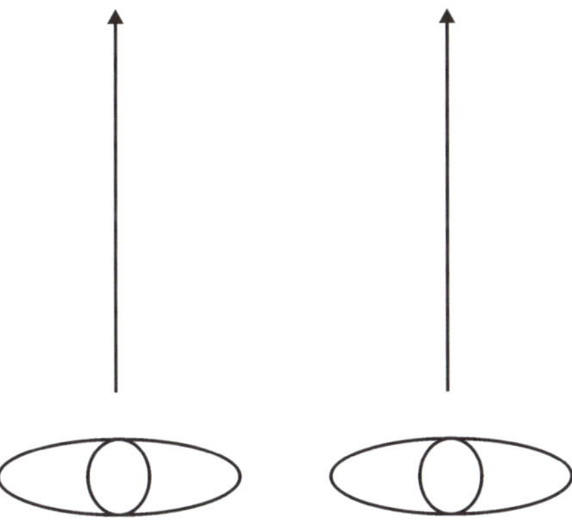

Die Blickrichtung beider Augen steht bei dieser Technik parallel zueinander.

1. Methode:
Schaue auf einen circa 2 m entfernten Gegenstand und schiebe dann das Bild zwischen Dein Gesicht und den anvisierten

Punkt. Der Abstand zu Deinen Augen sollte dabei 30–40 cm betragen. Der genaue Wert ist individuell und Du musst ein wenig experimentieren. Du siehst dann praktisch durch das Bild hindurch in die Ferne. Bewege nun das Bild leicht vor und zurück. Hast Du die richtige Entfernung gefunden, stellt sich der dreidimensionale Effekt fast wie von selbst ein.

2. Methode:
Halte das Bild direkt vor Deine Nasenspitze; nun siehst Du es verschwommen. Dann bewege das Bild langsam (ca. 1 cm pro Sekunde) von Deinem Gesicht weg und halte den Blick weiterhin hinter das Bild gerichtet. Zuerst bekommen die Farben eine leuchtende Qualität und kurz darauf – bist Du in der 3. Dimension!

Übung 2: Die Schieltechnik
(konvergentes Sehen)

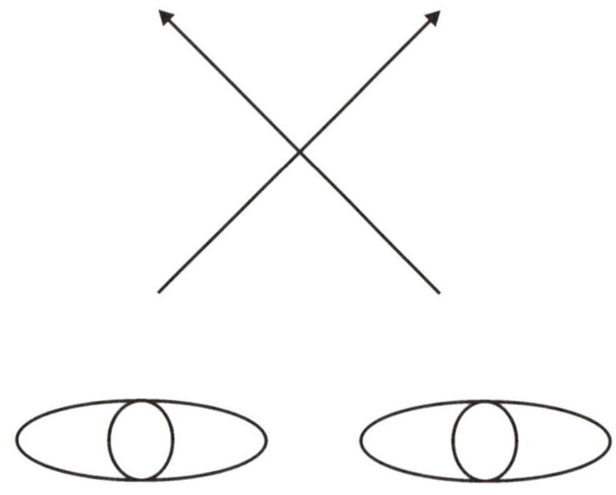

Bei dieser Technik kreuzen sich die Blickrichtungen beider Augen.

3. Methode:

Halte einen Finger auf halber Entfernung zwischen Dir und dem Bild und fokussiere auf Deine Fingerspitze, halte aber dabei Deine „zweite Aufmerksamkeit“ auf das Bild selbst gerichtet. Spiele ein wenig mit der Entfernung zwischen Finger und Bild, und wenn Du die richtige Position gefunden hast, springt Dir (nicht erschrecken) ein dreidimensionales Objekt entgegen. So ähnlich wie bei den 3D-Filmen im Kino.

4. Methode:

Schiele auf Deine Nasenspitze und halte dabei das Bild circa 30 cm vor Dein Gesicht. Dann lass langsam (!) den Blickfokus wieder in seine ursprüngliche Position gleiten; kurz bevor er seine Ausgangsposition erreicht hat, bist Du in der 3. Dimension.

Bei all diesen Anweisungen solltest Du vor allem an eines denken: Je gelassener und entspannter Du an die ganze Sache herangehst, desto eher wirst Du in die verborgene und geheimnisvolle Welt der 3. Dimension eintauchen können.

Diese Bilder sollen Dir in erster Linie Freude bereiten, und wenn jemand anders die Motive schon erkennen kann, während Du noch beim Experimentieren bist, dann habe ein wenig Geduld. Ich verspreche Dir:
Es lohnt sich!

Hier gilt es vor allem auf die Anhebung des Energieniveaus im Körper zu achten, während Du in der 3D-Sicht bist und die Gehirnhälften synchroner arbeiten. Eigentlich ist es die 4. Dimension, die man zu sehen beginnt, aber das ist nur eine Definitionssache.

Übung: 3D Sicht - zwei Punkte überlappen

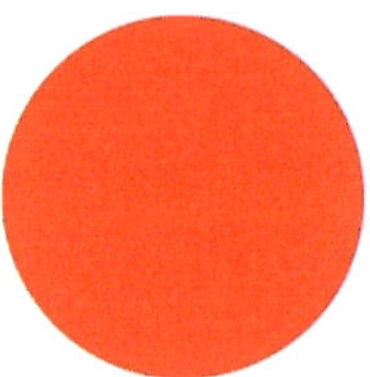

Nun probiere die gelernten Techniken in der Praxis aus. Schaue die beiden Punkte auf der nächsten Seite an. Dazu halte das Buch bitte quer, sodass die beiden Punkte horizontal vor Dir sind. Du kannst es auch erst einmal mit den zwei kleinen Pünktchen in der Abbildung oben probieren.

Nun schaue etwas unscharf und versuche so zu sehen, dass ein dritter Punkt in der Mitte entsteht.

Am Anfang wirst Du erst vier Punkte sehen, dann werden die mittleren zwei zu einem dritten Punkt in der Mitte verschmelzen. Wenn Du Brillenträger bist, dann versuche es ohne Brille. Notfalls geht es auch mit Brille. Wenn allerdings die Stärken der beiden Brillengläser zu verschieden sind, kann es Probleme geben.

Wenn Du den dritten Punkt in der Mitte sehen kannst, versuche ihn so lange wie möglich zu fixieren. Achte dabei auf Deine Atmung, auf Deine innere Anspannung und Deine Gefühle.

Du hast es bestimmt schon wahrgenommen, wenn der dritte Punkt zu sehen ist und beide Gehirnhälften synchroner und harmonischer arbeiten, erhöht sich Deine Energiefrequenz.

Das drückt sich in Ruhe und Entspannung, aber auch in einem angenehmen Wohlbefinden und Zufriedenheit aus. Wenn die Sinne durch diese Übung mehr Energie bekommen, wird Dein gesamtes Umfeld irgendwie heller, leuchtender und Du bist wacher. Natürlich ist es zugleich auch spannend und aufregend. Es strengt an, aber es ist eine angenehme Anstrengung. Es ähnelt dem gewissen Kick beim Extremsport. Du bist voll konzentriert, hellwach aber auch irgendwie energetisiert und euphorisch.

Das macht alles der höhere Energiefluss. Merke Dir dieses Gefühl, verinnerliche diesen Zustand und vor allem halte ihn aufrecht. Das große Problem ist tatsächlich, diesen Zustand zu halten, nicht zu denken, oh klasse, wann kommt der nächste Kick, was ist noch extremer, was ist noch aufregender. Nein, die Suche nach der Steigerung ist der falsche Weg. Sie führt bei Extremsportlern in die Sucht!

Jetzt brauchst Du Geduld und Gelassenheit und vor allem: Neutralität!

Übung: Den erhöhten Bewusstseinszustand halten

Schaue das Bild, halte den Zustand und vor allem beschäftige Dich mit Deinem Zustand und mit dem, was sich im Körper verändert. Bleibe gelassen und sage Dir, wie wunderbar, ich habe es geschafft, von nun an werde ich diesen Zustand jederzeit hervorrufen und mit der Zeit auch auf dieser höheren Frequenz verharren können.

Dann nimm das Bild kurz vor Deinen Augen weg, aber halte den verschwommenen 3D-Blick, auch wenn die Kreise nicht mehr zu sehen sind, und schaue in den Raum vor Dir. Halte den Zustand, dann nimm das Bild wieder vor die Augen und sofort siehst Du wieder den dritten Punkt. Wenn Du neu fokussieren und die beiden Punkte erst wieder zusammenführen musst, hast Du es nicht richtig gemacht und bist während des Betrachtens des Raumes in Deine normale Augenhaltung zurückgefallen.

Die Schlussfolgerung aus dieser Übung ist aber nicht, dass Du verschwommen sehen musst, um den erhöhten Bewusstseinszustand zu erreichen. Nein, mit der Zeit wirst Du im erhöhten Bewusstseinszustand auch wieder ganz normal sehen, allerdings wirst du noch viel, viel mehr sehen. Du wirst die Aura sehen, vielleicht Dinge, Personen, Orbs, die Du vorher nicht wahrgenommen hast, aber das braucht etwas Zeit und Übung. Natürlich kannst Du auch im Alltag, in Deinem Tagesbewusstsein trainieren, Deine Frequenz zu erhöhen. Du kommst dann in einen tiefen Beta-Frequenzzustand mit Alpha- und Theta-Anteilen, das wäre eigentlich das Ideal!

Zurück zu den Kreisen.
Welche Farbe hat Dein dritter Kreis in der Mitte?

Lila?
Ja, das wäre perfekt, dann sind Deine beiden Gehirnhälften ausgeglichen.

Blau oder Rot?
Je nachdem, ob der blaue Kreis rechts oder links vor Deinen Augen ist, arbeitet die gegenüberliegende Gehirnhälfte stärker. Befindet sich der blaue Kreis rechts und ist der Kreis in der Mitte ebenfalls blau, dann ist das das Zeichen, dass die linke Gehirnhälfte noch etwas stärker arbeitet. Versuche dann weiter zu schauen, locker zu werden, nichts zu denken, wach zu bleiben, bis der mittlere Kreis lila wird.

Heller Kranz?

Wenn Du einen hellen Lichtschein um die Kreise siehst, ist das sehr gut, denn das ist der Heiligenschein, die Aura des jeweiligen Kreises. Allerdings nicht nur die Aura des Kreises: wenn Du Dich auf den Kreis konzentrierst, wirst Du dort auch vermehrt Deine eigene Energie sehen können, und das meistens in Form von Licht.

Unsichtbar?

Verschwinden die beiden äußeren Kreise und es bleibt nur der Kreis in der Mitte, ja wunderbar, bald wirst Du durch Wände schauen können. Du kannst bestimmte Frequenzen aus Deinem Bewusstsein ausschalten und dann siehst Du die Kreise nicht mehr.

Die Augenärzte erzählen in diesem Fall etwas vom blinden Fleck im Auge, den gibt es schon, aber das man den Kreis deswegen nicht mehr sieht stimmt in dem Fall nicht.

Durch Üben kannst Du lernen, bestimmte Frequenzen zu sehen und andere nicht. Medial trainierte Menschen können so in den Körper hineinschauen und sich Organe ansehen. Das nennt man den Röntgenblick. Mit etwas Übung gelingt Dir das auch, fange einfach an.

Es wird erzählt, dass die Indianer bei der Ankunft von Kolumbus nur das kleine Beiboot sahen, das sich dem Ufer näherte. Das große Schiff auf dem Wasser sahen sie nicht. Sie hatten kein Bewusstsein dafür, und selbst als die weiteren großen Segelschiffe schon dicht am Ufer waren, konnten sie diese zu Anfang nicht erkennen. Nur der Medizinmann konnte die Schiffe sehen, und nachdem er sie seinem Volk beschrieben hatte, nahmen die Indianer sie ebenfalls wahr.

Übung: Langsam fokussieren!

Um die Augen zu trainieren und die verschiedenen Aspekte des 3D-Sehens zu üben, versuche jetzt die beiden Kreise ganz langsam zu verschmelzen, also ganz langsam zu überlappen, und dann den Blick auch genauso langsam wieder in die Ausgangsposition zurückzubewegen. Je langsamer und gleichmäßiger, desto besser.

Übung: Divergentes und konvergentes Sehen im Wechsel

Wie siehst Du den dritten Kreis?
Siehst du ihn in der Mitte?

Befindet er sich etwas vor den anderen beiden Kreisen oder etwas weiter dahinter?

Wenn Du den mittleren Kreis weiter vorne siehst, mithilfe der Schieltechnik (also dem konvergenten Sehen), dann versuche ihn jetzt weiter hinten zu sehen, mithilfe der Paralleltechnik (also dem divergenten Sehen).

Versuche alle Sehmethoden zu erlernen. Ich betone noch einmal, dass es wichtig ist, bei allen Deinen Übungen nicht zu urteilen, keine Emotionen zuzulassen, nicht zu denken, alles neutral zu betrachten und natürlich immer Spaß und eine gesunde Freude an dem, was Du da tust, zu haben.

Nicht denken:

- ist das schwer, das kann ich nicht
- wie anstrengend, das wird langweilig

immer:

- gelassen
- freudig und neutral bleiben
- und positiv denken

Durch den erhöhten Bewusstseinszustand nimmt Dein Bewusstsein alles schneller und intensiver auf. Denkst Du etwas Negatives, wird es sich schneller in die Realität umsetzen als früher. Das gilt natürlich gleichermaßen für positive Gedanken.

Übung: Stereogramme anschauen

Noch intensiver lässt sich die Bewusstseinserweiterung mit Stereogrammen erreichen! Versuche jetzt, Dein erstes Stereogramm zu sehen. Nimm das Buch wieder quer (die Stereogramme kann man nur horizontal sehen und in diesem Buch sind sie alle im Querformat abgedruckt) und arbeite mit ihnen nacheinander. Mache mit ihnen dieselben Übungen wie mit dem roten und blauen Kreisen.

Bei dem ersten Bild siehst Du zwei schwarze Kreise am unteren Ende. Sie sollen Dir bei der Fokussierung helfen. Überlappe erst die beiden Kreise und richte den Blick anschließend auf das ganze Bild. So wirst Du Dein erstes Stereogramm schnell erkennen können.

Dinge wahrzunehmen,
ist der Keim der Intelligenz.
Laotse

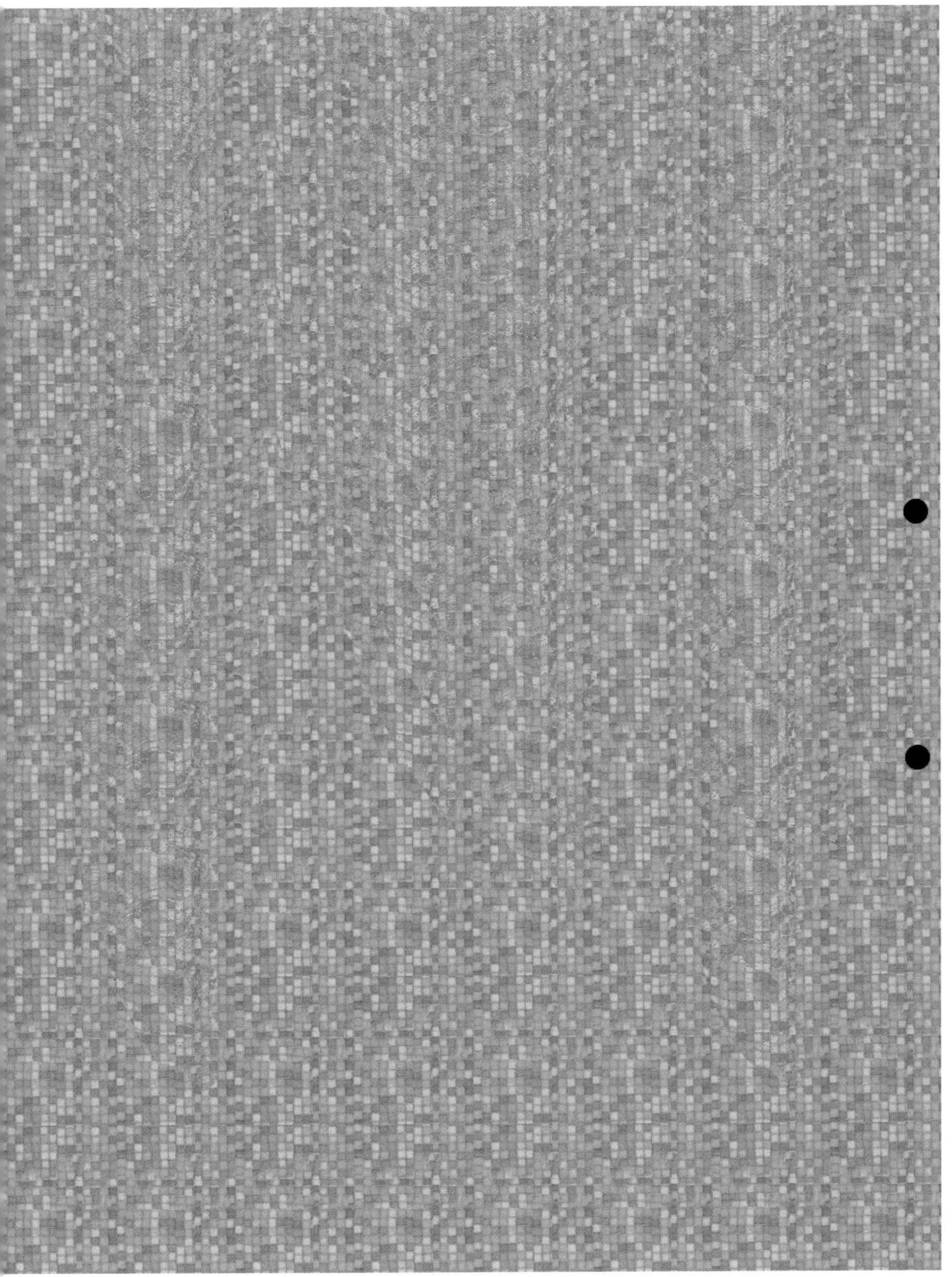

Übungen: Mit den Stereogrammen Augen und Gehirn trainieren

- das Bild so lange wie möglich anschauen
- die Frequenz halten, auch wenn das Bild kurz aus dem Sichtfeld genommen wird
- langsam fokussieren und defokussieren
- divergentes und konvergentes Sehen üben (einmal das Bild weiter vorne und einmal weiter hinten sehen)
- keine Emotionen, keine Gedanken, keine Urteile, reines Beobachten

Also schaue Dir das Stereogramm ganz lange und intensiv an.

Je länger Du hinschaust, desto mehr Details werden sichtbar.

Bewahre die Ruhe und Deinen neutralen, beobachtenden und fröhlich-freundlichen Blick. Versuche Deinen Blick bis hin zu den Rändern auszudehnen, dort habe ich gerade bei dem ersten Bild noch ein paar kleine Überraschungen versteckt.

Dann halte den Blick und nimm das 3D-Bild kurz weg.

Wenn Du es wieder vor die Augen hältst, muss das Motiv sofort da sein. Wenn Du merkst, dass Deine Augen sich neu fokussieren müssen, konntest Du den Blick nicht halten.

Anschließend übe beide Blicktechniken (konvergentes und divergentes Sehen im Wechsel, „das Bild rückt vor“ oder „das Bild tritt zurück“), übe beides und dann wechsle diese beiden Blickvariationen so langsam und gleichmäßig wie möglich.

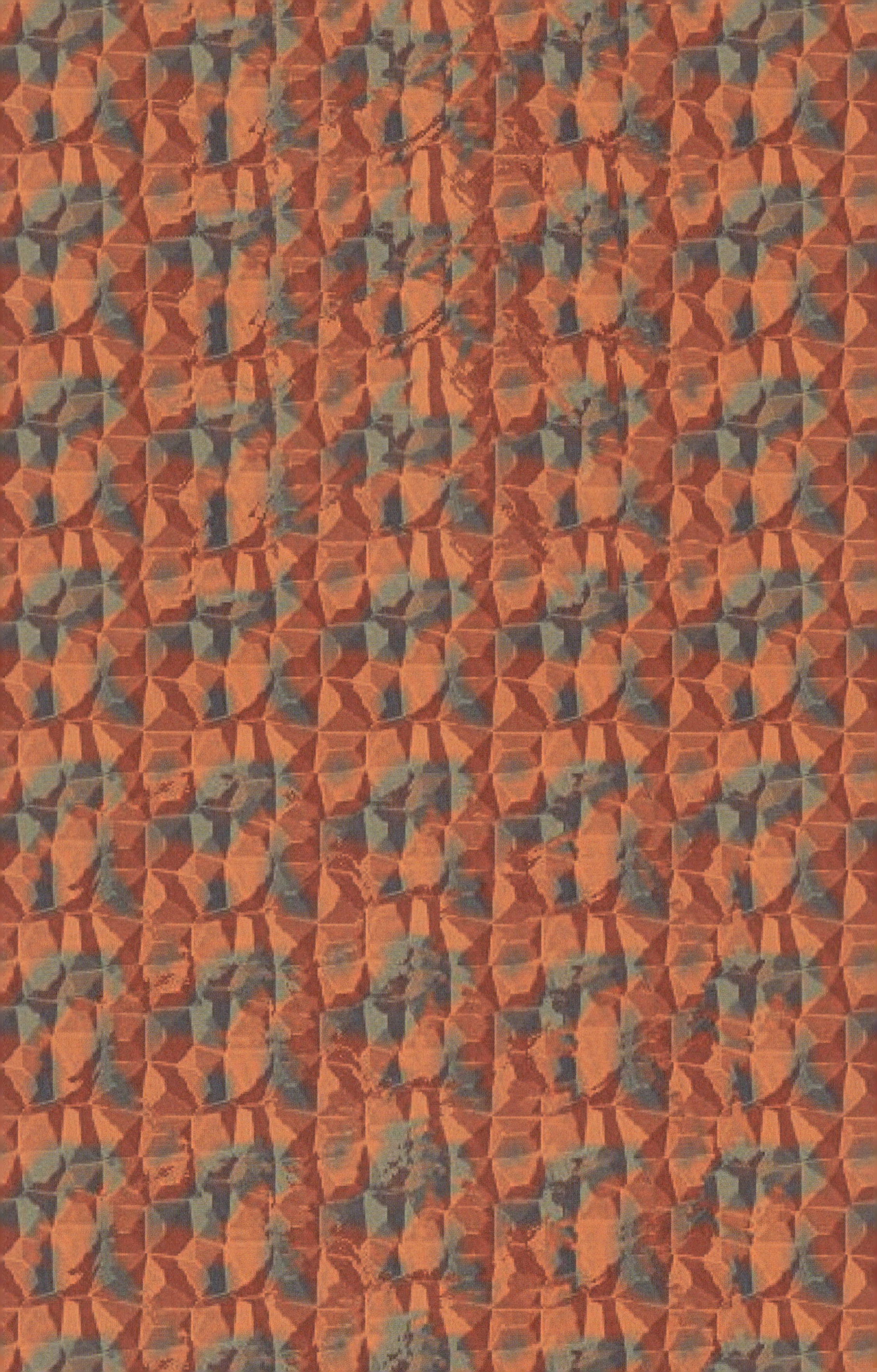

Auflösung

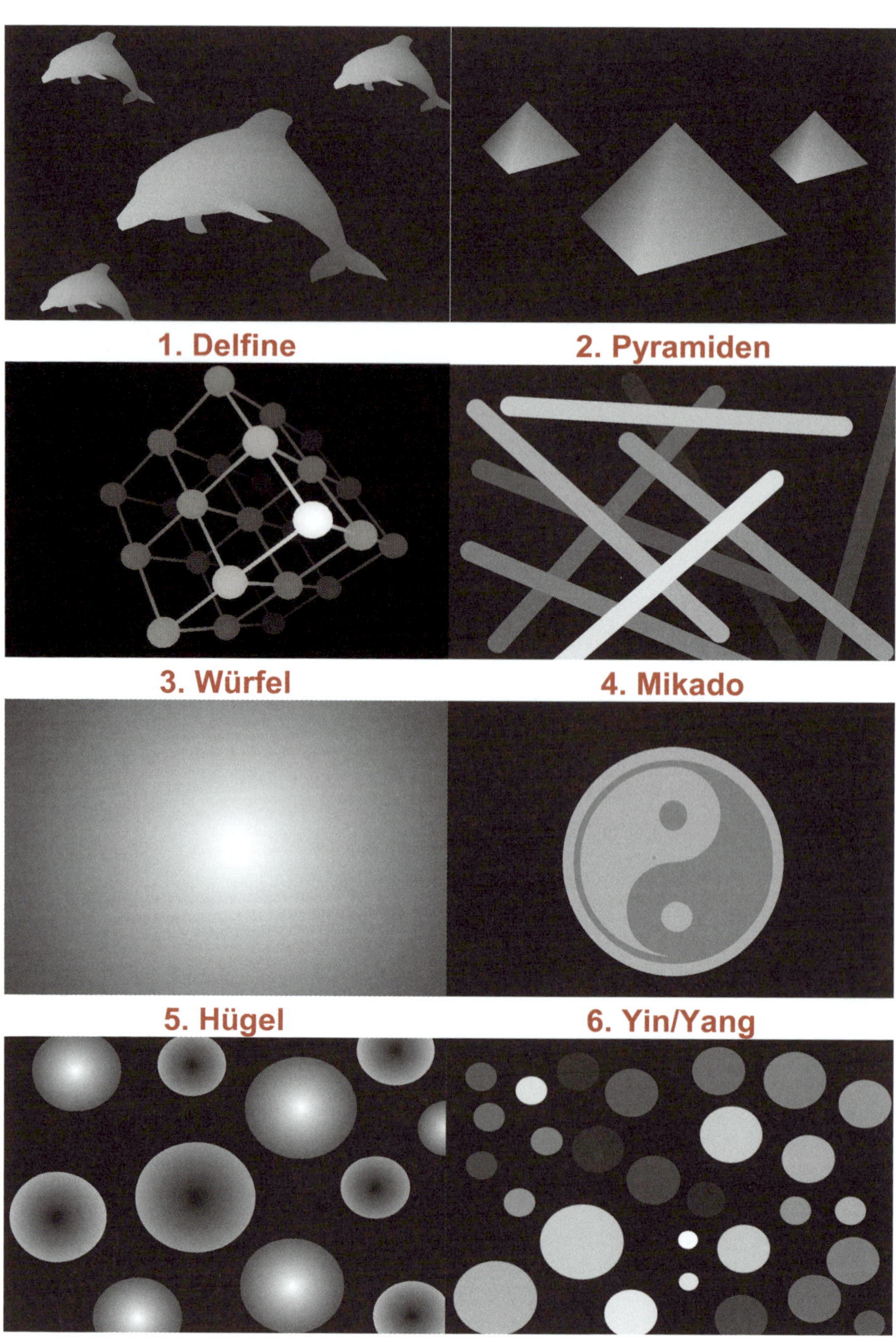

1. Delfine
2. Pyramiden
3. Würfel
4. Mikado
5. Hügel
6. Yin/Yang
7. Kegel und Krater
8. Kreise

Übung: 3D-Blick-Verstärkung

Du kannst diesen 3D-Blick noch weiter intensivieren und verdoppeln, vervierfachen, versechsfachen und so weiter. Schaue Dir am besten das Yin-Yang-Symbol an und versuche Deinen Blick noch weiter zu fokussieren, bis Du auf einmal die Hälfte des Symbols noch ein wenig weiter vorne siehst als den Rest.

Die Vorübung auf der nächsten Seite hilft Dir dabei, versuche alle Punkte zu überlappen, sodass nur noch das orange Rechteck mit orangen Punkten darin übrig bleibt.

Diese Technik hilft Dir später, verschiedene Auraschichten zu erkennen und Dich immer weiter auf höhere Ebenen einzuschwingen.

Wenn Gedanke, Wort und Tat
eine Einheit bilden,
zeigt sich das Vorhandensein von Menschlichkeit.

Heutzutage fehlt dem Menschen echtes Menschentum,
weil das, was er denkt,
weder mit dem, was er sagt,
noch mit dem, was er tut,
übereinstimmt.

SAGT, WAS IHR DENKT;
TUT, WAS IHR SAGT!
Sathya Sai Baba

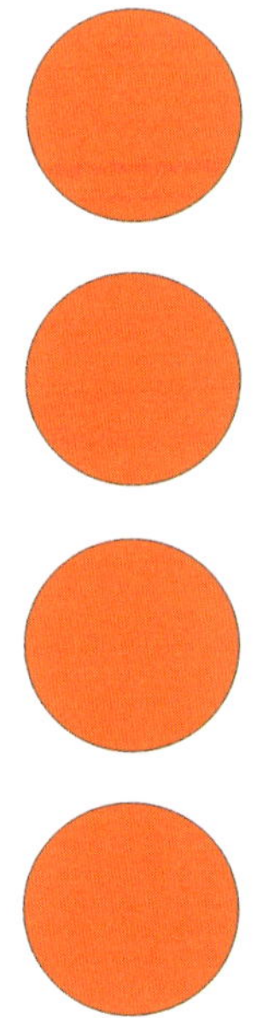

Die Orgonteilchen

Wer die Orgonteilchen sehen kann, der kann auch die ersten beiden Auraschichten mühelos wahrnehmen, denn die Frequenzen sind ähnlich.

Orgon ist ein Begriff für die allgemeine Lebensenergie. In Fernost gilt die Lebensenergie als Grundlage der Gesundheit und ist Bestandteil zahlreicher Therapien. Dort nennt man sie beispielsweise Chi (China) oder Prana (Indien).

Energiegeladene Orgonteilchen sah ich zum ersten Mal als Kind über dem blauen Meer. Es war ein trüber Tag an der spanischen Küste und meine Familie fuhr mit dem Boot spazieren. Es war sozusagen Grau in Grau. Meer und Himmel hatten die gleiche blau-graue Farbe und ich schaute in die Ferne auf das Wasser. Auf einmal sah ich um mich herum alles voller kleiner, blinkender Goldpünktchen. Ich war fasziniert. Es war ein schönes Gefühl, so erhellt, so lichtvoll zu sein, und überall um mich herum leuchtete und funkelte es. So müssen die Sterntaler im Märchen ausgesehen haben, fuhr mir durch den Kopf. Da ich nicht wusste, was dieses Blinken bedeutete und meine Eltern es weder sehen noch mir erklären konnten, vergaß ich den Vorfall.

Erst viele Jahre später, als ich ein Buch von Barbara Brennan las, in dem diese Teilchen beschrieben wurden, und ich mir anschließend von Arno Herbert einen Orgonstrahler kaufte, beschäftigte ich mich wieder intensiv mit meinem Erlebnis in Spanien. Willhelm Reich beschrieb die Orgonteilchen 1930 zum ersten Mal als kosmisch charakterisierte Energie. Er beschrieb die Orgonenergie als allgegenwärtig und setzte sie gleich mit der Chi und der Prana-Energie.

Nach den uralten Lehren ist die Lebensenergie Voraussetzung für alles Lebendige. Das Leben ist also nicht nur auf physikalische, chemische oder thermische Energien zurückzuführen, sondern bedarf zusätzlich einer eigenen Lebensenergie: dem Orgon (Chi).

Um die Orgonteilchen sehen zu können, gehe am besten nach draußen. Es spielt keine Rolle, ob blauer oder grauer Himmel ist, Du brauchst nur ein Stück Himmel, das möglichst gleichförmig aussieht. Wenn die Sonne scheint, dann setzte eine Sonnenbrille auf. Wenn Du Brillenträger bist, kannst Du Deine normale Brille auflassen. Orgonteilchen kann man übrigens auch nur mit einem Auge sehen, genauso wie die Aura. Ein idealer Standort, Orgonteilchen zu sehen, ist vom Flugzeug aus. Aber Du brauchst jetzt nicht auf Deine nächste Flugreise zu warten, Orgonteilchen sind immer um Dich herum, im Haus, auf der Straße, überall. Es ist nur leichter, sie am blauen Himmel zu erkennen.

Übung: Also los geht's. Ab nach draußen!

Schaue in den Himmel, möglichst nicht in die Sonne. Wenn Wolken da sind, dann schaue die Wolken an und dann versuche, während Du die Wolken weiter anschaust, zwischen Dir und den Wolken etwas zu erkennen. Mit der Zeit wirst Du die Orgonteilchen sehen können.

Hierbei gelten wieder die gleichen Prinzipien wie beim Experimentieren mit den 3D-Bildern, strebe nach Ruhe, Ausgeglichenheit, Neutralität und reinem Beobachten. Achte auf Deine eigene Frequenz und verinnerliche den Zustand. In dem Moment, wo Du auf der Frequenz der Orgonteilchen bist, nimmst Du diese auch vermehrt auf!

Mit der Zeit wirst Du noch weit mehr sehen als nur Orgonteilchen. Es gibt alles Mögliche am Himmel, vor allem auch die von Willhelm Reich beschriebene Dor-Energie. Dor sind schwache Orgonteilchen mit nur wenig Energie, sie leuchten nicht golden, funkeln nicht, sondern sind schwarz oder grau mit langsamer Blinkbewegung. Oft sieht man die Dor-Teilchen auch in dunklen, grauen, wolkenähnlichen Formationen. Beobachte alles am

Himmel, alles ist normal, alles gehört dazu. Du bist wie ein Fisch im Wasser. Der Fisch im Wasser sieht auch das Wasser nicht und auch nicht, was im Wasser alles herumschwimmt, so ähnlich geht es Dir jetzt. Habe keine Angst, urteile nicht und beobachte so viel und so genau wie möglich. Das Blinken der Orgonteilchen und deren Bewegung hat übrigens nichts mit dem Wind zu tun, allerdings bist Du in der Lage, mit Deiner Aufmerksamkeit das Verhalten der Teilchen etwas zu verändern.

Sogar Tiere reagieren auf der Grundlage eurer Gefühle.

Wie das Gefühl, so ist die Reaktion. Jedes Lebewesen geht nach diesen drei Prinzipien vor: Reaktion, Reflektion und Resonanz. Zwei in derselben Familie geborene Söhne kämpfen ständig miteinander. Was ist der Grund für den Hass? Ihr eigener Geist (mind) ist für ihr Naturell verantwortlich. Habt niemals ein böses Temperament. Ihr müsst stets edle Gefühle kultivieren und entwickeln. Ihr müsst den Ruf, die Ehre und Reputation eurer Familie und der Universität, an der ihr studiert habt, aufrechterhalten. Um einen guten Ruf zu verdienen, müsst ihr gute Freundschaften pflegen. „Sag mir, wer deine Freunde sind, und ich sage dir, wer du bist“, ist ein berühmtes Zitat. Wie die Gesellschaft ist, so seid ihr. Sucht und pflegt deshalb gute Gesellschaft – es ist euer großes Glück, gute Gesellschaft zu haben und in ihr zu sein.

Sathya Sai Baba, Ansprache vom 27.8.2007

Höhere Sinne entwickeln

Übung: Die Aura von Bäumen sehen

Während Du die Orgonteilchen am Himmel betrachtest, suche Dir den nächsten Baum oder die nächste Grünpflanze. Beobachte, wie die blinkenden Orgonteilchen in der Aura des Baumes verschwinden.

Wenn Du genau hinschaust, siehst Du den Ätherkörper der Pflanze 1–2 cm von ihrer Oberfläche entfernt, wie bei Deiner Hand, die Du in Richtung Zimmerdecke streckst. Beobachte, wie die Orgonteilchen von diesem Energiefeld aufgenommen werden.

Respekt und Achtung vor der Natur ist die erste Voraussetzung, um die Naturkräfte zu beherrschen. Wer heute noch unnötig

Bäume abholzt und denkt, er kann auf Dauer gesund bleiben, der hat sich geirrt. Alles ist mit allem verbunden!

Nun kannst Du auch einmal Stromleitungen genauer betrachten und studieren, wie es sich dort mit den Orgonteilchen verhält. Meistens sieht man niederschwingende dunklere Teilchen und merkwürdige Anhängsel.

Ich erschrak einmal nachts in einem Hotelzimmer. Ich war aufgewacht und schaute im dunklen Zimmer zur Decke. Es hingen merkwürdige, eklig-dunkle Energieknäuel und Energiefäden von ihr herab. Mit der Zeit fand ich heraus, dass dies mit den Lampen und elektrischen Geräten im Zimmer über mir zu tun hatte. Wer diese Gebilde sieht, wird spätestens von diesem Zeitpunkt an Strom sparen und viele unnötige Elektrogeräte abschaffen.

Übung: Die Aura eines Menschen sehen

Suche Dir einen bewegten Platz. Also einen Standort, an dem möglichst viele Leute vorbeikommen. Geeignet ist ein nettes Café an der Fußgängerzone, aber insbesondere der Wartebereich am Flughafen, wo man die Menschen an großflächigen Glasscheiben oder an langen Wänden vorbeiziehen sehen kann. Die Person, die Du beobachten willst, sollte in Bewegung sein.

Vor der Flughafen-Kulisse aus Glas oder Mauerwerk, die Du fokussierst, bewegt sich diese Person dann auf einmal in Dein Blickfeld. Du hältst weiterhin Deine Augen in die Ferne fokussiert, aber schaust gewissermaßen mit Deinem „zweiten Blick" auf den Kopf der Person. Nach etwas Übung siehst Du die zweite oder dritte Auraschicht dieses Menschen. Später kannst Du, ein wenig Training vorausgesetzt, auch die Aura bei einer Person erkennen, die nicht in Bewegung ist.

Manchmal lässt sich das Energiefeld auch auf Fotos erkennen. Auf dem Foto hier kann man die zweite Auraschicht ganz gut vor der grünen Efeuwand erkennen, ähnlich wie bei der Aurafotografie.

Übrigens, Du hast es bestimmt schon bemerkt, sobald Du in der Lage bist, die Aura zu sehen, kannst Du sie auch in gewisser Weise fühlen.

Alle Wahrnehmung geht immer von innen her durch alle Auraschichten durch und Hellfühlen wird als erster außersinnlicher Aspekt immer aktiviert. Wenn Du die Aura sehen kannst, dann bist Du meist in Deinem vierten oder fünften Energiekörper aktiv und arbeitest mit den höheren Chakren. Alle Kombinationen von Wahrnehmungen von der 1 bis 5 Ebene können somit auftreten.

Übung: Hellfühlen, Hellriechen, Hellschmecken

Die genaue Einteilung der Wahrnehmungsebenen ist schwierig und die Bewusstseinsforschung steckt dahingehend noch in den Anfängen. Aber es ist selten, dass ein Sinn isoliert an einer Wahrnehmung beteiligt ist.

Es ist auch nicht klug zu denken, ich möchte unbedingt Hellsehen, die anderen Sinne sind mir nicht wichtig. Das geht so nicht! Dein Energiefeld, Deine Auraschichten, Deine Chakren, all diese Ebenen hängen voneinander ab, alle müssen gut funktionieren, damit Du höhere Sinne entwickeln kannst. Du kannst nicht eine Ebene trainieren und die anderen vernachlässigen. Das wäre so, als würdest Du nur mit einem Bein laufen wollen, und so, wie Du zum Laufen zwei Beine brauchst, sind alle Deine Sinne notwendig, um den 6. und 7. Sinn gezielt zu nutzen, beziehungsweise diese zu öffnen. Gerade auf den Sinn, den Du nicht magst, der dir unwichtig erscheint, musst Du Dich konzentrieren. Wird dieser Sinn aktiviert und damit seine ihm angeschlossenen Energieebenen und Chakren, dann öffnen sich auch die anderen Sinne, vorher nicht, weil dort eine Blockade des Energieflusses war die durch vermehrte Aufmerksamkeit und Training aufgelöst wurde.

So versuche einmal, die Fußgänger, die an Deinem wunderschönen Café vorbeiflanieren (übrigens trinke ich dort immer nur Tee), zu fühlen, zu riechen und zu schmecken. Auch eine Warteschlange ist für diese Übung ideal, denn Du hast Zeit und bist nicht besonders abgelenkt.

Begib Dich auf Deinem Stuhl in Deinem Café in eine entspannte Position, Arme und Beine sollten sich nicht überkreuzen. Betrachte ein Stereogramm. Bei den ersten Übungen ist es gut, wenn die „Testpersonen“ an Dir vorbeilaufen und Du sie nur wie nebenbei beobachtest. Du kannst das 3D-Bild während der ganzen Zeit anschauen, dann ist Dein Geist konzentriert und Dein Gehirn ausgeglichen.

Lenke Deine Aufmerksamkeit auf Deine ganze Körperoberfläche und richte Deine Aufmerksamkeit zugleich auf die vorbeigehenden Menschen. Zu Beginn der Übungen wirst Du eine Art energetischen Druck auf Deinen Energiekörper spüren. Auf diese Weise macht sich der erste höhere Sinn bemerkbar, das Hellfühlen. Wenn sich dieser Sinn im Einklang mit dem Göttlichen Bewusstsein befindet, spricht man vom 6. Sinn.

Energie = Druck = Informationen!

Mit der Zeit wird Deine Auraschicht diese energetische Information (Druck) entschlüsseln. Je nachdem, welche Deiner Chakren und Energieebenen am durchlässigsten sind, wirst Du die Informationen, die Du von der Person erhältst, entweder mehr fühlen, riechen, sehen, schmecken oder hören. Vielleicht ist es auch eine Kombination von mehreren dieser Sinneseindrücke.

Du kannst auch einfach versuchen, die weit entfernten Blumen zu riechen.

So kannst Du auch diese Blume, die ich in der Vergangenheit fotografiert habe, durch das Foto riechen.

Keine Energie geht verloren!

Das höhere Selbst

Als Heilerin bin ich trainiert, körperliche Probleme meiner Patienten immer schnell wahrzunehmen. Das geht direkt, wenn ich meine Aufmerksamkeit auf der Körperoberfläche meines Klienten verteile. Dann spüre ich dort Energieunterschiede und bekomme entsprechende Bilder gezeigt.

Als Anfänger hilft es, die Aufmerksamkeit auf der eigenen Körperoberfläche zu verteilen und dabei sich auf den anderen zu konzentrieren. Dann spürst Du an der gleichen Stelle Deines eigenen Körpers, wo der Patient vielleicht Schmerzen hat oder wo ein Gelenk nicht richtig arbeitet. Das heißt, Du spürst beispielsweise Druck und eine energetische Veränderung an Deinem eigenen Knie, wenn der Patient Knieprobleme hat. Deswegen hast Du nicht die Beschwerden des Klienten übernommen. Löst Du deine Aufmerksamkeit wieder vom Patienten, dann verschwindet auch die Wahrnehmung an Deinem Körper sofort. Dein Körper wird nur kurzfristig zum Spiegelbild, er ist viel leistungsfähiger als ein Supercomputer und kann die ganzen Informationen des Gegenüber für Dich perfekt darstellen.

Was mir auch immer sofort auffällt, ist, wenn mein Gegenüber Raucher ist. Ich rieche den Qualm und das Gift im Körper schon aus zehn Meter Entfernung, auch wenn der Mensch gerade nicht raucht. Seine Lungen husten mir das sozusagen schon entgegen.

Mit etwas Übung kannst Du Deinen Geschmacks- und Geruchssinn ebenfalls feiner werden lassen. Denke nur an die vielen Tester, die mühelos jede Wein- oder Kaffeesorte herausschmecken und kleinste Duftproben mit feinsten Nuancen unterscheiden können. Durch solcherlei Übungen entwickelst Du die höheren Sinne, denn irgendwann sind die Proben, mit denen Du übst, so fein, dass kaum mehr Duftstoffe darin enthalten sind und Du nur die Energieausstrahlung riechst, schmeckst oder hörst. So kannst Du eine Duftprobe in einer geschlossenen Kapsel riechen oder Musik im Nachbarhaus hören lernen.

Übung: Die ersten fünf höheren Sinne trainieren

Fange einfach an, in Deinem Alltag auf alles genau zu achten und Deine fünf Sinne zu trainieren.

Zurück zum Trainingsort „Nettes Café an der Ecke".

Wenn ich wissen möchte, warum der junge Mann da draußen gerade am Fenster vorbeiläuft, werde ich durch mein 3. Auge entsprechende Bilder empfangen, die mir die Antwort geben. Ich sehe zum Beispiel seinen Arbeitsplatz oder seine Familie, sehe, was der junge Mann gerade im Kopf hat, seine inneren Bilder erscheinen bei mir auf meinem eigenen inneren Bildschirm.

Es ist wie eine Art Fernsehen schauen. Dein Wunsch ist der Kanalsucher, Deine Aufmerksamkeit ist die Antenne, die sich entsprechend Deinem Wunsch ausrichtet, Dein Energiefeld ist der Empfänger und Dein Chakra dekodiert die Informationen, sodass Du sie lesen kannst.

Da die Menschen ähnlich sind, sind es meist auch ähnliche Bilder, die Du zu sehen bekommst. Allerdings kann Dein höheres Bewusstsein, ich nenne es auch gern Übersetzungsprogramm, die Informationen auch für Dich verständlicher machen und anders darstellen. Nehmen wir an, die beobachtete Person, die

Du betrachtest denkt gerade an eine rote Rose, die sie mit jemandem verbindet den sie verloren hat. Eine rote Rose bedeutet ja nicht unbedingt etwas Schlechtes, somit wird dein Übersetzungsprogramm Dir anstelle der roten Rose eine verwelkte Rose oder ein ganz anderes Bild zeigen damit Du verstehst worum es geht.

Jeder Mensch schwingt auf einer einzigartigen Frequenz, hat eine eigene innere Sprache, eine eigene Welt und Realität. Die Informationen, die aus einer anderen Welt kommen, müssen erst durch Dein höheres Selbst (Deine höheren Bewusstseinsebenen) heruntertransformiert und für Dich in verständliche Informationen umgewandelt werden.

Der Begriff „Höheres Selbst“ hat verschiedene Bedeutungen. Zum einen können es Deine eigenen höheren Astralkörper und Bewusstseinsebenen sein, zum anderen höhere geistig existierende Energieformen oder Wesen, die Dir bei der Dekodierung helfen.

Du bist immer Teil eines größeren Bewusstseins und Du selbst bist ein größeres Bewusstsein zusammengesetzt aus vielen kleinen Bewusstseins-Einheiten.

Hast Du schon einmal versucht, mit Deinen Körperorganen zu sprechen? Wenn Du mit Deiner Leber sprichst und sie fragst, was Dir denn über die Leber gelaufen ist, wirst Du entsprechende Informationen erhalten. Du bist Deine Leber, bist es aber auch wiederum nicht sondern noch etwas größeres. Versuche es einmal, Du kannst mit jedem Teil von Dir kommunizieren, so, als wäre dieser Teil eine andere Person.

Genauso bist Du Teil von größeren Strukturen, je nachdem, welche Energien Du in Dir angesammelt hast. Du gehörst natürlich zur Menschheit und kannst das höhere Selbst der Menschen um Rat bitten. Du gehörst vielleicht auch zur Gruppe der Vegetarier. Neben diesen „menschlichen“ Gruppen gibt es unabhängige Energieformen und höhere Gruppen wie die Engelwesen. Vielleicht gehörst Du auch zur Energiegruppe Ehrlichkeit und Wahrheit.

Allerdings kehren wir jetzt erst einmal wieder zurück zur Wahrnehmung anderer Personen. Du brauchst keine Angst haben, dass Du irgendwelche Energien von Deinen „Testpersonen“ übernimmst. Es ist wie Fernsehschauen, sobald Du den Kanal einschaltest, siehst Du nur das Programm. Du bist nicht die Person, die Du vom Café aus beobachtest, es ist nicht Deine Realität, die Dir gezeigt wird. Du schaust nur zu. Wenn Du den Kanal wechselst, ist der Film, den Du gerade gesehen hast, ja auch nicht mehr da.

Angst kann allerdings eine starke Energie sein und Dinge erzeugen. Schön wäre es Du könntest dem anderen den Schmerz klauen, aber nein, wenn Du Angst hast Knieschmerzen zu bekommen wird Dein Körper Deinen Wünschen folgen und welche für Dich basteln. Angst bedeutet, eine starke Aufmerksamkeit auf etwas zu richten. Als Kind hatte ich panische Angst vor der großen schwarzen Spinne, je mehr Angst ich hatte, je mehr Energie ich in diese Richtung gab, desto mehr Spinnen kamen. Nachdem ich meine Angst irgendwann überwinden konnte, war der Spuk vorbei und die Spinnen kamen nie wieder.

Deswegen ist es so wichtig, während der außersinnlichen Wahrnehmung Neutralität zu wahren. Du musst auch genau wissen, wer Du bist, was Du möchtest. Je klarer und reiner Dein Geist ist, desto klarer wird die Information sein, und desto klarer kannst Du sie auch unterscheiden und von Deiner eigenen Person trennen.

Alles ist Trainingssache. Solltest Du einmal eine Information von einem anderen Menschen als Deine eigene missverstanden haben, dann warst Du in diesem Bereich noch nicht frei, freue Dich, Du kannst Dich nun bewusst davon lösen.

In meiner Zeit als praktizierende Parapsychologin haben ich und meine Kollegen solche Dinge geübt, wir haben versucht, Probleme und Schmerzen von Klienten aufzunehmen und dann in uns zu neutralisieren. Schmerzen kann man einfach wegdenken. Allerdings ist das sehr anstrengend für den Körper und zeitaufwändig und ich würde das heute niemandem mehr empfehlen. Dies nenne ich heute primitive Energiearbeit.

Auf dieses Thema möchte ich hier nicht weiter eingehen, da ich darüber ausführlich in meinen Büchern zur Spirituellen Rückenschule und zur Gedankendiät berichte.

Heute, als Geistheilerin, weiß ich, dass es bessere und leichtere Wege der Heilung gibt. Heilen mit göttlichen Energien ist immer nur gut für den Klienten und auch für den Heiler. Beim richtigen „Geistigen Heilen“ gibt es keine Nebenwirkungen oder Erstverschlimmerungen, es gibt keine Erschöpfung und auch keine Grenzen. Es ist ein Aspekt des 8. Sinns, zu dem wir noch kommen.

Das schönste Erlebnis ist die Begegnung mit dem Geheimnisvollen.
Albert Einstein

Die Regenbogenbrücke

Durch die nächste Übung stabilisiert sich Deine Energiefrequenz und Deine Aura lädt sich auf. Vor allem hilft Dir diese Übung, die Aurafarben klarer und neutraler zu sehen. Wenn Du Dir eine Aurafarbe nicht vorstellen kannst, hast Du eine Schwäche im entsprechenden Chakra und der zugeordneten Auraschicht. Es ist klar, dass Du diese Schwächen besonders trainieren musst, damit alle Ebenen gleich gut arbeiten und in Harmonie sind. Deine Chakren sind wie eine Leiter, fehlt eine Sprosse in der Leiter, kann man nicht weiterklettern. Die Energie beziehungsweise die Information gelangt nicht nach unten beziehungsweise Deine Frequenz kann sich nicht erhöhen.

Farbfrequenzen

Das für den Menschen sichtbare Lichtspektrum:

← Infrarot **Ultraviolett →**

700nm 650nm 600nm 550nm 500nm 450nm 400nm

Licht ist der für das Auge sichtbare Teil der elektromagnetischen Strahlung und liegt im Petahertz - Bereich.

Zetta-hertz	Exa hertz	**Peta hertz**	Tera hertz	Giga-hertz	Mega-hertz	Kilo hertz

Im elektromagnetischen Spektrum umfasst der Bereich des Lichts Wellenlängen von etwa 380 nm bis 780 nm. Dies entspricht Frequenzen von etwa 789 THz bis 384 THz. Die an das sichtbare Licht angrenzenden Bereiche der Infrarot- (Wellenlängen zwischen 780 nm und 1 mm) und Ultraviolettstrahlung (Wellenlängen zwischen 10 nm und 380 nm) werden häufig ebenfalls als Licht bezeichnet. Nach Infrarot im Wellenspektrum kommt die gefährliche Röntgenstrahlung. Weiter nach Ultraviolett die Radar- und Mikrowellenstrahlung und noch weiter oben in der Wellenlänge folgen die Rundfunk-Frequenzen.

Farbton	**Wellenlänge nm**
Violett	**380–420**
Blau	**420–490**
Grün	**490–575**
Gelb	**575–585**
Orange	**585–650**
Rot	**650–750**

In der klassischen Elektrodynamik wird Licht als eine hochfrequente elektromagnetische Welle aufgefasst. Im engeren Sinne ist „Licht“ nur der für das menschliche Auge sichtbare Teil des elektromagnetischen Spektrums, also der Wellenlängen zwischen ca. 380 und 780 nm. Dieser Wellenbereich liegt also zwischen 1nm und 1µm.

In der Quantenphysik wird Licht nicht mehr als klassische Welle, sondern als Quantenobjekt aufgefasst. Demnach setzt sich das Licht aus einzelnen diskreten Energiequanten, den so genannten Photonen zusammen. Ein Photon ist ein Elementarteilchen, genauer gesagt ein Boson mit einer Ruhemasse von 0, das sich stets mit Lichtgeschwindigkeit bewegt.

Der Weg ist das Ziel!
Dalai Lama

1fm	1pm	1nm	**1µm**	1cm	1m	1km	1Mm

Höhenstrahlung	Gammastrahlung	Röntgenstrahlung	Infrarot	**Lichtspektrum**	Ultraviolett	Terahertzstrahlung	Radar-/Mikrowelle	Rundfunk	Wechselstrom

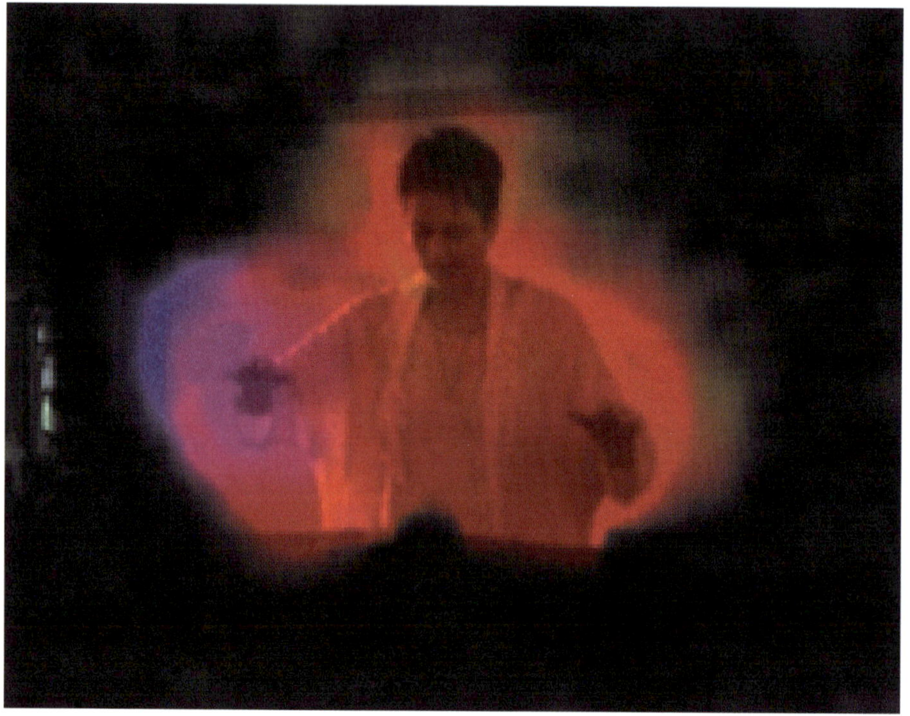

Photonenausstrahlung während der Geistheilung

Ein Foto von mir bei der Heilarbeit an einem Menschen. Interessanterweise ist die Person nicht zu sehen, sie hat keine Ausstrahlung, weil sie in der Zeit Licht empfängt.

Photonengeräte

Neuartige Körper-Screening-Systeme.

Bei uns im Heilzentrum haben wir seit 2022 das weltweit neuste Photonengerät zu Forschungszwecke in Arbeit genommen, womit Menschen und Tiere rein über Lichtfrequenzen gescannt und mit großen Erfolg mit Lichtinformation behandelt werden. Dieses Gerät ersetzt nicht die hohen Energien eines Geistheilers, da wir aber aus verschiedenen Energiefrequenzen bestehen und auch nachweislich Biophotonen während der Geistheilung aussenden und diese Technik mit Licht arbeitet, ist dies ein großer Fortschritt für die Medizin der Zukunft.

Nach jahrelanger Entwicklung beginnt 2022 eine neue Dimension in der Gesundheits-Medizin auf Basis der 4-D MNLS-Biophotonen-Technologie. Eine weltweit einzigartige auf Photonen-Technologie aufgebaute Intelligenz, deren Vorläufer aus der russischen Weltraumforschung stammt. Das Institut für angewandte Psychophysik in Omsk (Russland) erschloss diese Technologie und entwickelte eine nicht lineare Diagnostik, auch NLS genannt. Die Methode beruht auf der Quanten-Entropie-Theorie (T. Van Hoven 1980). Seit 1990 wird die Technologie entwickelt. Der russische Akademiker Swjatoslaw Pawlowitsch Nesterov erforschte ein erstes NLS-Diagnosegerät, womit es möglich war, auf der feinstofflichen Ebene (subzellulären Strukturen) zu diagnostizieren, einzelne Zellorganellen und deren Bestandteile bis hin zu DNA-Anteilen zu untersuchen. Diese Technik wird seit 1999 in Deutschland ständig erweitert. In Zusammenarbeit mit Prof. F.A. Popp (Biophotonentechnologie) und Prof. K. Meyl (Skalarwellentechnologie) entwickelt Klaus Valentiner (Gründer von Metavital) 2007 die NLS-Methode weiter zur MNLS-Methode auf Biophotonenbasis. Mit einem 343 Terahertz Photonengenerator, Trigger-Schläfen-Sensor und neuer Analyse-Software ist unser neues System von Metavital führend.

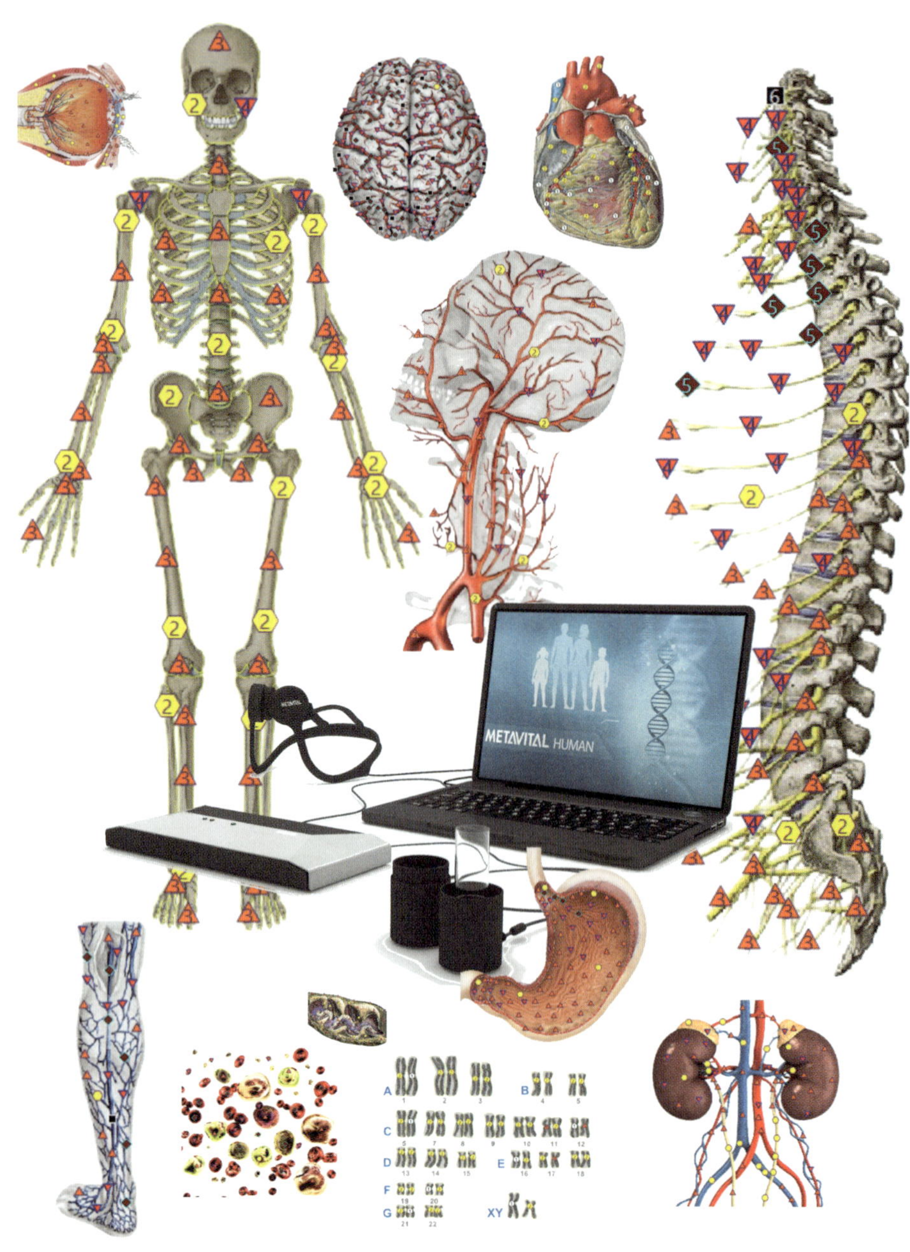

Wir sagen schon immer bei uns im Heilzentrum, die integrative Biophysik in der Kombination mit der biologischen Materie macht klar: **„Geistheilung ist die Medizin der Zukunft und die Zukunft der Medizin“**.

Diese Erkenntnis wird jetzt zum Brückenschlag zwischen Materie und Feld, zum Verständnis einer modernen Medizin in der Kombination mit dem „Geistigen Heilen“ werden. Wir sind moderne Heiler und wissen, dass der Geist über die Materie siegt! Möge dieses „Neue“ Heil-Wissen auch in der Schulmedizin endlich Fuß fassen.

Diese zukunftsweisende Technologie ermöglicht ein 4D Screening ohne elektromagnetische Belastung des Menschen. Bei der Photonen-MNLS Therapie wird jede Krankheit als eine Abweichung von der physiologischen Organschwingung verstanden. Jede Zelle hat eine optimale physiologische Schwingung. Dieses gilt auch für jedes Gewebe und Organ. Je stärker die Abweichung vom physiologischen Zustand ist, desto weiter ist ein sich verändernder Prozess fortgeschritten. Diese Abweichung kann durch das System wieder in Balance gebracht werden. Bei einer Messung wird der Körper vollständig automatisch gescannt und analysiert, basierend auf den neuesten Erkenntnissen der Quantenphysik und Quantenmedizin.

Schon im Jahr 1905 stellte Albert Einstein fest, dass die Materie keine Substanz ist, sondern verdichtete Energie. Aus der Quantenphysik wissen wir, dass Energie Information ist und Information eine physikalisch wirksame Größe ist. Der Mensch besteht aus dieser Lichtinformation, hat ein energetisches Kleid (AURA) an. Jede Zelle kommuniziert mit Licht. Viele Wissenschaftler wie Bruce Lipton, Prof. Gariaev, Masaru Emoto oder auch Heisenberg zeigen uns, dass jede Körperzelle eine optimale Versorgung mit „In-Formationen“ benötigt, um bestmöglich zu arbeiten und die DNA optimal zu reproduzieren. All diese Hinweise finden wir schon in jahrtausende alten Schriften der abendländischen Medizin wieder. Selbst Hildegard von Bingen erklärte vor 1000 Jahren bereits die „Geisteskräfte der Wirbelsäule“. Siehe unser Buch über die „Geistige Wirbelsäulenaufrichtung“.

Photonenmeßgeräte

Hier wurde ich 2015 bei einer Geistheilung in Italien mit einem russischen Biophotonenanalysegerät „F.A.S.T“ gemessen.

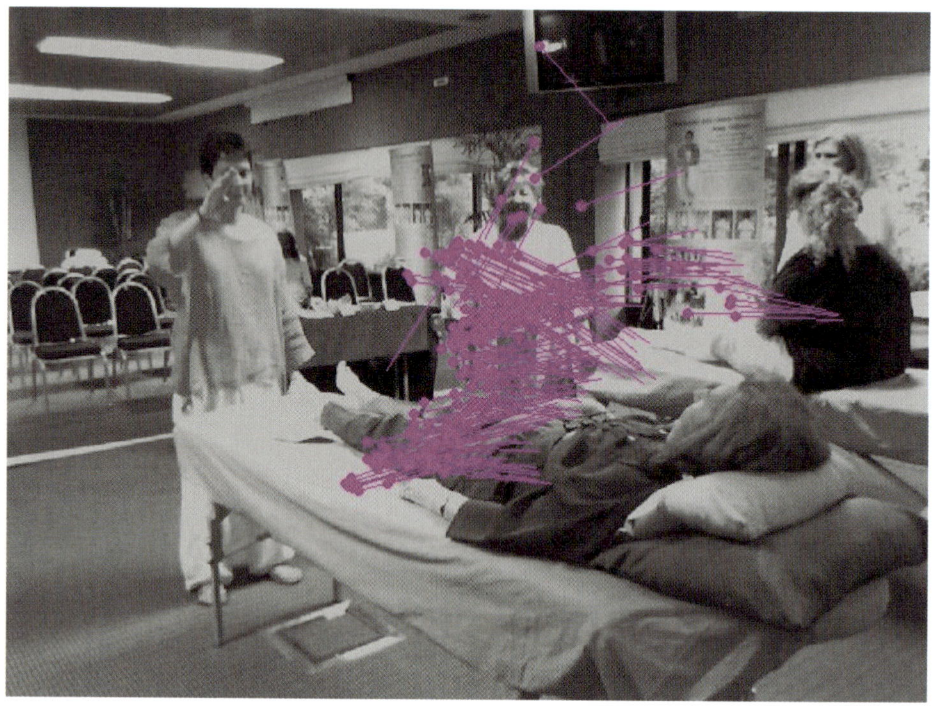

Zuerst zeigt sich eine Vortex – Torsionswelle über der Frau während der *Göttlichen Aufrichtung*.

Etwas später sah man grüne Heilenergie durch meine Hand bis in die Wirbelsäule der Klientin fließen und noch etwas später rosa-violette Heilenergie aus meinem und Annes Herzchakra in den Raum austreten bis der ganze Raum und die Patienten darin eingehüllt waren.

Jeder Tag ist ein guter Tag.
Buddha

Grüne Heilenergie fließt aus meiner Hand durch die Wirbelsäule

Höchste Heilkraft aus den Chakren füllt den Raum

Zurück zu den Farb-Lichtfrequenzen...

Die Leistungen der Lichtsinnesorgane anderer Lebewesen unterscheiden sich zum Teil erheblich von denen des Menschen. Während die meisten Säugetiere ein eher unterentwickeltes Farbensehen haben, können Vögel mehr Farben unterscheiden als der Mensch. Bienen sind zwar mehr oder weniger unempfindlich für langwelliges (rotes) Licht, können aber das sehr kurzwellige UV-Licht wahrnehmen, das für den Menschen unsichtbar ist.

Orange, Grün, Gelb oder Blau – ganz egal, welche Deine Lieblingsfarbe ist, jede Farbeinwirkung verbindet Dich mit dem entsprechenden Chakra und versetzt Dich in eine bestimmte Stimmung und Wahrnehmungsblickwinkel. Farben laden die Chakren auf, stärken die Psyche und machen die Gedanken frei. Durch Konzentration auf Farben wird das Energiefeld stimuliert.

Auf zwei unterschiedliche Weisen können Farben in eine Meditationseinheit integrieren werden, einmal durch die Vorstellung der Farben vor Deinem inneren Auge oder durch Farben betrachten in der Natur, die Dich umgibt.

Übung: Farbmeditation – Die Regenbogenbrücke

Beginne mit dem Wurzelchakra und stelle Dir ein tief leuchtendes Rot vor. Jede Farbe verbindet Dich mit einem Chakra und dieses mit einer Energieebene. Visualisiere das Rot so lange, bis Du es deutlich vor Deinem inneren Auge sehen kannst, und tauche in die Farbe ein. Halte den Zustand = Schwingung mindestens eine Minute. Anschließend nimm Dir die nächste Farbe vor, bis Du bei der oberen Frequenz, bei Weiß, angekommen bist. Wenn Du eine bestimmte Farbe nicht so gut erzeugen kannst, ist das ein Zeichen, dass Du dort eine Energieschwäche hast. Übe solche Farben dann besonders.

- **Rot**
- **orange**
- **Gelb**
- **Grün**
- **Blau**
- **Violett**
- **Weiß**

Du kannst Dir für das 7. Chakra auch die Farbe Gold vorstellen.

Verweile dort etwas – Du bist jetzt sehr offen für die geistige Führung und Heilung.

Gehe anschließend dann der Reihenfolge nach den Regenbogen wieder zurück, gehe genauso vor wie auf dem Hinweg, verharre immer eine Minute, bis Du wieder bei der Farbe Rot angekommen bist und den Vorgang abschließen kannst.

Übrigens solltest Du während der Übung nicht auf die Uhr schauen, vielleicht benutzt Du den leisen Timer Deiner Handystoppuhr. Dein Handy ist natürlich auf den Flugmodus geschaltet und liegt mindestens zwei Meter von Dir entfernt. Am besten ist es natürlich, wenn Deine Intuition Dich leitet und alle elektrischen Geräte ausgeschaltet sind.

Ruhe anschließend noch etwas nach!

Der 6. Sinn

Der 6. Sinn, das Bauchgefühl, es ist ein Gefühl von Energie, das Gefühl für richtig oder falsch. Der 6. Sinn ist die Erweiterung des 1. Sinnes, des Hellfühlens. Dein Energiefeld spürt die Wahrheit und zeigt Dir das durch ein tiefsitzendes inneres Gefühl. Das kann man im Bauch spüren, im Herz, im Kopf. Es ist kein richtiger Sinn mehr, es ist eine Art des inneren Wissens von richtig oder falsch. Dieses Gefühl ist allerdings nicht so klar wie der 7. Sinn. Ist der 7. Sinn aktiviert, weißt, siehst oder hörst Du direkt. 1:1. Was Du wahrnimmst, ist vollkommen klar und wirklich.

Übung: Der Intuition vertrauen

Den 6. Sinn trainiere ich am liebsten mit Spielkarten. Ein Kartenspiel hat nur zwei Farben, rot oder schwarz. Mische die Karten und lege sie verdeckt vor Dich hin und gehe in Deinen erweiterten Bewusstseinszustand. Dann ziehe eine Karte und fühle.

Ich stelle mir zum Beispiel die Frage, ist diese Karte rot?, und achte dabei auf mein innerstes Gefühl. Die Wahrheit existiert, sie ist in Dir. Wenn Du tief überzeugt bist und ein absolut sicheres Energiegefühl hast, dann drehe die Karte um und schaue nach. Mit etwas Training schaffe ich es, zu 90 % die Farbe der Karten richtig herauszufinden. Die Fehlerquote von 10 % ist auf mein mangelndes Selbstwertgefühl zurückzuführen, an dessen Verbesserung ich noch arbeite. Ich schränke mich ein durch Gedanken wie: perfekt ist nur Gott, habe ich es verdient, alles zu 100 % zu wissen? Was werden die Leute denken? Und so weiter …

Seine Intuition mit Hilfe von Spielkarten zu trainieren, ist allerdings schon der größte Schwierigkeitsgrad. Im Alltag, wenn es um die Gesundheit eines anderen geht, wenn ich im Dienste bin, kann ich mich zu 100 % auf mein Bauchgefühl verlassen. Es hat mich bis jetzt immer richtig geleitet. Es kommt immer darauf an, warum Du etwas tust, zum Wohle aller bekommst Du immer auch die volle Unterstützung und nimmst zu 100 % richtig wahr. Beim Lottospielen allerdings nicht (lach nicht!), so einen Unsinn habe ich natürlich auch in meinen Anfängen gemacht, ich war sogar im Spielkasino. Beim Lotto möchte jeder gewinnen und es gibt einen energetischen Kampf der niedersten Art bis hin zur Sucht und zum totalen geistigen Absturz. Es kommt allerdings auch hier immer auf die Absicht an.

So war ich einmal mit meiner Mutter in Spanien. Kurz vor der Abreise schlenderten wir über einen Wochenmarkt und ich schwärmte davon, doch dieses wunderbare frische Obst und Gemüse mit nach Hause zu nehmen und unseren Kofferraum damit zu füllen. Die Familie zu Hause, Oma und Tante sollten alle davon etwas abbekommen, wir hätten wunderbare Geschenke. Das wäre einfach wunderbar. Allerdings hatten wir nur noch 5 DM in der Tasche und zu der Zeit kaum Geld. Auf der Rückfahrt zum Hotel kamen wir an einem Spielkasino vorbei und ich entschied spontan, unsere letzten 5 DM zu setzen. Immerhin war ich Parapsychologin und musste meine Fähigkeiten trainieren rechtfertigte ich mich vor mir selbst. Wir hatten schließlich noch etwas Zeit. Ich spielte an einem Automaten, der Pferderennen simulierte, hatte allerdings überhaupt keine Ahnung vom Glücksspiel. Ich hatte zehn Zahlen auszuwählen. Ich fühlte in mich hinein und spürte die Energie jeder einzelnen Zahl, für zwei davon entschied ich mich schließlich. Juhuu, gewonnen, und so ging es fünf oder sechs Mal hintereinander und auf einmal hatte ich 100 DM zusammen. In jeder Spielrunde gewann ich den Hauptgewinn. Das genügte für einen vollen Kofferraum voller Obst und Gemüse. Wir fuhren zum Markt und

kauften ein. Mein Wunsch war erfüllt worden. Danke an die „Geistige Welt“. Heute würde ich kein Spielkasino mehr betreten, die Energien dort sind sehr schwer und ungesund. Manipulation, Gier, Macht, Betrug, Gewalt, Sucht …
Nein, das muss man sich nicht antun.

Übung: Pendeln

Eine weitere Übung zur besseren Wahrnehmung Deiner Intuition ist das Pendeln. Dazu brauchst Du einfach einen Bindfaden oder eine Schnur mit einem kleinen Gewicht daran. Dein Körper überträgt Deine Energieschwingung auf diesen verlängerten Arm. Du kannst selbst bestimmen, was Ja und Nein bedeuten soll. Du entscheidest.

Bei Rechtshändern schwingt das Pendel bei gutem Energiezustand meistens rechtsherum, also bedeutet rechtsherum dann ein „Ja“. Trainiere einfach auch hier mit Spielkarten oder mit neutralen Fragen des Alltags.

Wir bei uns im Heilzentrum haben eine bessere Version eines Pendels, den Messstab. Damit umzugehen und exakte Messungen zu machen lernt man bei uns in der Heilerausbildung.

Auradiagnose

Wenn Du die Chakrenfarben bei einer Person siehst, kann man diese Farben erst einmal ganz grob als „gesund" einstufen.

Trübe, unreine Farben dagegen weisen auf eine Energieschwäche in dem entsprechenden Bereich hin und sind ein Zeichen von Problemen. Je kräftiger und klarer die Farben, desto besser.

Auradeformationen

Interessant für eine Diagnose sind immer die Ränder der Auraschichten, also die Form der Ei-Hülle.

Viele, die mit der Aura arbeiten, deuten die Aurafarben, aber je nach Auraschicht ist das sehr schwierig und die Deutung oft nicht zutreffend. Man braucht sehr, sehr viel Erfahrung. Außerdem ist die Interpretation sehr davon abhängig, was die Person gerade denkt oder welche Alltagsprobleme sie hat. Die meisten Farbwolken sind Gefühle, und die ändern sich schneller als die Grundstruktur des Energiefeldes.

Eine sehr gute Gesundheitsaussage kann man jedoch treffen, indem man Form und Größe der Aura beurteilt. Eine gesunde Aura erkennt man sofort, sie ist überall gleichmäßig rund. Alles ist in Harmonie, alles ist ausgeglichen. Bei gesundheitlichen Störungen, welche auch Gesundheitsstörungen geistiger Art sein können wie Probleme, Sorgen oder negative Gedanken, verformt sich die Aura und wird meist auch kleiner.

Gesunde Aura **Kranke Aura**

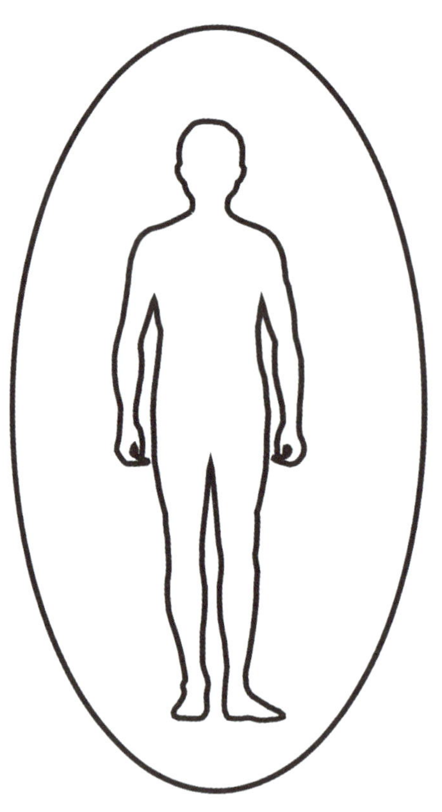

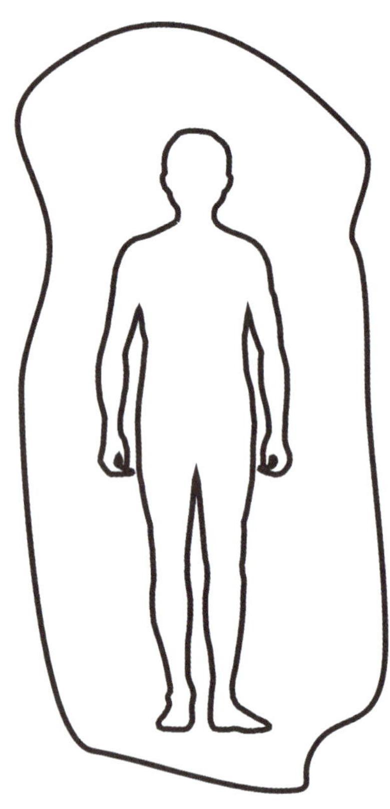

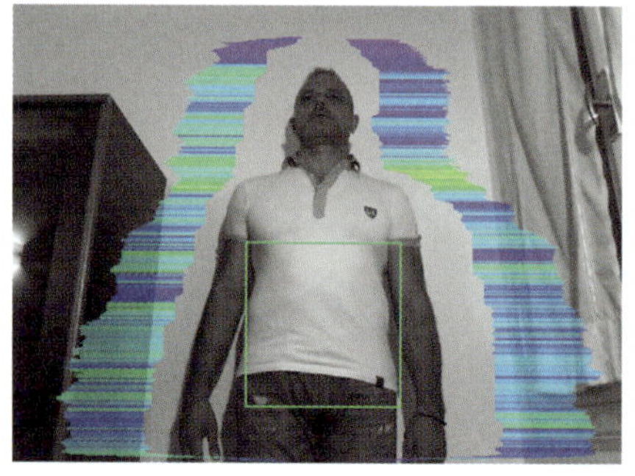

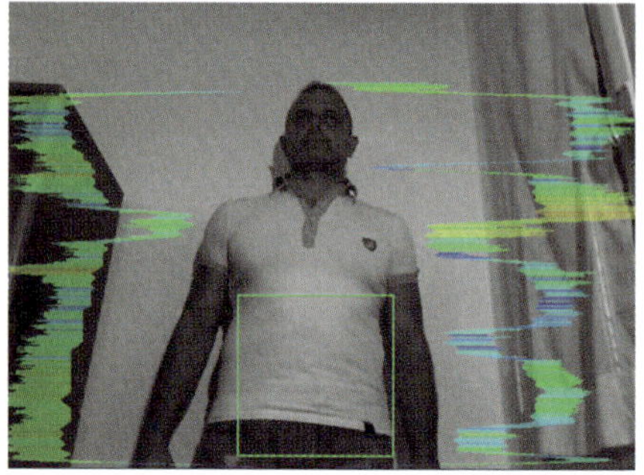

Harmonie bringt immer auch eine höhere Frequenz mit sich. Das linke Foto ist nach der Geistheilung aufgenommen.

Der Denker-Typ

rechts **links**

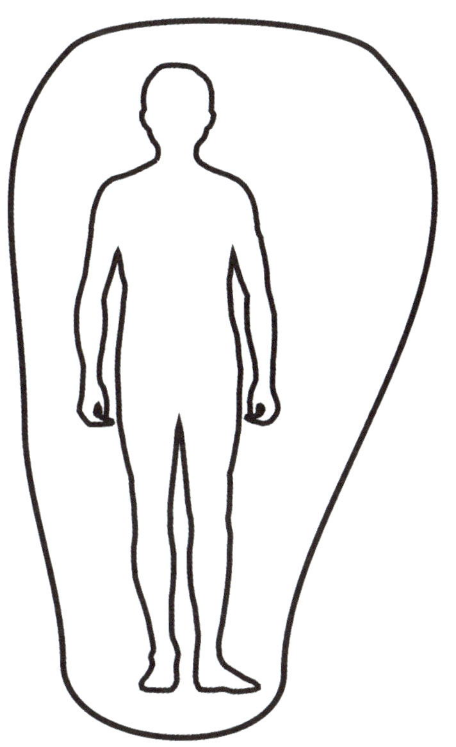

Man sieht die linke Gehirnhälfte stärker arbeiten, die Aura ist an der linken Körperseite größer. Demnach ist diese Person mehr im Denken verhaftet. Die Person denkt viel, aber hat unten an den Beinen keine Erdenergie, um die Überlegungen in die Tat umzusetzen. Die Aura im unteren Körperbereich ist ganz schmal. Die Person hat auch keine höheren Ideen, sondern beschäftigt sich mit niederen Bereichen. Die rechte Seite des Kopfes ist nicht aktiv und von oben kommt auch keine Energie.

Dieses Ungleichgewicht kann zu Kopfschmerzen führen oder auch zum Beispiel eine Entzündung anzeigen. Ein Zuviel an Energie führt immer zu einer Entzündung im Körper, in dem Fall wäre das linke Schultergelenk betroffen und das Ohr. Also liegt ein beginnender Tinnitus und eine Schulter-Arthritis vor.

Die gegenüberliegende Seite hat zu wenig Energie und damit kommt es zum Gegenteil einer Arthritis, also zu einer Arthrose, und der Patient hört wahrscheinlich auf dem rechten Ohr schlecht.

Wenn ich hier von Energie spreche, dann meine ich die Körperenergie, die immer gleichmäßig verteilt und in Harmonie sein muss. In diesem Zusammenhang kann ein Mensch zu viel und gleichzeitig zu wenig Energie haben. Diese Energien der tieferen Auraschichten sind Verbindungen mit Alltagssituationen, Konzentrationskräfte, Problemlösungen des Tages und Emotionen.

Die Göttliche Energie, die höhere Energie hat mit dieser Beschreibung nichts zu tun. Ein höheres Energieniveau mit höheren Frequenzen ist immer von Vorteil, es kann nicht hoch genug sein. Solche hohen Energiefrequenzen sind auch in der Lage, Ansammlungen niederer Energien in den tieferen Auraschichten sofort aufzulösen und auszugleichen. Zuviel Gott gibt es nicht, nur zu wenig.

Wut und Zorn

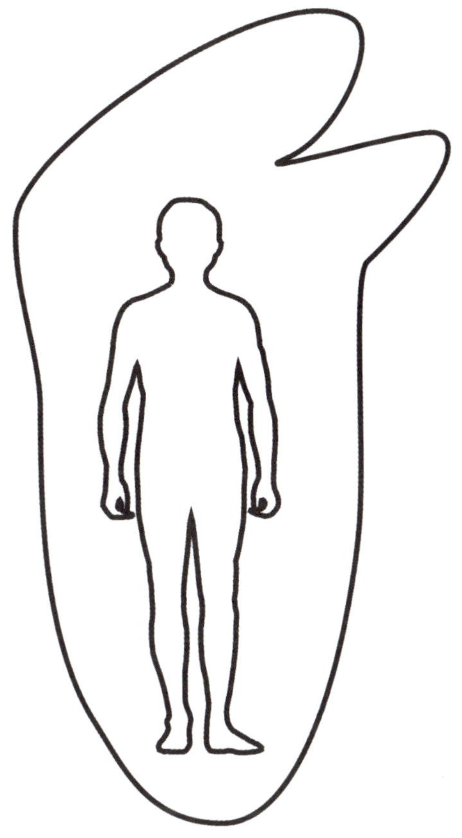

Die Abbildung zeigt eine Auraform, die kurzfristig auftreten kann, wenn jemand sehr wütend ist.

Wenn diese Wut jedoch chronisch wird, verändert sich die Aura und das Energieungleichgewicht wird noch größer als beim weiter oben beschriebenen Denker-Typ. Das ganze Denken des wütenden Menschen kreist nur um seinen Zorn. Gesundheitliche Probleme sind damit vorprogrammiert.

Chronischer Energiemangel

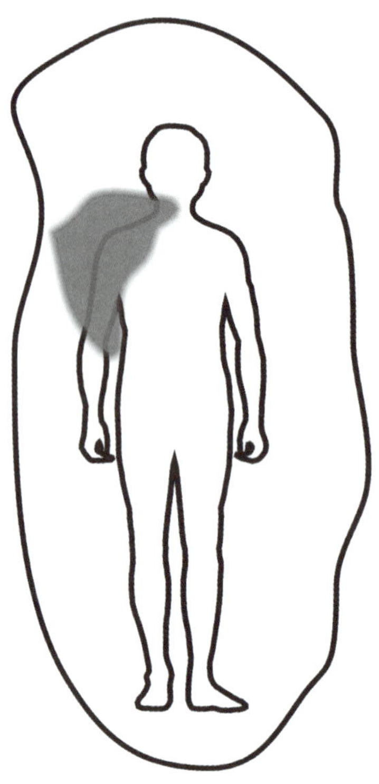

Wenn die Wut vorbei ist und sich die Gedanken beruhigt haben, kann durch den Energiemangel auf der rechten Körperseite eine Art „Dor“-Energie, also ein niedrig schwingender Bereich, der sich abgekapselt hat, zurückbleiben, als Folge der langen Unterversorgung dieser Seite. Dies sieht man in der Aura dann als graue Stelle, die sich wiederum zum Beispiel in einer chronischen Schulterarthrose ausdrücken kann.

Löcher im Energiefeld

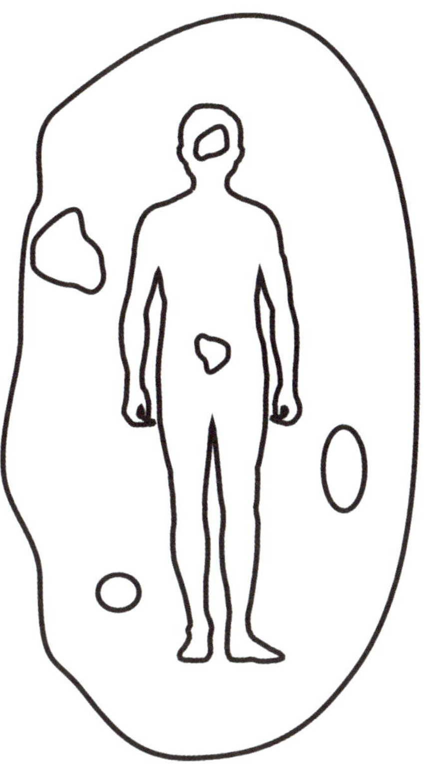

Zu wenig Energie in der Aura kann sich auch in Löchern oder Dellen zeigen. Diese treten meist bei schwachen Chakren auf und die Aura ist im entsprechenden Bereich eingedellt und kleiner.

Es können aber auch Verletzungen des Körper sein oder schwache Organe, die sich auf diese Art zeigen.

Absaugkanal

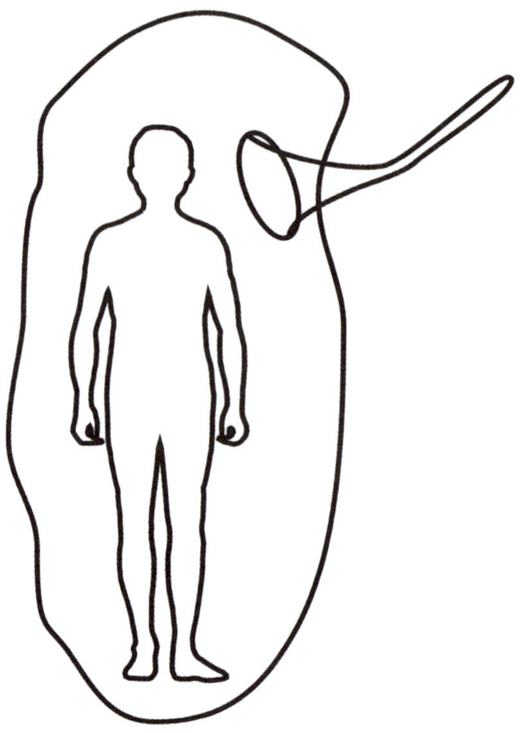

Ist ein Absaugkanal an der Aura zu erkennen, ist dieser ein Hinweis darauf, dass der Energieebene permanent Energie entzogen wird. Dies kann durch ein bestimmtes Ereignis ausgelöst sein oder durch eine bestimmte Person.

Möglicherweise macht sich der Betroffene sehr, sehr große Sorgen um einen Angehörigen und gibt eine Menge Energie in diese Sorgen hinein. Festzuhalten ist allerdings, dass diese Sorgen dann niedere, egoistische Sorgen sind. Ein gesundes Mitgefühl dagegen geht nicht mit einem Energieverlust einher, sondern im Gegenteil, es führt sowohl dem Gebenden als auch dem Nehmenden neue Energien aus den höheren Ebenen zu.

Die Last auf den Schultern, die Sorgen über dem Kopf.

Sorgen, die Energien abziehen, sind schädlich für Geber und Nehmer. Denn der Nehmer ist den niederen Beweggründen und damit den niederen Energien des Senders ausgesetzt, die ihm nicht aus seinem Problem heraushelfen. Einem Kranken ist nicht geholfen, wenn er Botschaften empfängt wie die folgende: Wenn Du jetzt stirbst, wer kümmert sich dann um mich? Derlei Gedanken führen in eine Sackgasse. Stattdessen würde schon ein wohlmeinender Satz helfen wie: „Gott wird Dir helfen.“ Damit wird das Problem mit einer höheren Energieebene verbunden.

Extreme Energieverluste entstehen auch, wenn jemand von der Vergangenheit nicht loskommt, wenn er beispielsweise seine gegenwärtige schlechte Befindlichkeit auf Versäumnisse in der Vergangenheit zurückführt:

„Damals hatte ich den Unfall, damals haben mich die Ärzte falsch behandelt.“ „Damals hast Du mir nicht geholfen und deswegen geht es mir heute immer noch so schlecht.“

Extreme Energieverluste können des Weiteren auch mit unreinen, bösartigen Handlungen oder schwarzer Magie einhergehen.

Beulen

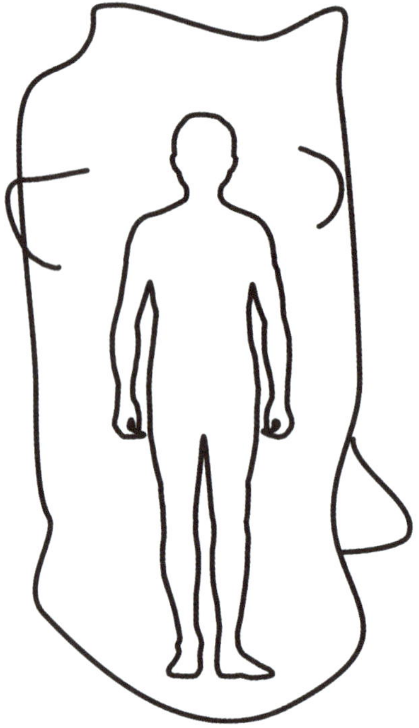

Beulen in der Aura treten meist bei akuten Krankheitszuständen auf, dies können Entzündungen sein, Fieber und auch Folgen bestimmter Medikamente.

Weiterhin zeigen sich Ärgernisse zu bestimmten Lebensereignissen in den entsprechenden Körperbereichen, zum Beispiel Gallensteine. Wenn man sich zu viel über jemanden geärgert hat sieht man es als Beule über der Leber. Überanstrengungen können auch zu Beulen in der Aura führen.

So gibt es die unterschiedlichsten Veränderungen im Energiefeld, die meisten sind allerdings ganz natürlich und nicht besorgniserregend.

Einmal kam ein Patient zu mir ins Heilzentrum, der sich für hellsichtig hielt, wies auf eine Kollegin, die gerade einen schwierigen Fall behandelte, und warnte, sie hätte eine ganz schlimme Aura. Ich sagte ihm, er solle noch einmal nach der Aura meiner Kollegin, einer Heiler-Schülerin, schauen, wenn sie mit der Behandlung fertig sei. Einige Zeit später kam er zu mir und meinte, er könne sich das nicht erklären, die Aura meiner Kollegin sei auf einmal ganz gesund. Nun, wenn Du jemanden behandelst oder auch nur an jemanden oder an etwas denkst, verändert sich Deine Aura.

Wenn Du im Fernsehen Nachrichten schaust oder die Zeitung liest und Dich mit Unglücken und Unfällen beschäftigst, spiegelt sich dies sofort in Deinem Energiefeld wider, und jeder Außenstehende kann das wahrnehmen. Üblicherweise wird dabei Dein Energiezustand allerdings nicht verändert und ein guter Hellsichtiger wird erkennen, dass Du Dich gerade mit etwas Schrecklichem beschäftigst, Du selbst aber nicht in einem beunruhigenden Zustand bist. Wenn Du allerdings mitleidest und zulässt, dass eine schlimme Situation Dich mit herunterzieht, dann verändert sich Deine Aura zum Schlechten. Du bekommst die negative Energie zu spüren und Dir geht es schlechter. Auch die schlimme Situation verschlechtert sich dadurch weiter, denn Du schwingst dann genauso niedrig und trägst zur weiteren Verschlimmerung bei. Wenn Du allerdings Mitgefühl hast, das heißt, Dich in die Situation hineindenkst, helfen möchtest, sie verstehst, dann wird sich Deine Energie nicht zum Nachteil verändern, im Gegenteil, positive und gesunde Energie wird zu Dir und zu dem Unglück fließen und die Situation bessern. Du hast in jeder Situation unendlich viel Energie zur Verfügung!

Übung: Auradeformationen hellfühlen

So, jetzt möchtest Du natürlich wissen, ob Deine Aura auch solche Deformationen zeigt, wie ich sie beschrieben habe. Nun, das herauszufinden ist ganz einfach, Du kannst Deine Aura einfach mit erhöhter Sinneswahrnehmung mit den Händen abtasten, das ist eine Form des „Hellfühlens“.

Von allen erhöhten Sinnen stellt sich die Hellfühligkeit immer am schnellsten ein und somit kannst Du ohne große Vorbereitung direkt in Deinen erhöhten Bewusstseinszustand gehen und Deine Aura abfühlen. Wenn nötig, nimm noch einmal ein Stereogramm zu Hilfe.

Ideal wäre es natürlich, wenn eine andere Person Deine Aura abfühlen würde. Eine Möglichkeit wäre auch, Dich vor den Spiegel zu stellen und Dein Spiegelbild abzutasten.

Du kannst auch versuchen, die Auraumrisse zu sehen. Wem es gelingt, etwas zu fühlen, also die Schwingung zu erfühlen, kann meistens auch die Aurasilhouette sehen. Stelle Dich dazu vor einen Spiegel und verdunkele leicht den Raum, mit etwas Zeit und Übung zeigt sie sich. Aber Du kannst es auch alleine. Streiche ca. 10 cm über Deiner Hautoberfläche Deine ganze Auraschicht ab und achte dabei auf die beschriebenen Deformationen.

Auraheilung

Es gibt natürlich viele Wege, diese Auradeformationen zu heilen. Der beste ist es, eine erhöhte Bewusstheit, eine höhere Aufmerksamkeit auf diese Bereiche zu lenken, die dann von selbst gesunden. Die Regenbogenbrücke ist bereits eine heilsam wirkende Übung, eigentlich führt alles, was wir bis jetzt geübt haben, zu einer Energieaufladung der Aura und dient damit der Verbesserung der Gesundheit. Nun möchte ich eine Methode zeigen, die ganz einfach, aber sehr wirkungsvoll ist.

Anwendung: Auraheilung durch Auraglättung

Zuerst gehst Du natürlich wieder in Deinen erhöhten Bewusstseinszustand mit den besten Absichten, einer positiven Einstellung und trotzdem mit einer neutralen Haltung gegenüber dem, was nun folgt. Stelle Dir nun vor, Deine Hände sind pures Licht, göttliches, gesundes und heilendes Licht.

Mit dem gleichen Abstand wie bei der Auraabtastung, also mit 10–20 cm Abstand vom Körper, streiche jetzt wieder die Aura entlang mit der Absicht, diese zu glätten, zu harmonisieren und auszugleichen.

Glätte die Aura so lange, bis Du überall die gleiche Dichte, Energie und Stärke spürst. Überall, rundherum!

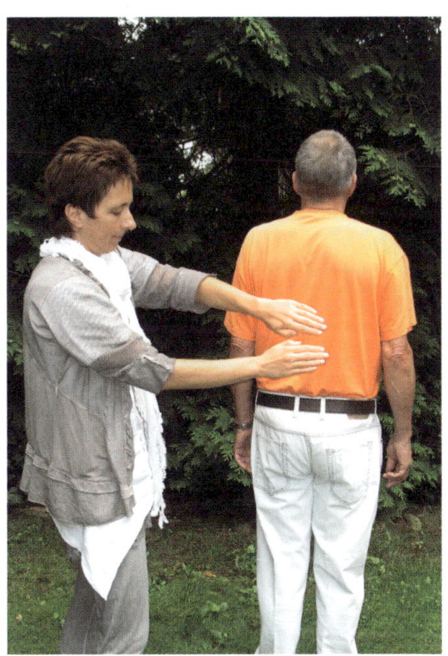

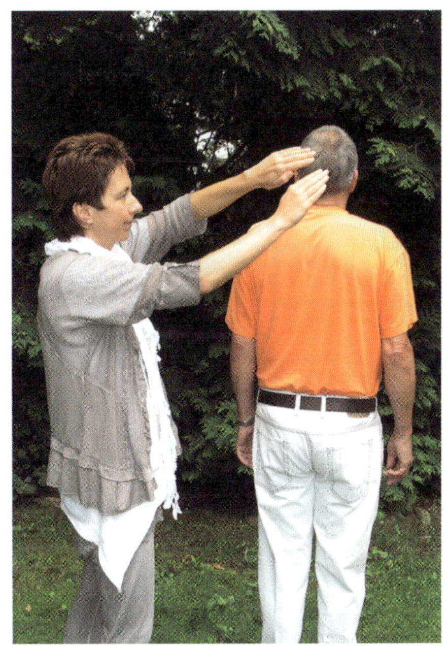

Eine Auraglättung ist vergleichbar dem Bügeln, bei dem die Falten aus einem Kleidungsstück zum Verschwinden gebracht werden.

Anwendung: Auraenergie ausgleichen

Um die Energie der Aura besser zu verteilen, kannst Du sie auch von oben nach unten und von unten nach oben durchmischen. Das kannst Du für eine andere Person tun, aber auch für Dich selbst vor dem Spiegel, beispielweise in einer kleinen Pause im Alltag.

Dabei führst Du beide Hände seitlich an der Aura entlang, gleichmäßig und harmonisch, vom Kopf bis hinunter zu den Füßen. Zuerst streichen die Hände von oben nach unten, dabei zeigen die Handinnenflächen nach unten, und dann von unten nach oben mit nach oben gerichteten Handinnenflächen.

Die beiden Hände dürfen sich nicht berühren, auch nicht am Kopf zusammengeführt werden.

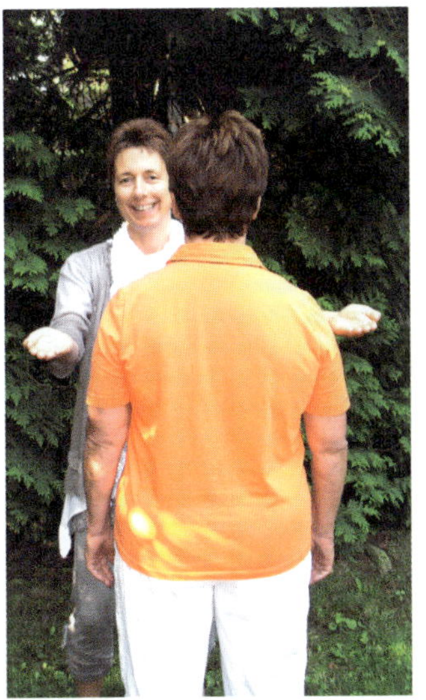

Fahre fort, die Auraenergie in harmonischen und gleichmäßigen Bewegungen hoch und runter zu streichen und sie damit auszugleichen. Wiederhole dies 20–30-mal!

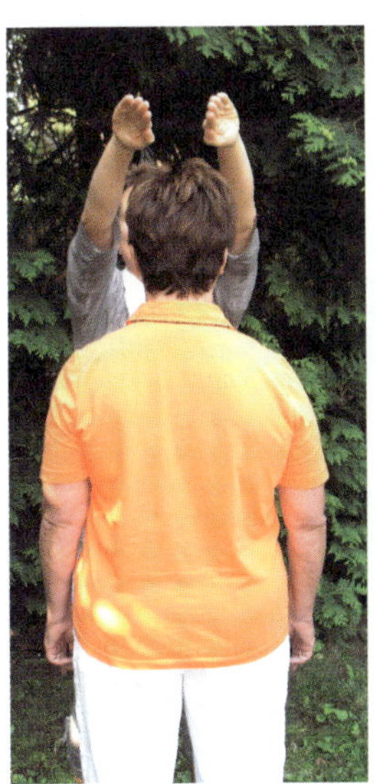
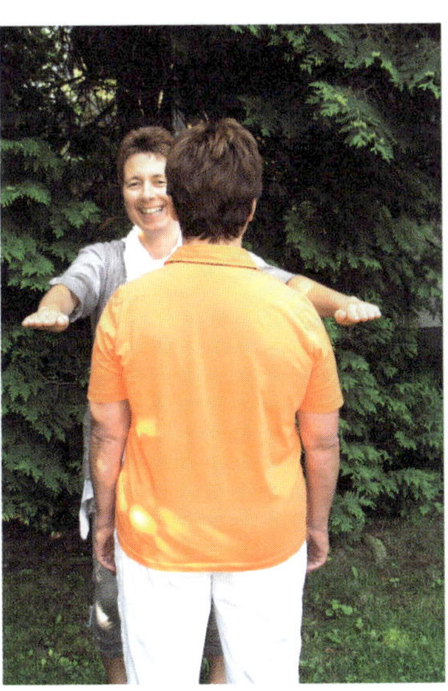
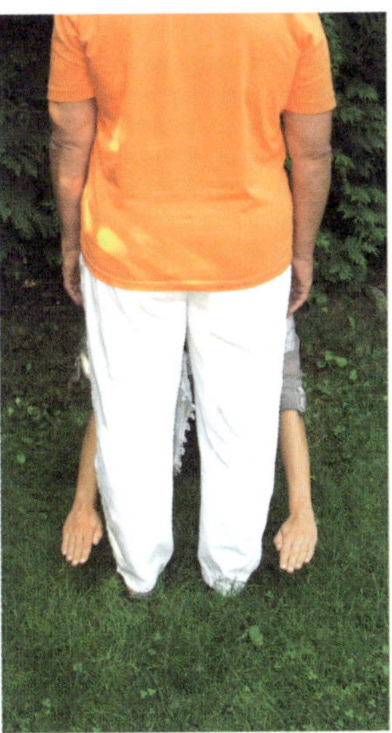

Wenn Du diese Auraharmonisierungstechnik für Dich selbst im Spiegel anwendest, konzentriere Dich auf Dein Spiegelbild vor Dir und beobachte, wie Deine Hände an Deiner Aura entlanggleiten.

Anschließend sind die Körpervorder- und -rückseite dran!

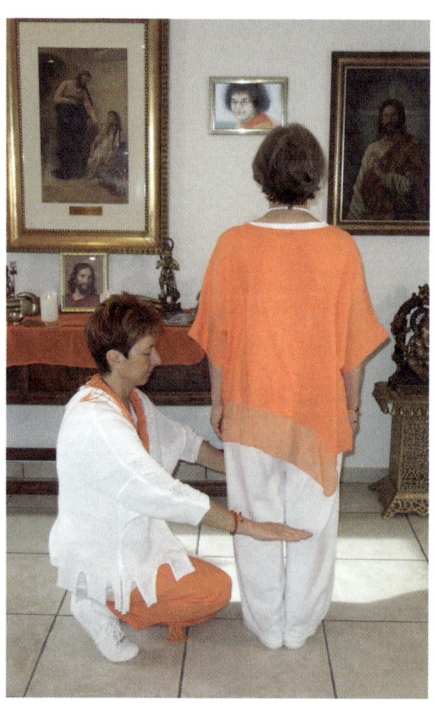

Achte bitte darauf, dass Du die Streichbewegungen bis ganz nach unten, fast bis zum Fußboden, ausführst und auch wirklich bis zum Kopf hinauf.

Die Hände sollten immer in der Waagerechten bleiben. Strecke also nicht die Fingerspitzen zum Boden hin nach unten, sondern halte die Handfläche immer parallel zum Boden.

Diese harmonische Hoch- und- runter-Bewegung sollte ebenfalls mindestens 20-mal vorne und hinten und 20-mal von der Seite gemacht werden. Du kannst zugleich noch etwas mehr für Deinen Körper tun, indem Du dabei Kniebeugen machst.

Diese Auraharmonisierung kann übrigens nicht nur auf einer Auraschicht angewendet werden, sondern Du kannst sie auch an mehreren vornehmen.

Allerdings eignen sich die zweite und dritte Auraschicht am besten. Jede Störung einer Auraschicht spiegelt sich meist auch in der nächsten wider, und wenn Du eine Auraschicht harmonisierst, sind die anderen meist auch mitgeheilt. Die zweite Auraschicht ist eher für die emotionalen Energien zuständig, die dritte Auraschicht für den Mentalkörper und das Denken.

Um die zweite Auraschicht zu harmonisieren, vergrößerst Du einfach den Abstand zum Körper auf etwa 20–30 cm, ansonsten bleiben die Übungen gleich.

Anwendung: Die Aura ausgleichen

Um die rechte und linke Körperseite auszugleichen, gibt es die folgende Technik: Stelle die Handflächen senkrecht und schiebe die Energie (wie Wasser im Schwimmbad) gleichzeitig und gleichmäßig mit beiden Händen von links nach rechts und rechts nach links.

Hebe die Arme vor dem Körper an, die Handrücken zeigen dabei nach außen, und schiebe die Energie gleichzeitig und gleichmäßig nach links beziehungsweise rechts und umgekehrt, bis sich die Arme kreuzen. Dann wiederhole den Bewegungsablauf. Wichtig ist, dass die Handflächen senkrecht bleiben und die Fingerspitzen immer nach vorne zeigen. Die Bewegung sollte weich und fließend sein. Einmal ist die rechte Hand oben und beim nächsten Mal unten bis die ganze Aura von oben bis unten durchmischt ist.

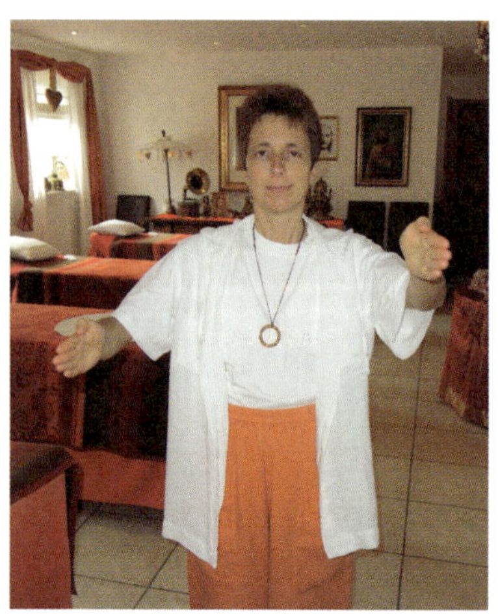

Die Aura ausgleichen und glätten geht auch auf der Behandlungsliege. Dabei wird die Energie durch hin- und her schieben verteilt.

Anwendung: Die Aura aufladen

Dazu schaufele von hinten Energie mit beiden Händen vom Boden nach oben über den Kopf und von dort wieder herunter.

Anwendung: Die Aura dehnen

Nun kannst Du noch die Aura dehnen. Dazu stelle Dir Deine Aura um dich herum vor und dehne sie wie einen Luftballon von innen nach außen. Das geht auch bei jemand anderem.

Anwendung: Die Aura mit Gedankenkraft harmonisieren

Wenn Du die Harmonisierungsübungen ein paar Tage lang gemacht hast und Deine Beine trainiert sind, hast Du auch ein Gefühl für diese Energiearbeit entwickelt.

Wenn die Hände durch die Aura gleiten, fühlt es sich so ähnlich an wie bei der Wassergymnastik, wenn man mit den Armen das Wasser verdrängt. Man spürt den energetischen Widerstand und die Dichte der Energie. Der Effekt erinnert an eine angenehme Massage, und in der Tat werden die Muskeln durch die Auraharmonisierung lockerer.

Nun kannst Du die Harmonisierung aber auch allein kraft Deiner Vorstellung vornehmen, und dafür gibt es zwei Möglichkeiten. Zum einen kannst Du Dich im Geiste mit Deinem Astralkörper neben Dich stellen und die Harmonisierung durchführen, als wärst Du eine zweite Person.

Auf diese Weise kannst Du sowohl Deine Aura **glätten** als auch **harmonisieren**.

Selbstheilung durch Gedankenkraft – Methode 1

Wende alle Techniken an, die Du vorher auch im Spiegel angewendet hast.

Selbstheilung durch Gedankenkraft – Methode 2

Eine zweite Methode ist, Deine Aura direkt mit Deinem Bewusstsein zu glätten und durchzubewegen.

Stelle Dir dazu Dein Bewusstsein als zwei leuchtende Lichtkugeln vor, oder wenn Du magst, auch als zwei Hände, die Dir die Aura glätten und harmonisieren. Diese Lichtkugeln sind natürlich mit erhöhtem Bewusstsein geschaffen und haben die höchstmögliche Schwingung, die Du Dir vorstellen kannst.

Konzentriere Dich auf Deinen Aurarand und lasse Dein Bewusstsein in einem flüssigen, weichen und lichtvollen Zustand Deine Aura durch Hoch-und-runter-Bewegungen ausgleichen. Deine Konzentration ist pures, helles und klares Bewusstsein. Durch diese höchste Energie wird Deine Aura sofort geglättet und auch gereinigt.

Wichtig ist es, ich betone es noch einmal, dass Du wieder Deine beste, gesündeste, liebevollste und eine neutrale Gedankenhaltung einnimmst. Etwa fünf Minuten solltest Du diese Technik anwenden.

Diese Heilmethode und Bewusstseinsanhebung kannst Du täglich anwenden, wie das Zähneputzen und Duschen.

Dein Glaube

Es ist wichtig, daß Du glaubst!
Du sollst an die Liebe glauben!
Du sollst an das Gute glauben!
Du sollst an Dein Glück glauben!
Du sollst glauben, daß das, was Du glaubst,
in Erfüllung geht, weil Du es glaubst!

Anne Hübner

Telepathie

Übung: Hellsehen

Du kannst Dir die Aura auch mit Deinem 3. Auge ansehen. Dazu komme wieder auf eine hohe Frequenz, gleiche Deine beiden Gehirnhälften aus (3D-Zustand) und finde in die Neutralität.

Auf der Seite „Test-Objekt Hellsehen“ findest Du eine Zeichnung mit einer Figur mit Aura. Siehe auf Deinen inneren Bildschirm und konzentriere Dich darauf, welcher „Aura-Fall“ dort wohl abgebildet ist.

Am besten machst Du das Buch jetzt zu und nimmst Dir ein paar Minuten Zeit. Schaue tief in Dich hinein und suche die Antwort in Dir drin. Du kannst Dir auch ein Blatt Papier nehmen und die Aura so zeichnen, wie Du sie in Deinem Geist gezeigt bekommst.

Bitte nicht nachschauen oder weiter lesen bevor Du ein Ergebnis hast!

Die Lösung findest Du wie gesagt, am Ende des Buches unter „Test-Objekt – Hellsehen.“

So bildet sich zum Beispiel ein Gallenstein in der Aura ab. Bei einem Gallenstein liegt meist eine Schwäche im 3. Chakra mit einer akuten Entzündung im Gallen-Leber-Bereich vor. Im Energiefeld der darüber liegenden Auraschicht sieht man in der Höhe, in der sich der Gallenstein befindet, eine Beule. Schaffst Du es, das Energiefeld wieder zu harmonisieren und die Beule aufzulösen, ist auch der Gallenstein weg.

Und wie war Dein Hellseh-Ergebnis?

Bitte keine Emotionen bei der Antwort, keine Enttäuschung, wenn es beim ersten Mal noch nicht so geklappt hat.

Übung macht den Meister! Untersuche jedoch genau Deine Gefühle und Empfindungen und versuche herauszufinden, warum es nicht funktioniert hat, und mache es das nächste Mal anders, das ist sehr wichtig. Bitte auch keine Euphorie, wenn es geklappt hat. Bleibe neutral und stelle Dich darauf ein, dass es in Zukunft immer zu 100 % richtig funktioniert, dass Du genauso gut hellsehen kannst, wie Du mit Deinen Augen sehen kannst.

Bis die erste Glühbirne endlich gebrannt hat, hat Thomas Alva Edison allerdings auch über 1000 Versuche machen müssen. Bemerkenswert war jedoch seine Erkenntnis angesichts der misslungenen Versuche. Er sagte: „Ein Misserfolg war es nicht. Denn wenigstens kennt man jetzt 1000 Arten, wie ein Kohlefaden nicht zum Leuchten gebracht werden kann.“ Hier einige weitere ermunternde Zitate von Edison, sie sind sehr hilfreich, um eine gute energetische Einstellung für die Übungen zu finden. Denn beim Üben klappt nicht immer alles, dafür sind es ja Übungen. Das Energiefeld ist wie ein Muskel, der trainiert werden muss, wenn aber die Kraft erst einmal da ist, dann gibt es kein Zurück mehr! Je mehr Du dann die neuen Fähigkeiten nutzt, desto schneller, besser und leichter werden Dir die Übungen gelingen, und irgendwann ist der Erfolg selbstverständlich.

***Die Größe eines Menschen wird davon bestimmt,
in welchem Maße er an seinem Charakter arbeitet,
nicht von seiner Macht,
seinem Geld oder seiner Stellung.***
Sathya Sai Baba

Zitate von Thomas Alva Edison:

- *Erfolg hat nur der, der etwas tut, während er auf den Erfolg wartet. Es gibt keinen Ersatz für harte Arbeit.*
- *Ich bin nicht entmutigt, weil jeder als falsch verworfene Versuch ein weiterer Schritt vorwärts ist.*
- *Unsere größte Schwäche liegt im Aufgeben. Der sicherste Weg zum Erfolg ist immer, es doch noch einmal zu versuchen. Und was für Erfinder gilt, gilt auch für Sportler. Packen Sie es an - wieder und wieder. So werden Glühbirnen erfunden und Rekorde gebrochen.*
- *Wenn es einen Weg gibt, etwas besser zu machen: Finde ihn!*
- *Das ist das Schöne an einem Fehler: Man muss ihn nicht zweimal machen.*
- *Der Mensch, der sich nicht entschließen kann, die Gewohnheit des Denkens zu kultivieren, bringt sich um das größte Vergnügen des Lebens.*
- *Erfahrung nennt man die Summe aller unserer Irrtümer.*
- *Die wichtigste Aufgabe der Zivilisation besteht darin, den Menschen das Denken zu lehren.*
- *Erfolg ist ein Gesetz der Serie und Misserfolge sind Zwischenergebnisse. Wer weitermacht, kann gar nicht verhindern, dass er irgendwann auch Erfolg hat.*
- *Die höchsten Türme fangen beim Fundament an.*
- *Es ist besser, unvollkommen anzupacken, als perfekt zu zögern.*
- *Ich bin ein guter Schwamm, denn ich sauge Ideen auf und mache sie dann nutzbar. Die meisten meiner Ideen gehörten ursprünglich Leuten, die sich nicht die Mühe gemacht haben, sie weiterzuentwickeln.*
- *Wir wissen nicht einmal ein millionstes Prozent der Dinge.*
- *Unter Telegrafie musst du dir einen riesenlangen Dackel vorstellen, der von London bis Edinburgh reicht. Wenn du jetzt dem Dackel in Edinburgh in den Schwanz kneifst, dann bellt er in London.*

Das letzte Zitat könnte eine Definition der Telepathie sein!

Übung: Telepathie

Hier noch ein paar Übungen, mit denen Du Deine hellsichtigen Fähigkeiten trainieren kannst und die Dich telepathischer werden lassen.

Die folgenden sechs Symbole sind die klassischen Telepathie-Symbole. Präge sie Dir gut ein.

Kreuz, Spirale, Quadrat, Gesicht, Dreieck, Kreis

Nun beruhige Dich, konzentriere Dich und werde neutral. So, wie Du es die ganze Zeit schon geübt hast, und stelle Dir die gefragte Buchseite vor. Die Seite hat die Überschrift „Testkarte – Telepathie."

Welches Symbol ist dort abgebildet? Warte, bis es vor Deinem inneren Auge erscheint, bist Du tief in Dir absolut sicher bist. Vielleicht kannst Du ja auch Deine innere Stimme hören, die Dir den Namen des Symbols nennt.

Bitte nicht vorher nachschauen!

Die Lösung findest Du am Ende des Buches unter „Testkarte – Telepathie."

Ganz hinten im Buch findest Du Übungskarten zum Ausschneiden. Diese kannst Du mischen, eine Karte verdeckt ziehen und auf diese Weise üben!

Besser funktioniert das Üben, wenn Du einen Partner hast, der Dir das Symbol telepathisch sendet. Suche Dir also einen solchen Übungspartner, das gemeinsame Üben geht auch telefonisch oder per E-Mail, die Entfernung spielt keine Rolle. Als ich einmal niemandem zum Üben hatte, habe ich ein Telepathie-Spiel erfunden, welches man heute noch beim FITMIT-Verlag bestellen kann.

Übung: Die Zukunft vorhersagen

Wenn wir schon beim Üben sind, Du hast bestimmt irgendwo noch einen Spielwürfel herumliegen.

Nimm ihn Dir, wähle eine Zahl, die Du würfeln willst, und sage sie vorher an. Und Du wirst diese Zahl würfeln. Du wirst sehen, das klappt hervorragend, so lange man keine Mitspieler hat, die ihre eigene Zahl unbedingt durchsetzen möchten.

Der Würfel

Wenn Du mit einem Würfel spielst,
kannst Du viel würfeln oder wenig.

Du kannst gewinnen oder verlieren.
Das Ergebnis lässt sich nicht vorhersagen
und es bleibt spannend bis zuletzt.

So kannst Du hinterher zufrieden sein,
wenn Du gewinnst, oder traurig,
wenn Du verloren hast.

Du siehst,
es gibt immer zwei Möglichkeiten,
denen Du ausgeliefert bist.

Anders ist das Spiel,
wenn Du Mich, Gott,
als Deinen Spielpartner nimmst.

Mit Mir gibt es kein „Entweder-oder“.
Du wirst immer gewinnen und
bleibst ewig der Sieger!

Ich bin nicht „so oder so“.
Ich bin Eins mit Dir,
immer und für alle Zeit!

Wir sind das Absolute!

Anne Hübner

Übung: Gedanken lesen

Jetzt haben wir genug vorbereitende Übungen gemacht, um zu einer sehr wichtigen hellseherischen Fähigkeit zu kommen, dem Gedankenlesen, ich nenne es treffender Hellhören.

Um Gedanken zu hören, beziehungsweise sie zu lesen, muss man selbst sehr, sehr ruhig sein, vor allem in der Atmung. Die normale Atmung ist wie ein Erdbeben im Vergleich zu den sehr fein schwingenden Gedanken. Es nützt aber nichts, die Luft anzuhalten, wie viele glauben, nein, das hilft nicht. Luft anhalten erzeugt eine Spannung im Körper und diese Spannung zieht die Frequenz nach unten. Die Spannung überdröhnt die feinen Gedanken, wie eine donnernde Tsunami-Welle das Land. Was die feinen Gedanken auf keinen Fall gebrauchen können, ist irgendeine Anspannung im Körper.

Das Beste ist, Du gehst erst einmal ins Freie, um Deinen Körper auszupowern, entweder durch Jogging oder durch Gymnastik. Wichtig ist, dass Du den Kreislauf auf Trab bringst. Viele Klöster praktizieren ein solches Körpertraining zusammen mit der Meditation, auch die Shaolin-Mönche. Hartes Körpertraining in Kombination mit tiefer Meditation und Entspannung. Das Körpertraining hilft, den Körper zu depolarisieren und die Spannungen in ihm zu lösen. Vor allem der Kreislauf profitiert davon und bekommt mehr Energie. Die sich daran anschließende Tiefenentspannung ist sehr anstrengend und ist mit einem harten Training gleichzusetzen.

Wie bereits zu Beginn des Buches erzählt, sah ich vor vielen Jahren einen Yogameister im Fernsehen. Er hatte eine unglaubliche Körperkonstitution und Körperbeherrschung. Er konnte jede einzelne seiner Bauchmuskeln gezielt anspannen. Mit seiner Bauchdecke vollführte er eine wahre Akrobatik. Der von Frauen so bestaunte Sixpack bewegte sich auf und ab, als wären die Muskeln Wellen. Zum Vergleich: die heutigen Hochleistungssportler und Bodybuilder sind stolz auf ihre durchtrainierten Bauchmuskeln, doch sie können gerade mal drei bis vier verschiedene Muskelgruppen willentlich aktivieren.

Dass dieser Yogi natürlich auch eine hervorragende Verdauung hatte und Kontrolle über sein Verdauungssystem, brauche ich nicht zu erwähnen. Wie viele Ratsuchende haben die letzten Jahrzehnte bei mir geklagt, sie hätten eine schlechte Verdauung. Natürlich frage ich sie zuerst nach ihrer Ernährung, die heutzutage wohl die Hauptursache für alle möglichen Darmbeschwerden ist, aber wenn ich sie frage, hast Du denn schon mal Deine Bauchmuskeln trainiert, um Deinen Darm zu aktivieren, schauen sie mich an, als käme ich vom Mond.

Der Darm ist das 2. Gehirn sagt man, das stimmt auch, der Darm hat nach dem Gehirn die meisten Nervenzellen. Ein gesunder Darm verdaut nicht nur Nahrungsmittel sondern reinigt den Körper von allen anfallenden Stoffwechselprodukten, auch von angesammelten energetischen Ereignissen. Du kennst den Spruch, das Problem muss ich erst einmal verdauen oder jene Situation muss ich noch verarbeiten. Dabei hilft der Darm als Energieorgan genauso wie die grauen Zellen im Gehirn. Untrainierte Bauchmuskeln und eine schwache Bauchdecke sind nach Ernährungsfehlern der Hauptgrund für einen trägen Darm. Dieser träge Darm schwächt wiederum die Gehirnleistung.

So, jetzt komme ich aber wieder zurück zum Thema obwohl ich sagen muss, wer eine gute Körperkontrolle hat, hat auch immer eine hervorragende Gedankenkontrolle. Beschäftigst Du Dich mit Deinem Körper, so beschäftigst Du Dich auch mit Deinem Bewusstsein.

Wie bereits erzählt, entdeckte ich meine Fähigkeit des Gedankenlesens mit meiner Odyssee durch die vielen, vielen hundert

Wartezimmer und Arztpraxen. Da ich meist bei irgendwelchen Spezialisten wartete, dauerte die Wartezeit zumeist mehrere Stunden lang, manchmal einen ganzen Tag. Nun, ich lag untätig herum und beschäftigte mich mit meinem Geist. Ich übte das Nichtdenken und das Gedankenbeobachten. Herauszufinden, wo die eigenen Gedanken herkommen und ob es überhaupt die eigenen Gedanken sind, die man denkt, ist eine äußerst spannende Sache.

Mitten im Halbschlaf (richtig schlafen konnte ich wegen der Schmerzen meist nicht) beruhigte ich meine Gedanken und lauschte. Eines Tages fing es an. Ich hörte fremde Gedanken. Es war so, als würden die Mitpatienten im Wartezimmer sprechen, aber sie taten es nicht, es waren ihre unausgesprochenen Überlegungen, die ich hörte. Diese Gedanken waren ganz fein und sehr schnell. Mit der Zeit konnte ich immer deutlicher die fremden Gedanken lesen, wusste genau, von wem sie stammen, und wusste sogar im Voraus, welche seiner vielen Gedanken der betreffende Mensch tatsächlich gleich aussprechen wird.

Nach ungefähr einer halben Stunde Körpertraining kannst Du mit den Vorbereitungen für das Gedankenlesen beginnen.

Ideal ist es, wenn Du einen Trainingspartner hast, dessen Gedanken Du lesen möchtest. Diese Person muss sehr wach und sehr konzentriert bei einer beliebig wählbaren Arbeit sein. Das entspannte Lesen eines Buchs genügt nicht. Die Beschäftigung mit Büroarbeit oder mittelschweren Rätselaufgaben wäre gut. Die Person, deren Gedanken Du lesen möchtest, sollte sich anfangs mit Dir im selben Raum aufhalten. Grundsätzlich unterliegt das Gedankenlesen allerdings keiner Entfernungsbegrenzung. Einzige Voraussetzung am Anfang ist es, dass sich Dein „Sender“ nur mit seiner Aufgabe beschäftigt und auf keinen Fall an Dich denkt.

Am besten ist es, wenn Du Dich hinlegst, in dieser Position ist Deine Körperspannung am geringsten. Mache es Dir bequem, aber nicht so bequem, dass Du einschläfst.

Konzentriere Dich auf das „Nichts“ und einen erhöhten Bewusstseinszustand. Beruhige Deinen Geist und Körper. Werde immer ruhiger und leiser und immer ruhiger und leiser. Irgendwann bist Du im Zustand des Nichtsdenkens, im Zustand des „reinen Beobachters“.

Dehne nun Dein Bewusstsein in alle Richtungen aus, schärfe die Sinne und lausche, als wolltest Du in ganz weiter Ferne noch etwas hören. Aber gehe nicht nur in die Richtung Deines „Senders“, sondern in alle Richtungen. Warte, lausche, beruhige Dich weiter, beobachte, zerfließe ...

Irgendwann wirst Du Deine eigenen Gedanken beobachten und dann diese Gedanken zwar wahrnehmen, aber nicht mehr denken. Bald wirst Du Deine eigenen Gedanken ganz abgestellt haben und dann die Gedanken in der Umgebung hören.

Man hört diese Gedanken in der Weise, wie man seine eigenen Gedanken aussprechen würde. Man kann genau unterscheiden: sind das meine Gedanken, sind das die von anderen, wo ist ihr Ursprung.

Es ist so, als würdest Du jemanden leise reden hören. Erst unverständlich, ganz schwach, ganz weit weg und mit der Zeit immer deutlicher, bis Du irgendwann die Gedanken ganz klar hören kannst, und dann wird Dir auch bewusst werden, dass diese Gedanken aus einer bestimmten Richtung kommen, aus der Richtung Deines „Senders“. Großartig!

Vertiefe diese Wahrnehmungen und dann wirst Du immer mehr entdecken. Wo die Gedanken herkommen, welche der vielen

Gedanken nur gedacht und welche umgesetzt werden, Du spürst, ob der ausgewählte Gedanke der richtige war oder welcher der bessere für Deinen „Sender“ gewesen wäre.

Irgendwann wirst Du auch Gedanken von Tieren und Pflanzen hören können. Dies ist eine wunderbare Erfahrung und eine große Bereicherung für Dein Leben.

Das Gedankenlesen wie hier beschrieben hat nichts mit dem zu tun, was viele darunter verstehen. Viele Menschen versuchen Gedanken zu hören, aber nehmen dabei nur ihre eigenen Gedanken und Stimmen im Kopf wahr, sie reden sich besondere Fähigkeiten ein und sind stolz darauf. Ihr sogenanntes Gedankenlesen geschieht jedoch nur aus ihrer eigenen Vorstellung heraus. Beim echten Gedankenlesen sind die Gedanken wahrhaftig und wirklich. Du selbst denkst nichts, Du hörst nur zu. Du hörst die Gedanken in einer fremden Stimme und Du hörst sie im Kopf oder der Aura des anderen.

Viele sagen, das ist doch schrecklich, die Gedanken anderer lesen zu können, das ganze Gedankenwirrwarr mitzubekommen. Nein, es ist nicht schrecklich im Gegenteil, das ganze Miteinander wird liebevoller.

Gedanken lesen erleichtert das Leben und das Miteinander. Alles wird harmonischer, man weiß genau, was der andere will, was er vorhat und ob es gut ist oder schlecht, sowohl für den Menschen als auch für sich selbst. Durch die eigene Neutralität weiß man noch genauer, ob der andere sich unter seinen vielen Gedanken den richtigen ausgesucht hat oder aus niederen Beweggründen einen schlechten Gedanken gewählt hat. Dies nimmt man durch seine Neutralität mit Mitgefühl auf und kann dann der Person einen besseren Vorschlag machen und den richtigen Gedanken aussprechen und die Situation auf ein höheres Bewusstsein anheben.

Man kann dann viel besser auf den anderen reagieren, auf ihn zugehen und ihm besser helfen. Man braucht nicht mehr fragen und verliert keine Zeit mehr, man kann sofort dem anderen zur Hand gehen. Auch die anderen Menschen können Dich selbst dann besser wahr nehmen und wissen schneller was Du brauchst und reagieren auf das was Du möchtest.

Gedankenlesen ist die Kommunikation der Zukunft. Die Menschen werden viel besser miteinander zurechtkommen, es gibt keine Geheimnisse mehr, alles hat nur höhere, liebevolle Absichten und arbeitet miteinander, nicht gegeneinander. Telefon, Handys werden nicht mehr gebraucht und schon gar nicht die NSA oder andere Abhördienste. Ich denke, diese ganzen Abhördienste und Skandale bereiten uns nur auf die telepathische Kommunikation vor und das es irgendwann keine Geheimnisse mehr gibt. Übrigens kann ja nur der die Information lesen der auf der entsprechenden Bewusstseinsebene ist und mit ihr umgehen kann.

Gedankenlesen ist eine Bereicherung in allen Bereichen und ich kann nur sagen, es geht ganz leicht. Also, befreie Dich von allen geistigen Lasten und sei einfach neutral im Jetzt.

Zwei bis drei Jahre, nachdem ich diese Fähigkeit des Gedankenlesens entdeckt hatte, begann ich mit dem geistigen Heilen und trainierte andere Techniken. Ich nahm mir nicht mehr die Zeit für das Gedankenlesen. Als es mir gesundheitlich wieder besser ging, war es für mich nicht mehr so wichtig. Ich wollte laufen und mich bewegen, dafür übte ich. Heute kann ich noch spontan Gedanken lesen, während ich einen Patienten behandele, auch manchmal im Alltag, wenn ich in einer Warteschlange stehe, aber meine Fähigkeiten sind nicht mehr so ausgeprägt wie früher. Mittlerweile trainiere ich wieder regelmäßig, um meine telepathischen Fähigkeiten wieder zu verbessern und in meinen Alltag zu integrieren, mit Erfolg. Täglich wird es besser, das regelmäßige Üben ist jedoch eine wichtige Voraussetzung. Auch dahingehend passt der Spruch:

Übung macht den Meister!

Übung: Durch Wände sehen

Wenn Du im tiefen Bewusstseinszustand bist und Gedanken hören kannst, dann ist der Weg auch nicht mehr weit, Deine Wahrnehmung durch die Wände dringen zu lassen.

Dir ist bestimmt aufgefallen, dass man beim Gedankenlesen die Gedanken auch in gewisser Weise fühlt und sieht. Die erhöhte Sinneswahrnehmung, der 6. Sinn geht immer einher mit der Aktivierung der anderen fünf Sinne, diese sind eigentlich immer mehr oder weniger ersichtlich an einer erhöhten Sinneswahrnehmung beteiligt.

Dehne Dein Bewusstsein über den Raum Deiner Testperson hinaus bis zur nächsten Wand aus. Fühle die Wand, fühle, dass sie nur Energie ist in einer bestimmten Frequenz. Gehe mit Deinem Bewusstsein durch sie hindurch. Spiele mit dem Hin und Her. Bleibe mit Deinem Bewusstsein vor der Wand, fühle sie, und dann gehe durch sie hindurch, komme wieder zurück und dann gehe auch mal in die Wand mitten hinein.

Wenn Du so die Schwingung der Wand kennengelernt hast, dann ignoriere sie jetzt. Konzentriere Dich auf den Raum hinter der Wand, bleibe aber mit Deinem Bewusstsein vor der Wand. Schaue von diesem Zimmer, in dem Du Dich befindest, mit Deinem Bewusstsein (mit Deinem 3. Auge) durch die Wand in das nächste Zimmer. Warte, bis das Bild langsam in Deinem

Kopf entsteht. Übe dies mehrmals und Du wirst merken, jedes Mal wird Deine innere Sicht klarer.

Noch leichter geht dies, wenn Du die Übung mit Deinen echten Augen machst. Du erinnerst Dich an die Wahrnehmungsübung mit den zwei Kreisen, die irgendwann, wenn Du den dritten Kreis gesehen hast, verschwunden sind. Die nun folgende Übung ist so ähnlich.

Setze Dich so entspannt wie möglich in einen ruhigen Raum und schaue aus dem Fenster. Komme in den Zustand des Beobachtens. Nun wende Deinen Blick auf die Wand daneben und schaue mit dem 3D-Blick durch sie hindurch. Mit der Zeit wird die Wand aus Deinem Bewusstsein verschwinden und Du kannst durch die Wand wie durch ein Fenster nach draußen sehen.

Durch Wände gehen ist ebenfalls möglich, allerdings habe ich es mit meinem realen Körper noch nicht geschafft, allerdings mit meinem Astralkörper.

Teleportation:

Die Kinder eines Schülers aus Rumänien sind mehrfach von der Schule nach Hause teleportiert, so hat er mir berichtet. Es gibt keinen Grund an seiner Aussage zu zweifeln. Zurück geblieben in der Schule wäre dabei immer nur ihre Kleidung erzählte er. Die Kinder saßen auf einmal nackt in ihrem Spielzimmer. Passiert wäre es meistens, wenn die Kinder sich gefürchtet hätten.

Auch Anasthasia von der Taiga ist mehrfach beim teleportieren gesehen worden und auch Satyha Sai Baba in Indien.

Zu Sai Baba gibt es eine interessante Geschichte über eine Uhr mit Kassenzettel die Rubens Faria seinerzeits persönlich erlebt und mir erzählt hat. Kurz zusammengefasst ging es um einen skeptischen Reporter der im Ashram zufällig neben Rubens Faria saß. Sai Baba sagte zu diesem zweifelnden Berichterstatter, deine Uhr ist kaputt und nahm sie an sich. Das stimmte auch. Es war eine wertvolle Rolex Uhr die nicht mehr funktionierte, aber zu teuer für die Reparatur war. Aus Eitelkeit trug er sie trotzdem am Handgelenk. Sai Baba ging kurz in seinen persönlichen Raum mit dieser Uhr, nicht länger als eine Minute und kam dann mit funktionierender Uhr und einem Reparaturschein wieder zurück und händigte ihm beides grinsend aus.

Zufällig (Zufälle gibt es nicht) saß Rubens Faria auf dem Heimflug von Indien neben diesem Reporter der aus England kam. Sie kamen ins Gespräch und der Reporter erzählte Rubens, das dieser Kassenzettel, den Sai Baba ihm in Indien gegeben hatte, laut Aufschrift aus London von einem Uhrgeschäft stammt. Auf dem Kassenzettel stand, dass selbe Datum von dem Tag wo sie im Ashram waren und Sai Baba die Uhr nahm.

Rubens Faria hatte einige Stunden Aufenthalt in London und fuhr mit dem Reporter zu diesem Uhrgeschäft. Als sie die Uhr dem Händler zeigten, sagte er ja, die Uhr habe ich repariert. Rolexuhren sind alle registriert und auch diese Reparatur war dort mit Seriennummer und Datum vermerkt. Der Händler sagte noch, ich kann mich genau an den Mann erinnern, der mir am besagten Tag die Uhr brachte, es war ein keiner dunkelhäutiger Mann, mit krausem Haar, wahrscheinlich ein Inder, mit auffälligem orangenem Gewand.

Ich brauche nicht zu erwähnen, dass der Reporter seit diesem Tag nicht mehr dem göttlichen skeptisch gegenüber war und noch oft nach Indien reiste. Diesen Bericht von Rubens Faria gibt es übrigens auf unserem YouTube Kanal.

Heutzutage sind viele wegen des Verschmutzungsgrades von Wasser, Luft und der Umwelt besorgt.

Enormer Zeitaufwand, Anstrengung und Ressourcen werden für die Reinigung der Elemente aufgebracht. Solltet ihr nicht gleichermaßen, wenn nicht mehr, über die Verschmutzung der menschlichen Gedanken besorgt sein? Viele Gedanken und Herzen sind stark kontaminiert. Die ärgste Notwendigkeit der heutigen Zeit ist es, diese Verschmutzung zu beseitigen. Viele sind tief in weltliche Vergnügen und Begierden versunken. Das Ergebnis sind mentale Unzufriedenheit und bittere Frustration. Wendet die Gedanken (mind) wieder der Quelle zu, von der sie entsprungen sind. Mentaler Frieden kann nur erreicht werden, indem man sich nach innen wendet.

(Sathya Sai Baba, aus *der Ansprache vom 30.8.1993*)

Jede Sache in der Welt, sei es ein Vogel, ein Schaf oder etwas anderes, hat einen eigenen Wert.

Die Menschen haben keine Dankbarkeit gegenüber den fünf Elementen, die gratis unermessliche kostbare Wohltaten wie Licht, Wärme, Luft und Wasser schenken. Für so viele kleine Annehmlichkeiten wie Elektrizität und fließendes Wasser müsst ihr einen Preis bezahlen. Aber welchen Preis zahlt ihr für das Licht der Sonne, welche die Welt erhellt? Dieses Licht ist ein Geschenk des Göttlichen. Welchen Preis zahlt ihr für die sanfte Brise oder den starken Regenguss? Gott stellte euch solche kostbare Wohltaten kostenlos bereit. Welche Dankbarkeit erweisen die Menschen Gott für all dies? Die einzige Weise, Dankbarkeit gegenüber den fünf Elementen zu zeigen, besteht im unaufhörlichen Rezitieren des Gottesnamens (smaarana).

(Sathya Sai Baba, aus *der Ansprache vom 14.11.1997*)

Die Naturkräfte

Die drei Welten von Omraam Mikhael Aivanhov

In der Einweihungswissenschaft gibt es drei Welten:

- *die himmlische Welt, den Bereich der Ideen*
- *die psychische Welt, den Bereich der Gedanken und Gefühle und damit der Moral*
- *die stoffliche Welt der Materie*

Die materielle Ebene ist mit der moralischen verbunden, die ihrerseits wieder mit dem weit höher gelegenen Bereich der Ideen zusammenhängt. Wenn die Menschen diese Zusammenhänge nicht erkennen, wird es katastrophale Folgen nach sich ziehen. Selbst wenn man die Moralgesetze aus Unwissenheit heraus ignoriert, muss man die mehr oder weniger schwerwiegenden Folgen davon tragen. Die Moralgesetze sind viel feiner als die physischen Gesetze, denn nicht nur der Organismus, sondern auch die Seele und der Geist des Menschen werden durch sie geprägt. Wer diese Gesetze nicht respektiert, wird feststellen, dass seine Mitmenschen ihm sein eigennütziges und egoistisches Benehmen vorwerfen und dass er ihren Beistand und ihre Freundschaft verliert. Er muss für jede Überschreitung, egal was es auch war, mit Gewissensbissen, Leiden, mit Reue, Enttäuschungen, Bitterkeit und vielleicht sogar auch mit Geld bezahlen. Überall bestehen Zusammenhänge, alles ist mit allem verbunden. Die moralische Welt wird von unveränderlichen, unbeugsamen Gesetzen regiert, die jeder kennen sollte. Man vernachlässigt sie jedoch, weil sie nirgends geschrieben stehen, und glaubt, sich alles erlauben zu dürfen. Ihr dürft nicht sagen: „Ich denke, dass ...“ und „Ich kann tun und lassen, was ich will ...“ Warum nicht? – Weil ihr dafür bezahlen müsst.

In der Natur muss alles bezahlt werden, selbst das Glück, selbst die Freuden und Ekstasen. Die Richter, die kosmischen Kräfte, die Intelligenzen, die das Universum regieren, haben euch bei einer Gesetzesübertretung etwas entzogen und nun seid ihr ärmer geworden! Sie werden sich einen Teil eurer Kräfte, eures Wissens, eurer Gesundheit, eurer Schönheit oder eures Lichtes holen. Wer sehr reich werden will, darf weder die Gesetze der Natur, noch die Gesetze der Moral, ja nicht einmal die Gesetze der Menschen übertreten.

Obgleich die von den Menschen geschaffenen Vorschriften nicht die gleiche Daseinsberechtigung haben wie die Gesetze der Moral, sollte man sie, solange man in einer Gesellschaft lebt, in der sie sehr mächtig sind, beachten.

Sobald ihr aber auch nur ein einziges Naturgesetz missachtet, werdet ihr krank, selbst wenn euch die Gesellschaft immer noch respektiert und sich vor euch verbeugt: Ja, das Naturgesetz fesselt euch ans Bett! Es bestraft euch, ihr könnt ihm nicht entkommen.

Versucht jetzt, keine Gesetze mehr zu übertreten, weder die der Menschen, noch die der Natur, noch die der Moral. Die Gesetze der Moral sind den Naturgesetzen übergeordnet, sind aber gleichzeitig ein Teil der Natur, die sich auf verschiedenen Ebenen manifestiert.

Zuerst gibt es den rein physischen Bereich, dann kommt die darüber stehende feinstofflichere Ebene der Gedanken und Gefühle und schließlich die göttliche Welt, die die beiden ersten regiert. Selbst die Natur unterliegt Gesetzen. Genauso wie wir ihre Vorschriften beachten müssen, führt auch sie die Anord-

*nungen des Geistes aus, **denn der Geist herrscht über die Natur.***

Wenn es dem Menschen gelingt, seine beiden Neigungen, die rein körperliche und die feinere, die der Gedanken und Gefühle, zu beherrschen, dann steht er über den Gesetzen, denen sie unterliegen. In diesem Augenblick wird er so rein, lichtvoll und mächtig, lebt in so vollkommener Harmonie mit dem Geist, dass ihm selbst die Natur gehorcht. Er kann alles tun, ohne dass er dabei ein Gesetz überschreitet. Es ist der einzige Fall, wo sich der Mensch alles erlauben darf, ohne dass er damit ein Gesetz verletzt.

(Aus dem Buch *Der Mensch erobert sein Schicksal* von Omraam Mikhael Aivanhov)

Die Natur ist Energie und eine Intelligenz

Je feinstofflicher Du wirst, desto mehr kannst Du die Natur beeinflussen. Desto mehr überlegst Du Dir allerdings auch, ob Du dies überhaupt tun solltest.

Wenn Du die Natur und deren Elemente veränderst, um zu heilen und zu helfen, dann ist das rechtschaffen und zum Wohle aller Beteiligten, dann kannst Du dies auch natürlich mit sicherem Erfolg tun.

Wenn aber Jemand die Natur z. B. mit Chemtrails kontrollieren möchte, für seine „Zwecke“ missbrauchen will, so wird dies nicht gelingen und die Natur wird sich „rächen“ wie es im Volksmund heißt. Die Katze beißt sich in den eigenen Schwanz so sagt man auch und schadet sich selbst.

Übung: Wolken auflösen

Zum Üben kannst Du einmal probieren, ein paar Wolken am Himmel aufzulösen. Das ist kein so großer Eingriff in die Elemente und ein gutes Training.

Gehe nach draußen und schaue Dich nach ein paar Wolken um. Konzentriere Dich mit neutralem Blick auf das Zentrum der größten Wolke und stelle Dir vor, wie die Wolke sich langsam auflöst und verteilt.

Mache dies so zwei bis drei Minuten lang und warte dann einfach noch einmal zwei bis drei Minuten. Dann wirst Du sehen, wie die Wolken dünner und dünner werden und wegtreiben.

In die Natur solltest Du nur in einem sehr erhöhten Bewusstseinszustand und mit viel Achtung, Demut und geistiger Führung eingreifen.

In der Not ist die Veränderung von Naturgesetzen allerdings durchaus auch einmal erlaubt. Wenn Du mit einem kleinen Boot mitten auf dem Meer bist und Dich ein Gewitter überrascht, so erging es mir einmal, dann darfst Du Dir schon helfen und das Gewitter auflösen oder wegtreiben und die Wellen beruhigen.

Die Chakren der Erde

Jedes Lebewesen hat Energiezentren, natürlich auch die Erde, „Gaja". Die Hauptchakren sind der Nord- und Südpol.

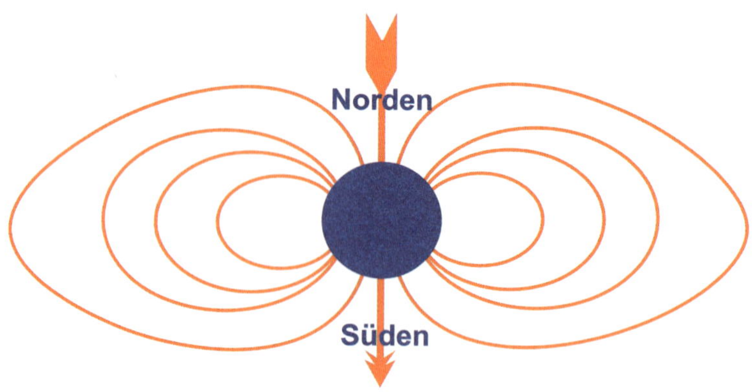

Sehr viele Nebenchakren der Erde sind ebenfalls schon erforscht. In der folgenden Abbildung zeige ich die von Ernst Hartmann zum ersten Mal beschriebenen Grid-Linien des Erdmagnetfeldes.

Bill Becker und Bethe Hagens publizierten hierzu 1983 die folgende Zeichnung des Erd-Magnetfeldes.

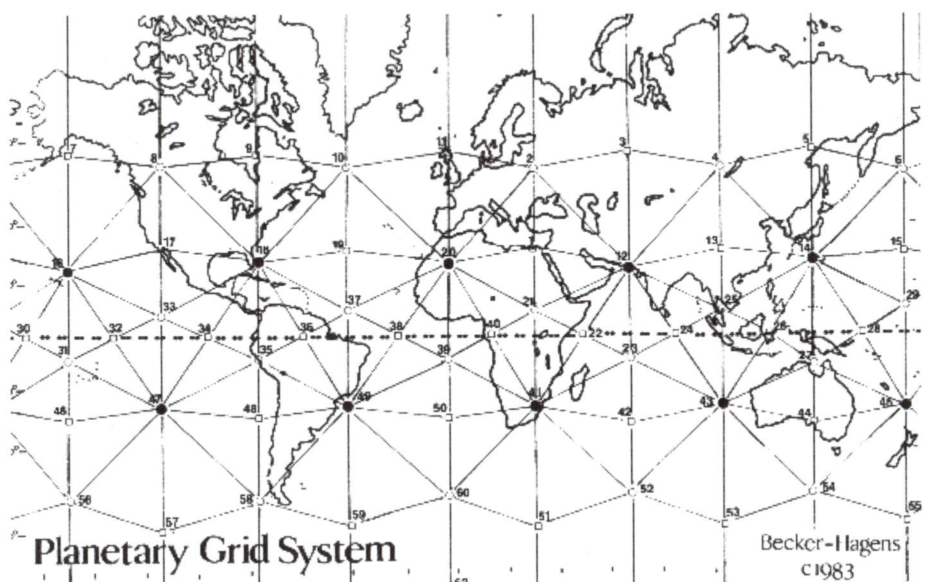

Die Pyramiden, das Bermudadreieck, Megalithen, heilige Tempel, Kornkreise, Energieplätze wie zum Beispiel Stonehenge oder Find Horn liegen immer auf solchen Kreuzungspunkten = (Akupunkturpunkten) des Erdmagnetfeldes.

Diese Kreuzungspunkte haben unterschiedliche Energien und können für den Menschen positiv oder negativ wirken, wie Yin und Yang, warm oder kalt. Rutengänger beschreiben eine Vielzahl von Erdstrahlen, die man messen kann.

Die alten Pyramiden in Ägypten und die großen Tempel in Südamerika und Südasien liegen auf positiven Chakrenpunkten der Erde.

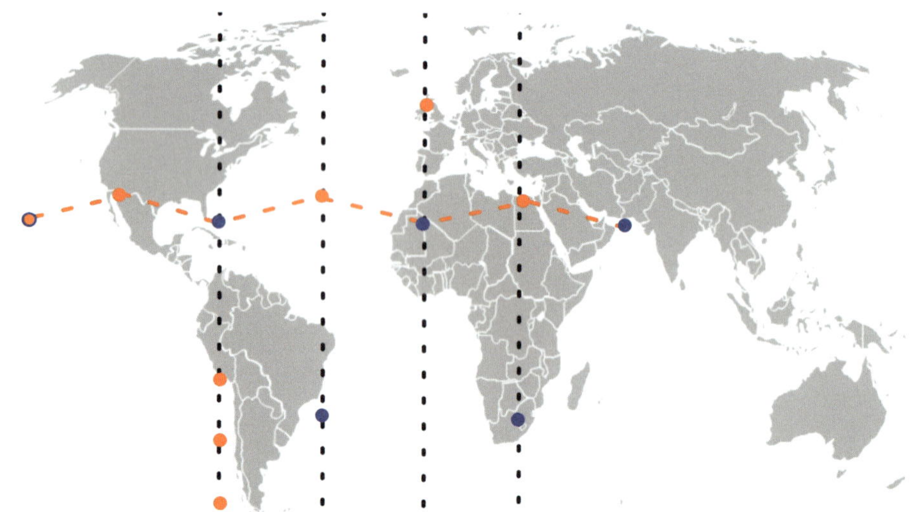

Aus meiner Sicht ist es absolut bewiesen, dass diese großartigen Bauwerke von Außerirdischen gebaut wurden, die offensichtlich mehr Wissen über die Erdmagnetkräfte hatten als wir heute. Ein Pionier zu diesem Themenkomplex ist im deutschsprachigen Raum Erich von Däniken, dessen Bücher ich allesamt empfehlen kann. Besonders viele Ufo-Sichtungen gibt es an den Erdmagnetfeld-Knotenpunkten. Militärbasen in den USA liegen übrigens auch alle dort. Es wird sogar von Portalen gesprochen, die in andere Dimensionen führen. Meiner Meinung nach ist an all dem etwas dran. Die Menschen sind auch nicht ohne Grund empfänglich für Filme wie Stargate.

Die Hawaii-Inseln liegen als seltenes Phänomen genau in der Nähe zweier solcher Kreuzungspunkte des Erdmagnetfeldes, einmal auf einem positiv geladenen und einmal auf einem negativ geladenen Energiestrom aus der Erde.

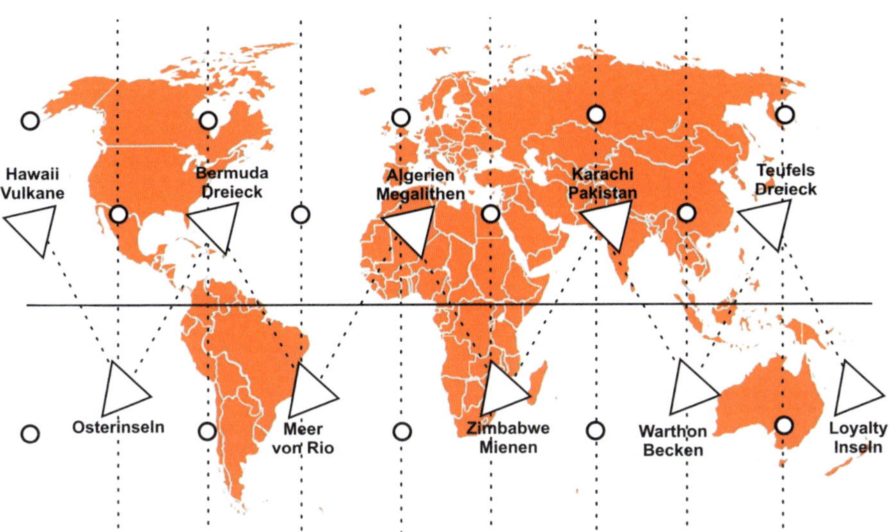

Die Wörter positiv und negativ bewerten allerdings nicht, wie die Kräfte auf den Menschen wirken. Der Mensch hat auch einen Nord- und einen Südpol, nämlich das Kronen- und das Wurzelchakra. Er braucht beide Energiezentren. Im energetischen Zusammenhang müssen andere Maßstäbe angelegt werden als die Dualität von positiv und negativ.

Jeden Heiler zieht es irgendwann einmal nach Hawaii. Hier gibt es sehr viele spirituelle Zentren, hier kommt auch Hawayo Takata her, die 1939 Reiki (Heilen mit der universellen Lebensenergie) von Japan nach Hawaii und später in den Westen gebracht und populär gemacht hat. Inzwischen gibt es über eine Millionen Reiki-Meister auf der ganzen Welt. Das ist ein Zeichen für einen gewaltigen Bewusstseinswandel auf dem gesamten Planeten, den wir heute miterleben dürfen.

Tsunami 2010

Ein Erlebnis möchte ich noch etwas ausführlicher erzählen. Anne Hübner und ich heilten mit unserem Heilerteam auf Hawaii. Auf einmal um 4 Uhr morgens am 27.2.2010 flatterte ein Zettel durch unsere Hoteltür mit dem Hinweis, dass ein Tsunami erwartet werde und wir in vier Stunden evakuiert würden. Eine neun Meter hohe Welle wurde erwartet. Vorausgegangen war ein Erdbeben in Chile mit einer Stärke von 8.8. auf der Richterskala, welches solche Horrorwellen im ganzen Pazifik ausgelöst hatte.

Bald kamen auch die ersten Anrufe aus Deutschland. Ihr müsst in die Berge fliehen, die gesamten Küsten werden überflutet werden. Alle aus unserem Heilerteam waren durchaus aufgeregt, aber auch wiederum gelassen, in gewisser Weise waren wir im Gottvertrauen. Wir kauften allerdings noch schnell ein paar Sandwiches ein, denn alle Geschäfte wurden geschlossen, und packten unsere Koffer.

Bis zur Evakuierung hatten wir noch einige Stunden Zeit, und so beschäftigten wir uns mit dem Tsunami. Wir fühlten und spürten die Emotionen der Länder und Kontinente, spürten den Energieunterschied und die Flutwelle. Wir stellten uns vor, wie die Welle immer kleiner und flacher wurde und sich im Ozean verteilte, ohne irgendein Leben zu schaden oder zu verletzen. Mitauslöser unserer Bemühungen war vor allem der große Zoo direkt neben unserem Hotel am Strand. So viele Tiere sollten überflutet werden, nein, das wollten wir auf keinen Fall. Die Tiere konnten nicht fliehen und auch so kurzfristig nicht evakuiert werden. So arbeiteten wir als Geistheiler an der Heilung der Situation. Wir waren allerdings nicht alleine. Unsere Heilerschüler halfen mit und wir spürten auch die Gebete der vielen gefährdeten Küstenbewohner, mit denen sie die Geistige Welt um Hilfe baten.

Als die Busse zur Evakuierung kamen, hieß es, die Bewohner der oberen Hotelbereiche könnten in ihren Zimmern bleiben, und da zwei aus unserer Gruppe ein Zimmer im oberen Bereich hatten, zogen wir alle nach oben und konnten bleiben. Wir saßen auf gepackten Koffern und mit einsatzbereiter Schnorchel-Ausrüstung und Luftmatratze auf den Betten, heilten dabei die Ursache der Welle und verfolgten auf den Fernsehbildschirmen die Nachrichten.

Es war ein Uhr, der Zeitpunkt des Eintreffens der ersten Flutwellen-Ausläufer. Wenn man aus dem Fenster schaute, war es gespenstisch, alles leer, alles ruhig und tausende von Booten, die aus dem Hafenbereich evakuiert worden waren, sah man weit draußen vor der Küste. Dort sollten sie die Welle unbeschadet überstehen. Die große Welle wurde zuerst auf der Nachbarinsel Maui erwartet, wie ich schon erwähnte, sie sollte neun Meter hoch sein. Die Fernsehkameras waren auf das Meer gerichtet und man sah, wie die Welle anrollte. Was letztlich aber am Strand ankam, war ein Wellchen. Aus unerklärlichen Gründen hatte sich der Tsunami aufgelöst und war verschwunden. Die Welle kam, allerdings war sie nur einen Meter hoch. Zehn Minuten später sollte die Riesenwelle unsere Insel erreichen, aber es geschah genau das Gleiche. Die große Welle kam nicht, der Zoo mit den vielen Tieren blieb verschont. Am Strand sah man kurz die Felsen verschwinden, aber das war alles, was passierte. Ein kleines Wellchen rollte an, das keinerlei Schaden verursachte. Auf den anderen Inseln war es genauso. Alle Fachleute waren überrascht und Wissenschaftler und Medien konnten sich nicht erklären, wie das Unglück hatte abgewendet werden können. Wir schon!

Eine ähnliche Situation hatten wir 2018 auf Mauritius, wo wir „zufällig" gelandet waren. Genau richtig, um von der Insel einen Zyklon abzuwenden, der sich dann kurz vor der Insel in zwei Teile spaltete und so an der Insel vorbei steuerte.

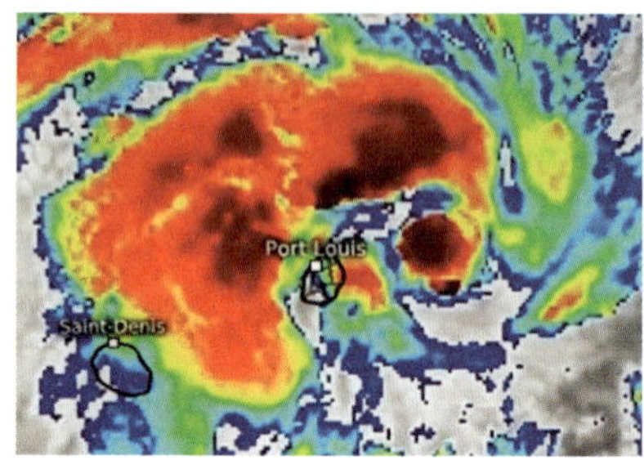

Es ist klar, dass weder die „Geistigen Kräfte" noch Deine neuen Fähigkeiten missbraucht werden sollen, etwa um Freunden zu imponieren, Macht auszuüben oder die Welt nach Deinem Willen zu gestalten. Aber setze Deine Fähigkeiten ein, wenn es nötig ist, wenn es zum Wohle aller ist, wenn es Leben rettet, egal ob das von Mensch, Tier oder Natur. Die Dankbarkeit aller Beteiligten in Form von Gesundheit, positiven Energien und Kräften ist Dir dann gewiss.

Regentänze

Der Mensch hat schon immer die Naturgeister angebetet oder versucht, sie zu seinen Gunsten zu beeinflussen. Regentänze gibt es seit alters her. Jedes Naturvolk, das in heißen und trockenen Gegenden lebt, hat einen Weg gefunden, den Regen herbeizurufen. Mit Tänzen, Ritualen, Gesang und Gebeten haben die Menschen Energien erzeugt, um die gewaltigen Naturenergien zu lenken. Das Foto zeigt die afrikanische Heilertanzgruppe von Djaly und Papa Wango aus Mali. Sie werden gerufen, wenn Regen gebraucht wird, und haben immer Erfolg.

Wir, Anne und ich haben mit unserem Heilerteam einmal in Australien gearbeitet, Der Kontinent mit den besten Wetterbedingungen weltweit. Doch schon bevor wir dort ankamen, hörten wir es im Fernsehen, Australien litt unter einer Hitzewelle, es herrschte Sonnenschein pur und Dürre. Das Land litt und vertrocknete. Es war ein besonders schlimmes Jahr.

Wenn wir ein Land besuchen, ist unser Heilerteam immer offen und bereit, dem Land zu dienen und zu helfen. Als wir des Nachts bei klarem Wetter in Melbourne ankamen, begann es am nächsten Tag überraschend zu regnen, obwohl der Wetterbericht weiterhin Sonnenschein vorhergesagt hatte. Es regnete ununterbrochen, allerdings nur in der Region, wo wir waren, der Rest des Landes blieb weiterhin trocken. Als wir weiterreisten, hörte es auf zu regnen, aber dort, wohin wir gereist waren, begann es zu regnen. Der Regen begleitete uns die ganze Zeit.

Wo wir waren, regnete es, woanders nicht. Dass der unermüdliche Regen unsere Urlaubsfreude ein wenig trübte, schließlich hätten wir wie jeder andere Tourist gerne ein paar sonnige Urlaubstage gehabt, ertrugen wir mit Humor. Die letzten drei Tage in Sydney wurden wir allerdings noch von warmer Sonne verabschiedet, bevor wir weiter nach Indien reisten. Mittlerweile kenne ich viele Heiler, die Ähnliches erleben. Ein Heiler aus Afrika, der in Deutschland lebt, erzählte, immer wenn er nach Hause reise, würde es dort nur regnen. Wenn sein Land unter einer Dürre leide, riefen ihn die Menschen an, er solle sie mal wieder besuchen kommen, damit die Felder endlich Wasser bekämen. Ein Heiler, der die grobstofflichen Ebenen überwunden hat, wird automatisch auch für die Natur gut sein und Gutes für das Land, in dem er sich gerade aufhält, bewirken. Auch die Natur braucht manchmal einen Heiler aus der Menschenwelt und fordert ihn an. Sei einfach offen und hilfsbereit jedem Lebewesen und jeder Bewusstseinsform gegenüber. Es muss übrigens nicht immer Regen sein, den die Natur braucht. Wenn wir in Italien arbeiten ist es übrigens meist umgekehrt. Wenn wir in den Wintermonaten kommen ist immer das schönste Wetter, es hört immer an unserem Anreisetag auf zu regnen und fängt wieder an wenn wir abreisen. Keine Angst, was geschieht, passt immer für alle, auch für Dich.

Die ganzen Chemtrails, HAARP, die Wettermanipulationen und die Umweltverschmutzung sind damit total überflüssig. Wer helfendes (heilendes) Wetter haben möchte, kann dies auf spirituellem Weg viel einfacher erreichen. Nun, was erzähle ich, diejenigen, die diese künstlichen Wettereingriffe mit Chemiekeulen erzeugen, machen dies nicht zum Wohle aller, sondern nur zum Zwecke der Machtausübung und Gewinnsteigerung, sie werden ihr Karma bekommen. Dazu passt der Film „der grüne Planet".

Der Himmel antwortet auf Lichtsignale

Um die himmlischen Wesenheiten anzuziehen und in ihnen den Wunsch zu erwecken, euch zu helfen, müsst ihr ein Leben im Einklang mit den göttlichen Gesetzen führen. Sonst verschließen sie Augen und Ohren, sehen und hören nichts und lassen euch weiterhin im Dunkeln tappen. Nur durch eure Lebensweise könnt ihr ihre Aufmerksamkeit auf euch ziehen. Sie müssen Signale, Lichtströme sehen. Nur wenn sie von weitem ein Geschöpf sehen, das jeden Tag durch Herz, Seele und Geist Funken sprüht und ein Feuerwerk in den schönsten Farben hervorbringt, sagen sie sich: „Oh, was ist dort für ein schönes Fest, lasst uns hingehen!" Sie nähern sich, freunden sich mit diesem Menschen an und lassen sich oft sogar in ihm nieder, um ihm zu helfen; und so wird für diesen Menschen alles leicht. Deswegen lohnt es sich, eure Lebensweise zu verbessern, damit ihr die Hilfe und sogar die Gegenwart all dieser Lichtwesen anzieht, die euch dann bei eurer spirituellen Arbeit helfen.
(Aus dem Buch *Goldene Regeln für den Alltag* von Omraam Mikhael Aivanhov)

Süchte

Naturkräfte sind starke Energien und absolut rein! So lange Du mit niederen Energien verbunden bist und die Naturkräfte missbrauchst auch in Form einer Alkoholsucht, Zigarettensucht, Drogensucht, Konsumsucht, Sexsucht, Kaffeesucht, Limonadensucht, Kaugummisucht oder Esssucht und so weiter, wirst Du an dieser Ebene der niederen Energien scheitern und nicht weiterkommen. Jede Sucht ist eine niedere Energie, eine energetische Besetzung, die Dich in Deiner Frequenz herunterzieht. Du musst vollständig auf jedes Suchtverhalten, jede Abhängigkeit, jeden Missbrauch der Natur und ungesunde Gewohnheit verzichten. Erhebe Dich über Deine Süchte, Gelüste und überschwängliche Lust und suche auch hier die Reinheit und Neutralität. Ernähre Dich gesund und natürlich. Es gibt keinen anderen Weg.

Wenn Du jemanden triffst, der behauptet, ein spiritueller Mensch oder Heiler zu sein, aber noch abhängig ist, beispielsweise raucht, ist er kein spiritueller Mensch, sondern noch ganz, ganz weit davon entfernt. Solche Leute können durchaus magische Fähigkeiten besitzen, mit denen sie die Menschen in ihren Bann ziehen. Diese magischen Energien sind jedoch allesamt niedere Mentalkräfte, mit denen manipuliert und Karma geschaffen wird. Um Dich von ihrem Einfluss zu befreien, helfen Dir die Healing Codes im nächsten Kapitel.

Es gibt keinen Weg zum Glück.
Glücklichsein ist der Weg.
Buddha

Healing-Codes zur Bewusstseinserweiterung

Seit dem Buch *Der Healing Code* von Alex Loyd und Ben Jonson ist die Welt gefesselt von den Möglichkeiten der Energiearbeit. Auch ich empfehle Dir dieses Buch als Lektüre.

Healing Codes oder bestimmte Behandlungspositionen gibt es schon immer in der Geistheilung. Ich denke da nur an die Reiki-Kopfpositionen, die fast identisch sind mit den Healing-Code-Positionen von Dr. Alex Loyd.

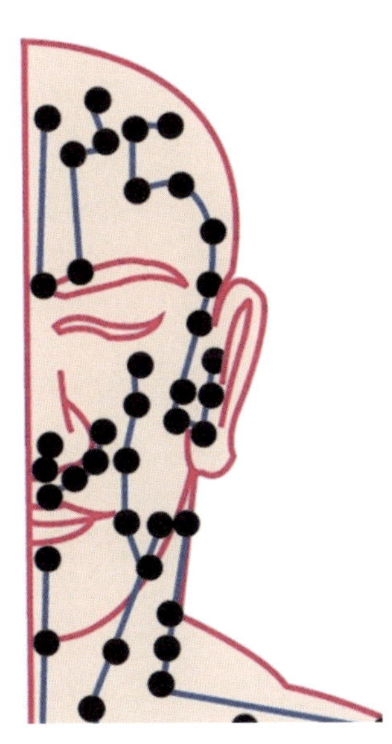

Die seit tausenden von Jahren praktizierte Akupunkturlehre ist auch ein Healing-Code. Jeder Akupunkturpunkt ist ein kleines Chakra, eine Energiekreuzung, ein Energiewirbel mit bestimmten Funktionen und einer eigenen Frequenz. Als ich 1990 in China war, wurden solche Kopfpositionen im Fernsehen gezeigt, ich werde es nie vergessen. Der Heiler machte sie vor und die Menschen zu Hause konnten sie direkt vor dem Bildschirm nachvollziehen. Das war damals für mich neu, begeistert saß ich vor dem Fernseher. Verstanden habe ich nichts, es war natürlich alles auf Chinesisch, aber das sprachliche Verständnis war auch nicht wichtig, man folgte 1:1 den Gesten des Heilers. Das war doch wirklich beeindruckend, abends zur besten Sendezeit zeigte ein Heiler dem Fernsehpublikum Kopfdruckpunkte der Akupunktur, und man konnte sich diese direkt vor dem Fernseher massieren und sich auf diese Weise selbst heilen. In der Sendung wurde auch gezeigt, wie man zwecks Heilung die Hände auflegt. Einfach wunderbar. In Deutschland habe ich noch nicht einmal erlebt, dass im Fernsehen die Techniken der Ersten Hilfe gezeigt werden. Diese müssten doch wöchentlich in irgendeinem der Programme unterrichtet werden, von den Grundlagen der Naturheilkunde ganz zu schweigen. Sendungen, die zeigen, welche Methoden wirklich heilen, gibt es kaum im deutschen Fernsehen, und die wenigen, die es gibt, gehen nicht in die Tiefe. Nun, vielleicht kommt durch mein Buch dieser Wunsch nach solchen Sendungen in die Matrix und wird Früchte tragen. Über die Arbeit in unserem Heilzentrum gibt es jedenfalls schon YouTube-Videos.

Dr. Alex Loyd habe ich auf einem Workshop erlebt, er versteht es aus seiner Begeisterung heraus wunderbar, die Menschen an ihre Selbstheilungskräfte zu erinnern und in die Eigenverantwortung zu nehmen, was mir sehr gut gefällt. Er hat auf diese Art seine Frau für immer von Depressionen befreit und steckt die Leute mit seinem Enthusiasmus an. Einfach großartig!

Meiner Meinung nach ist die Konzentration und das positive Denken des Anwenders das Wichtigste beim Finden der richtigen Positionen beim Heilen. Beim Geistheilen kommt es nur auf das höhere Bewusstsein des Heilers an, wo genau er die Hände auflegt, wird, etwas Übung vorausgesetzt, dann von der Geistigen Welt gesteuert. Wenn ich beim Heilen bin, verharren meine Hände oft an einer Körperstelle, als wären sie festgeklebt, oder werden zu bestimmten Körperbereichen geführt. Immer dorthin, wo es genau richtig ist, wo es wunderbar geholfen hat, wo die Hände goldrichtig lagen, wie mir die Patienten nach der Behandlung versichern, und sie fragen erstaunt, wie ich das wissen konnte. Auch Dir wird dies bei täglicher Übung bald gelingen. Diese Art von Energiearbeit mit den Healing-Energiecodes und geführt von den höheren Bewusstseinsebenen ist die Medizin der Zukunft und absolut zuverlässig wirkungsvoll. Ich kenne tausende Heilberichte und habe selbst viele Wunder mit dieser Heilmethode erlebt.

Die Healing-Codes sind bestimmte Energieknotenpunkte, die man mit einer bestimmten Behandlungsreihenfolge aktiviert. Jedes Chakra ist ein Heilknoten! Bekommt dieser Knotenpunkt Energie, werden auch die angeschlossenen Energiezentren, Organe und Körperbereiche mit aufgeladen und geheilt. Das Wichtigste ist, für Harmonie und Ausgeglichenheit aller dieser Aktivierungspunkte (Heilknotenpunkte) gleichermaßen zu sorgen. Ein einziges Energiezentrum zu stimulieren zeigt nicht den gewünschten Effekt. Nur wenn alle Energiezentren angehoben werden, alles gleichmäßig aktiviert wird, schwache Stellen verstärkt, überaktive Zentren harmonisiert werden, kann der Mensch gesund werden beziehungsweise sich das Bewusstsein ausdehnen.

Der Chakren-Healing-Code

Das Ausgleichen der sieben Hauptchakren ist immer am wichtigsten. Fangen wir also damit an. Beginne am 6. Chakra, dem 3. Auge. Halte Deine beiden Hände 5–10 cm von Deiner Stirn zusammen und bündele die Fingerspitzen zu einer Spitze.

Die meiste Energie aus Deinen Händen fließt aus der Handinnenfläche, dem Handchakra, oder wenn diese Energie etwas mentaler ist, aus den Fingerspitzen. Nach meiner Erfahrung ist es besser, mit der Handinnenfläche zu arbeiten, wenn es um das Geistige/Göttliche Heilen geht.

Wenn es mehr um das Mentalheilen geht, das Heilen mit dem eigenen Geist, dann kommt die Energie durch Konzentration mehr aus den Fingerspitzen und den ersten Energiekörperschichten.

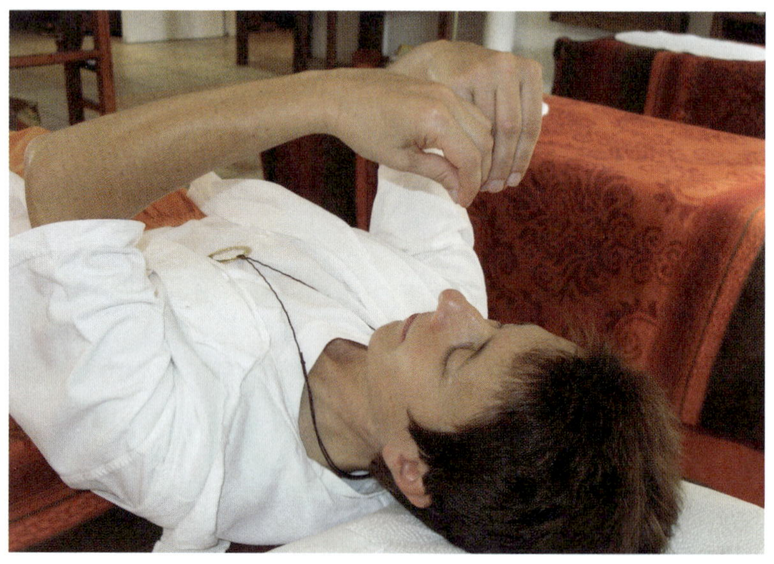

Für Anfänger ist es am allerbesten, mit den Fingerspitzen zu arbeiten. Diese Energie ist leichter wahrzunehmen und mit dem höheren Verstand zu steuern. Im Gottvertrauen zu arbeiten braucht etwas mehr Zeit und Übung, sollte aber das Ziel sein. Es ist gut, wenn Du Dir bei der Eigenbehandlung Zeit nimmst und Dich hinlegst.

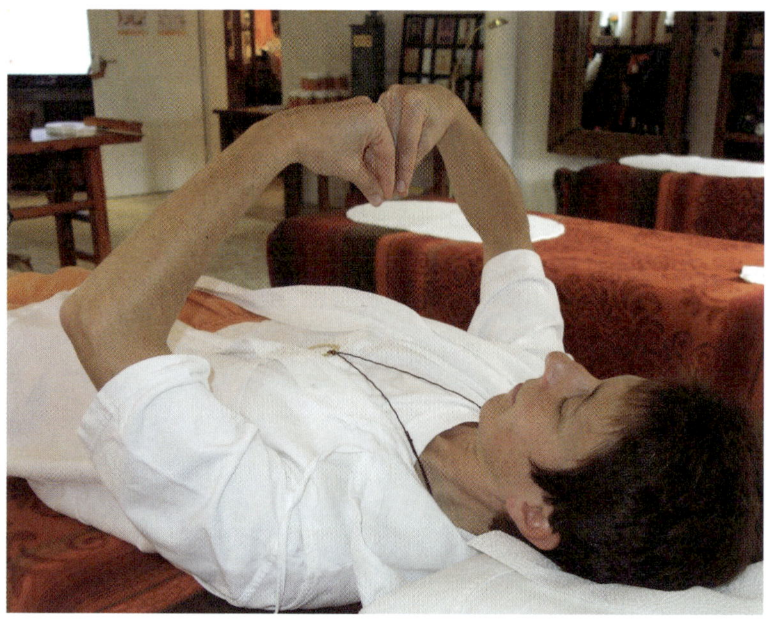

Das Wichtigste ist Deine positive Einstellung. Probleme, Sorgen und negative Gedanken darfst Du auf keinen Fall im Kopf haben, wenn Du übst. Komme also wieder in Deinen neutralen Bewusstseinszustand, entspanne Dich und erhöhe Deine Frequenz. Halte Deine gebündelten Fingerspitzen etwa 10 cm über Deine Stirn, sodass sie an eine Stelle etwas höher als die Augenbrauen zeigen, dorthin, wo Dein 3. Auge liegt. Denke nichts, beziehungsweise wiederhole einen positiven Gedanken und versuche die Energie und das Chakra zu spüren. Anschließend gehe zur nächsten Position weiter wie in der Tabelle beschrieben.

Der Chakren-Code:

1. Stirnchakra
2. Halschakra
3. Solarplexuschakra
4. Sacralchakra
5. Wurzelchakra
7. Kronenchakra

Halte diese Position 20–30 Sekunden und gehe dann zum Halschakra.

Halte jede Position je nach Gefühl, mindesten 10–20 Sekunden und gehe dann zur nächsten Position. Wenn Du am Kronenchakra angekommen bist, beginne von vorne, insgesamt so 5–10 Minuten lang.

Das Wurzelchakra kannst Du von der Vorderseite energetisieren wie die anderen Hauptchakren auch, nur beim Kronenchakra empfehle ich Dir, wirklich senkrecht von oben anzusetzen.

Seht, sprecht und hört nichts Schlechtes. Unterscheidet permanent zwischen negativen und positiven Handlungen.

Alle schlechten und ungesunden Handlungen haben einen negativen Charakter, meidet sie allesamt. Euer Geist (mind) muss mit guten Gedanken angefüllt werden, euer Herz voller Mitgefühl sein und eure Hände müssen sich in selbstlosem Dienen engagieren. Solange ihr euch mit dem Körper identifiziert, verfangt ihr euch in negativem Verhalten. In dem Moment, in dem ihr euch als den Meister der Sinne betrachtet, werden eure Handlungen positiv sein. Die Meisterschaft der Sinne führt zur Befreiung. Erfüllt eure Pflichten ohne Anhaftung an die Früchte daran.

(Sathya Sai Baba, aus *My Dear Students Volume 5)*

Chakren-Energiepositionen

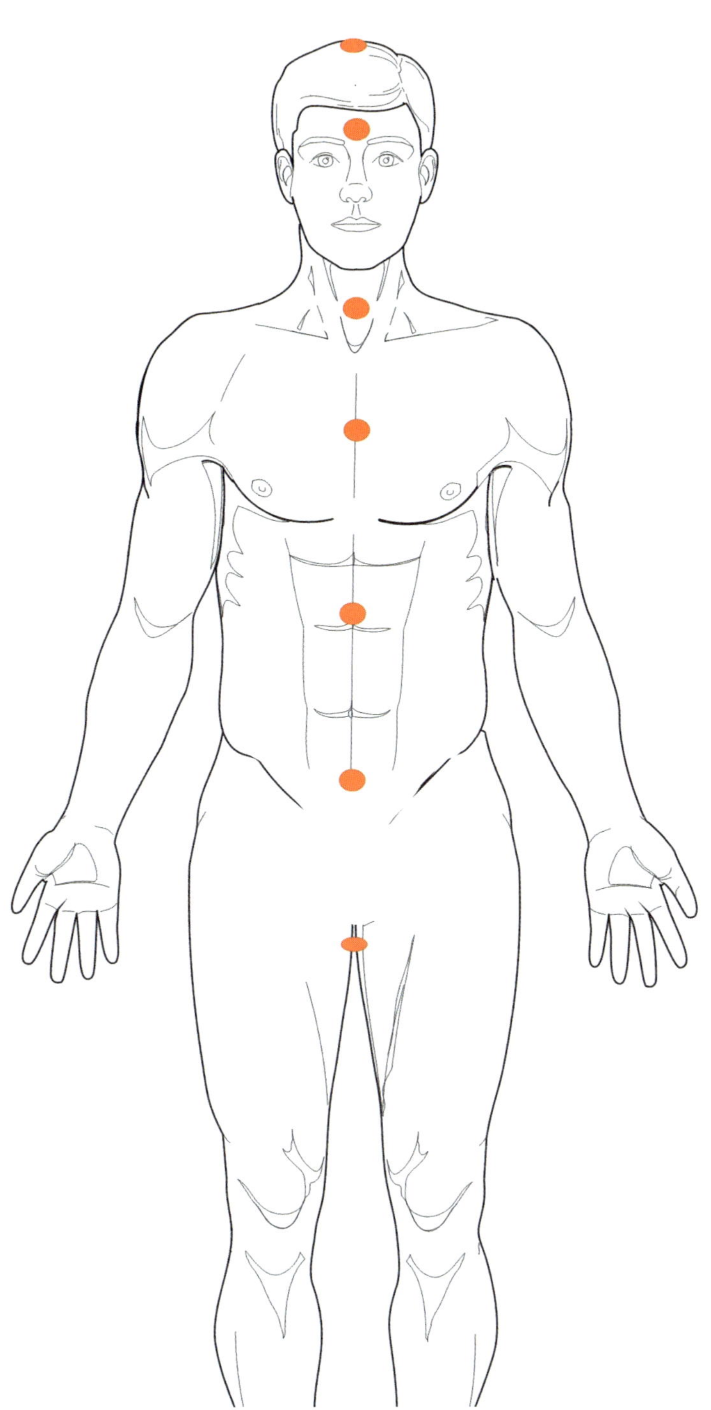

Dr. Mikao Usui Healing-Code
nach Annes und Tanjas Reiki-Heilerschule

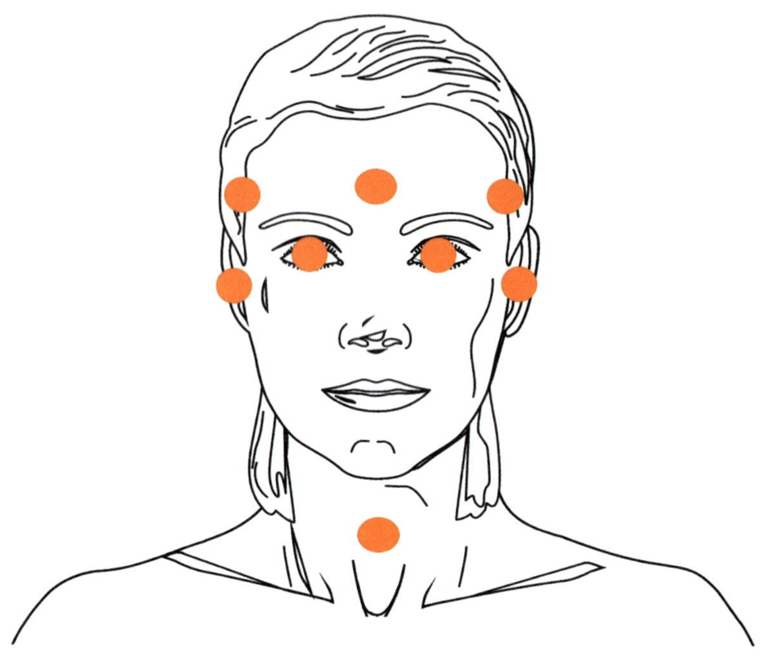

Der Reiki-Healing-Code –
von Annes und Tanjas Heilerschule

1. **Beide Augen**
2. **Beide Schläfen**
3. **Beide Ohren**
4. **Halschakra**
5. **Stirnchakra**

Halte diese Positionen jeweils 30 Sekunden lang und wiederhole die Positionen 3-mal.

Tanjas 3-Minuten-Healing-Code

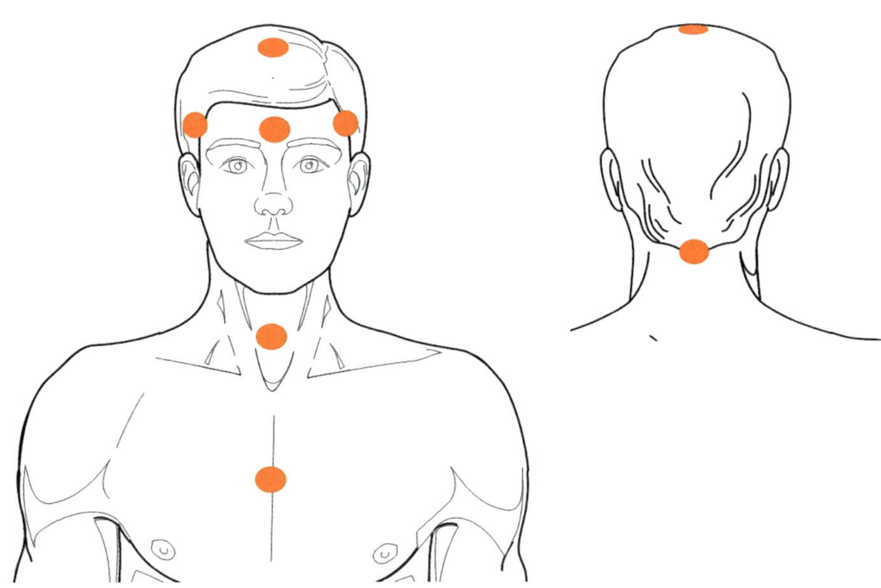

Selbstheilungspositionen

1. Stirnchakra
2. Beide Schläfen
3. Halschakra
5. Herzchakra
6. 1. Halswirbel / Hinterkopf
7. Kronenchakra

Halte diese Positionen jeweils 10 Sekunden bis 30 Sekunden lang und gehe dann zur nächsten Position.

Wiederhole das Ganze mindestens 3 Minuten lang.

Psyche-Entspannungs-Code

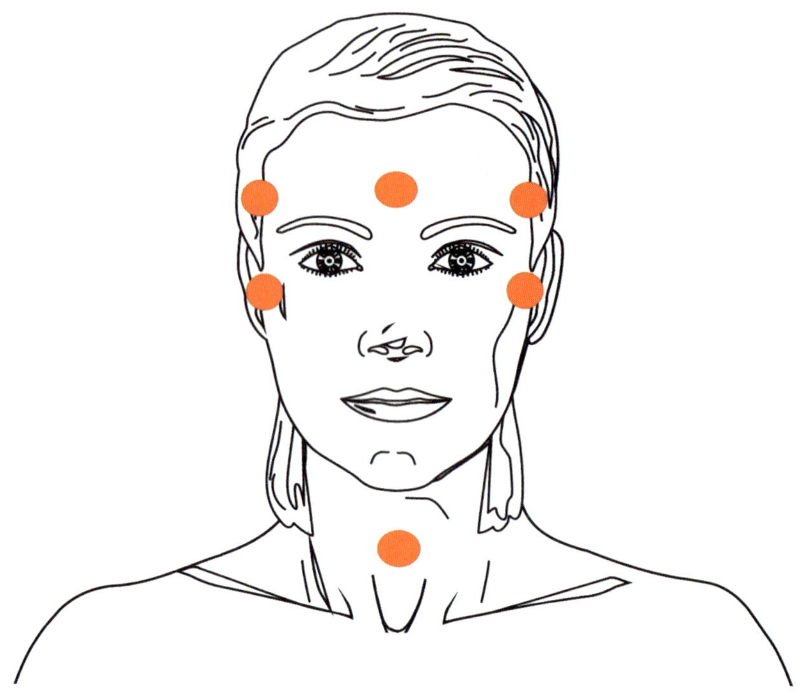

Positionen gegen geistige Erschöpfung und Depressionen. Reihenfolge nach Dr.-Alex-Loyd.

1. Stirnchakra
2. Halschakra
2. Beide oberen Jochbeine (Kiefer)
4. Beide Schläfen

Zwischen Ohr und Jochbeingelenk sitzen sehr viele Akupunktur-Endpunkte. Halte diese Positionen jeweils 10–30 Sekunden und gehe dann zur nächsten Position.

Das Ganze 5 Minuten lang.

Kopf-Meridiane-Energiepunkte

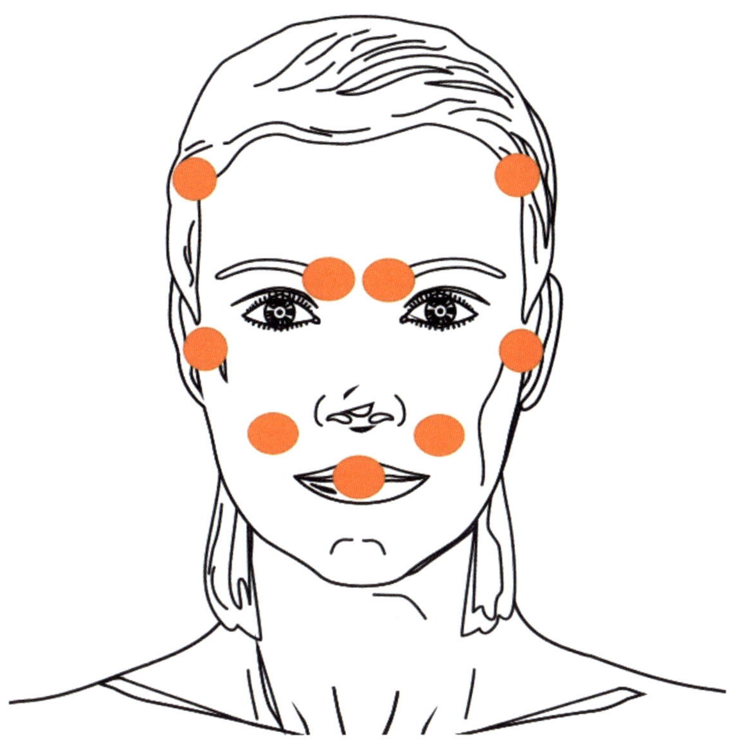

Meridianaktivierungspunkte

1. Augenbrauen
2. Zwischen Ohr und Kiefergelenk
3. In der Mitte über dem Oberkiefer
4. Am höchsten Punkt des Gaumens (im Mund)
5. Geheimratsecken

Für den Gaumenpunkt bitte den Mund leicht öffnen und die Fingerspitzen Richtung Gaumenplatte halten. Dieser Meridianpunkt liegt am höchsten Punkt des Gaumens. Jede Position für 10–20 Sekunden und insgesamt 3-mal ausführen.

Tanjas Bewusstseinserweiterungs-Energiepositionen

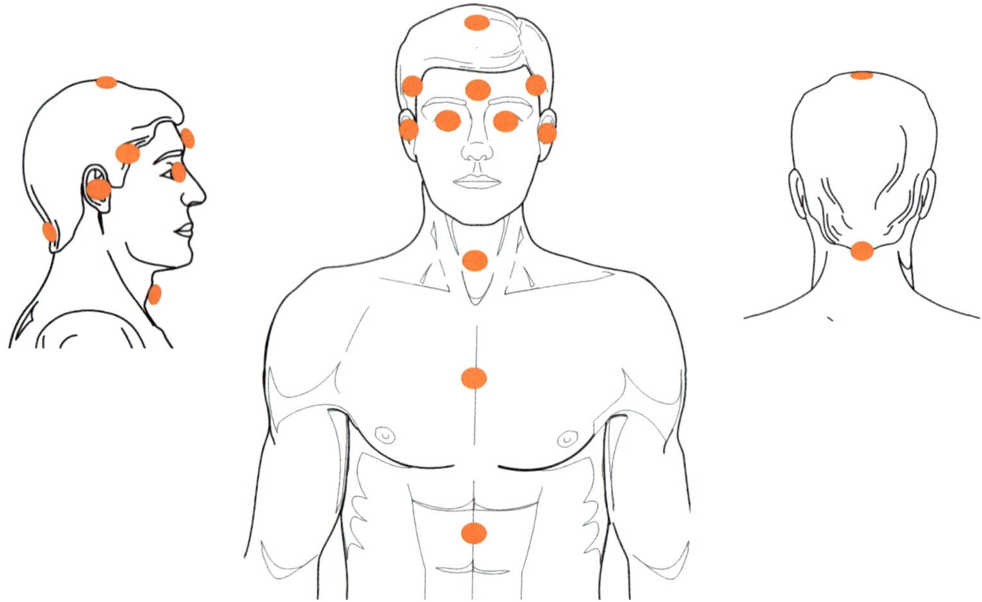

Bewusstseinserweiterungs-Code

1. Stirnchakra
2. Beide Augen
3. Beide Ohren
3. Halschakra
5. Herzchakra
6. Solarplexus
7. Beide Schläfen
8. Hinterkopf / 1. Halswirbel
9. Kronenchakra

Halte die erste Position 10-20 Sekunden und gehe dann zur nächsten Position. Wenn Du bei der letzten Position bist, fange wieder bei eins an. Ideal sind 2-3 Wiederholungen, also das Ganze mindestens 5 Minuten lang. Mit der Zeit wirst Du die Energie der Chakren und Knotenpunkte fühlen lernen und weißt genau, wo Schwachstellen sind und Du länger halten musst. Lasse Dich einfach führen. Die Zeitangaben sind Minimalangaben. Das heißt, Du solltest Dir täglich mindestens diese Zeit nehmen, um Dein Energiesystem im Kopf in Ordnung zu bringen.

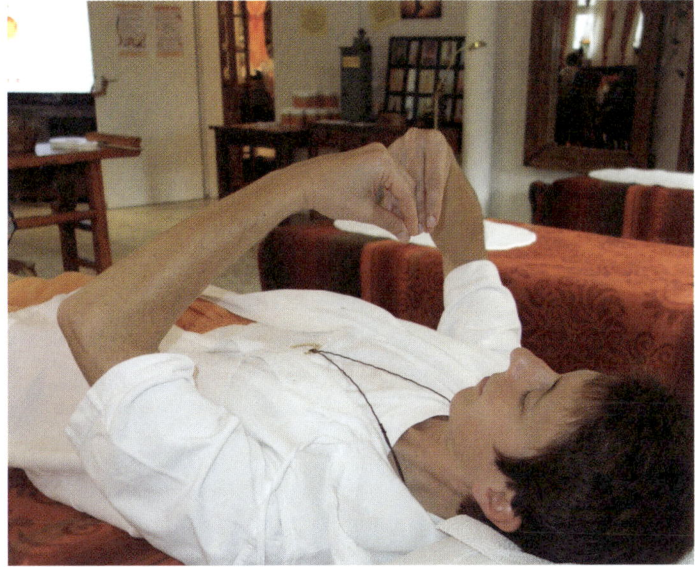

Du sollst bitte nicht alle vorgestellten Heil-Codes täglich durchführen, sondern suche Dir jeden Tag einen aus.

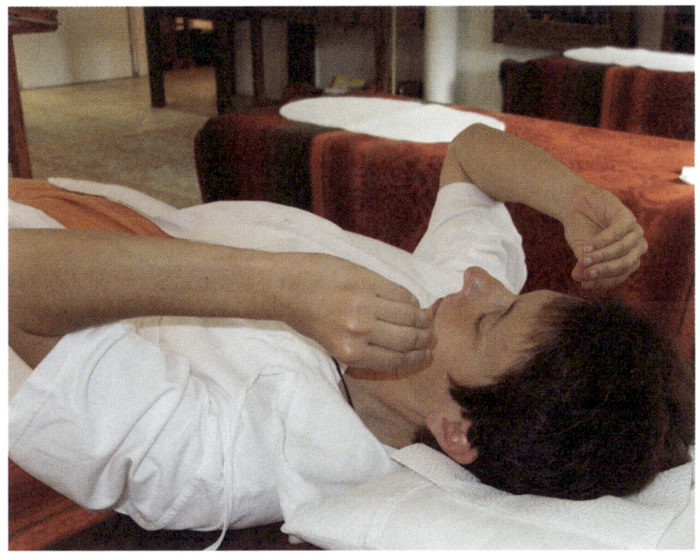

Die ideale Zeit zur Durchführung der Healing Codes ist am Morgen oder Abend im Bett. Natürlich lassen sich die Heilpositionen bei Bedarf zu jeder Zeit, an jedem Ort und in beliebiger Form durchführen.

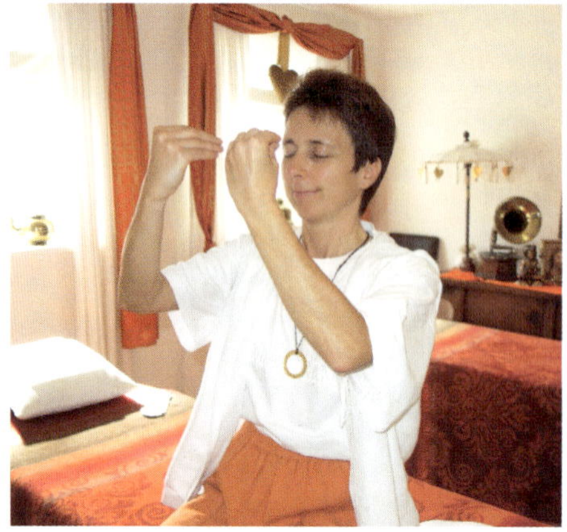

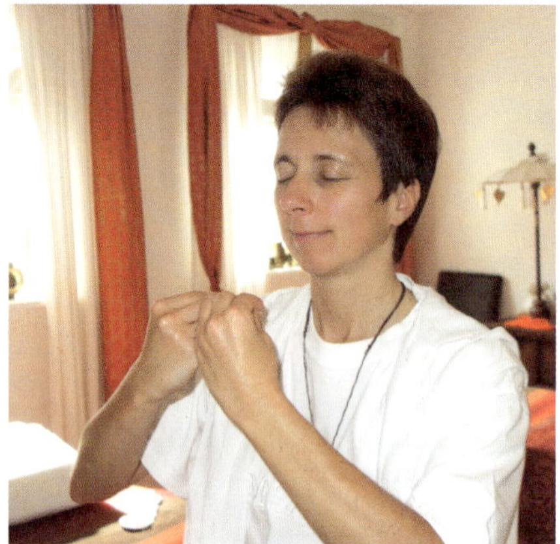

Den Hinterkopf erreicht man am besten in Seitenlage oder in einer aufrechten Haltung.

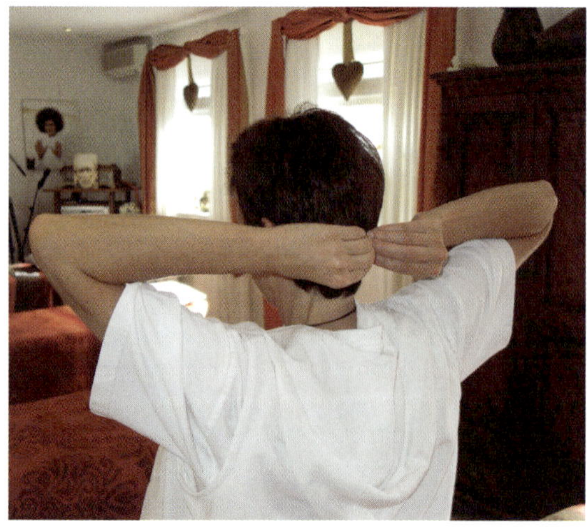

Je öfter Du praktizierst, desto besser. Wenn Du spürst, wie es Dir hilft und Dich weiterbringt, machst Du ganz von alleine weiter. Selbstdisziplin und tägliche Anwendung sind allerdings am Anfang sehr wichtig.

Lichtkartensegnung

Eine weitere Möglichkeit, Dein Bewusstsein anzuheben, ist durch einen Lehrer, ein Vorbild, einen Guru oder hohe Energiekräfte. In dem Moment, wo Du Dich auf höhere Kräfte konzentrierst, fließt von diesen Energie zu Dir hin. Lehrer können auf diese Weise ihr Wissen auf direktem Weg, als energetischen Austausch an den Schüler übertragen. Dieser Prozess wird auch Einweihung genannt. Man lernt nicht nur durch das, was der Lehrer erzählt, man lernt vor allem durch ihn selbst, seine Ausstrahlung und seine Schwingung. Diese überträgt sich immer beim Unterricht und das ist das eigentliche Lernen. Eine Energieanhebung findet statt.

Auf der nächsten Seite findest Du eine Heilkarte, die ich zur Bewusstseinserweiterung programmiert habe. In dieser Energiekarte sind Gebete, positive Programmierungen, gesunde Kräfte gebunden, die Dir, sobald Du die Karte berührst, zufließen.

Diese Programmierung von Heilkarten habe ich 2002 von Anne Hübner gelernt. Sie ist die Erfinderin dieser Energiemedizin, die man auch als den modernen Medizinbeutel (heiliges Gut) bezeichnen kann.

Solch eine Karte ist wie ein Türschlüssel, wie eine Segnung oder Einweihung. Sobald man die Karte berührt, geht die Tür auf und man ist mit der höheren Energie verbunden. Wie Anne gerne sagt, durch eine Einweihung erfahrt ihr einen Quantensprung in eurer spirituellen Entwicklung. Hier jetzt also ein moderner Medizinbeutel für Dich zur Bewusstseinserweiterung.

Auf der letzten Seite ist diese Lichtkarte noch ein zweites Mal etwas verkleinert abgedruckt, damit Du diese Buchseite ausschneiden und bei Dir tragen kannst. Am besten laminierst Du Dir diese Lichtkarte, damit sie länger hält.

Anwendung: Quantenenergie tanken

Nun lege Dich hin, komme in Deinen erweiterten Bewusstseinszustand und lege das auf der Seite mit der Abbildung der Lichtkarte aufgeschlagene Buch auf Deinen Solarplexus, also auf Dein 3. Chakra. Nimm Dir zehn Minuten Zeit und versuche die Geistigen Kräfte, die nun Deine Energie anheben, wahrzunehmen.

Du kannst auch auf die Abbildung ein Glas Wasser abstellen und das Wasser trinken, die Wirkung ist die gleiche. Auch bei gesundheitlichen Beschwerden kannst Du diese Lichtkarte anwenden, lege sie dafür einfach auf Deine Problemstelle.

Öffnung der 8 Sinne!

Lichtkarte zur Bewußtseinserweiterung

Erfahre Deine 7. höheren Sinne in aktiver Form und erlebe den 8. Sinn in Aktion!

Botschaft zum Thema Quantensprung

Ein Lebens-Weg in Liebe ist das höchste Gut, was ein Erdenmensch erlangen kann. **Was ist Liebe?**

Wenn wir jetzt vom Quantensprung sprechen, dann sollt Ihr wissen, dass auch die Hinführung zur Liebe ein Quantensprung im Leben eines Menschen ist.

Alles ist Energie und wenn Ihr liebt, ist Eure Energie eine andere, als wenn Ihr in Eurem Alltag ohne Einschaltung Eurer Herzensfrequenz einhergeht.

Alles was Güte, Seligkeit, Glück, Freude, Frieden, Heiterkeit und Fröhlichkeit in Euren Gedanken zulässt, ist bereits der Quantensprung (Zustandswechsel) in eine aufgestiegene Ebene, wo die göttliche Nahrung auf Euch wartet.

Nun lest Ihr über den Quantensprung aus der Sicht der Wissenschaft und es liest sich gut, was da beschrieben wird! Und Ihr werdet bestätigt, wie segensreich Eure göttliche Führung ist.

Ihr gingt auf Entdeckungsreise, schriebt vom Quantensprung schon längere Zeit, ohne genau zu wissen, was wirklich damit gemeint ist. Das Wissen kam von innen nach außen und das zeigt Euch, wie wissend Ihr in Euch selbst seid! Erkennt, dass Euch diese Gedanken eingegeben werden, genau in dem Augenblick, wenn dieses Thema sich der Menschheit in seiner Klarheit, in seiner Logik, in seiner Umsetzbarkeit und Annehmbarkeit offenbart. Die Quantenphysik ist die geistige Heilung!

(Anne Hübner 2009)

Liebe

Die stärkste Energie im Universum ist die Liebe. Ich meine hier nicht die Liebe zwischen zwei Menschen, auch nicht die körperliche Liebe, sondern die universelle Liebe zu allen Lebewesen. Diese Liebe zu allen Lebewesen und allem, was ist, zu entwickeln, ist ein fortwährender persönlicher Prozess, der ständige Aufmerksamkeit im Alltag erfordert. Wer einmal die universelle Liebe erfahren hat, wird von selbst bestrebt sein, diese Kraft zu mehren und immer weiter zu entwickeln. Ein Patentrezept gibt es dafür nicht, denn die Liebe ist das Leben, und jeder sollte immer in Liebe leben! Diese Liebeskraft hat ihren Sitz im Herzchakra. Hier fühlt man das Mitgefühl und den tiefen inneren Wunsch, jedes Lebewesen zu lieben und diesem Energie zu geben. Das Herzchakra, sowie das Kronenchakra werden aktiv, wenn alle anderen Chakren ausgeglichen sind.

Aber was ist mit der Geisteskraft oder auch Willenskraft genannt?

Hier denke ich an den Film *Green Lantern,* der davon erzählt, dass die stärkste Kraft im Universum die Willenskraft ist. Ein sehr guter spiritueller Film übrigens, in dem es um die Kraft der Angst geht und darum, wie man seine Gedankenkräfte fokussiert. Nun, der Wille ist abhängig vom Bewusstsein des Menschen. Ist der Wille aus dem Ego heraus geboren, hat der Wille wenig Kraft. Ist er aus der Angst geboren, verhält es sich genauso. Ist der Wille eines Menschen jedoch in Übereinstimmung mit göttlichem Willen, dann wirkt die Willenskraft der Liebe, und das ist die stärkste Energie überhaupt. Hierzu passt:

Mein Wille ist der Wille Gottes!

Die Kraft der Liebe ist nicht nur eine Energie, sie ist auch gleichzeitig Information, Wissen und Weisheit. Sie ist das höchste Bewusstsein.

Liebe ist ein kostbarer Diamant,

der nur im Reich der Liebe erhältlich ist und nirgendwo sonst. Das Königreich der Liebe hat seinen Sitz in jedem liebevollen Herzen.

Liebe kann nur in einem Geist (mind) erfahren werden, in dem die Liebe fließt. Der kostbare Diamant der Liebe kann nicht nur durch Meditation oder das Befolgen vorgeschriebener heiliger Rituale erlangt werden. Diese geben bestenfalls mentale Zufriedenheit.

Je größer eure Liebe zu Gott ist, desto größer ist die Glückseligkeit, die ihr erlebt. Wenn die Liebe in euch nachlässt, nimmt proportional dazu auch eure Freude ab. Ihr müsst also euer Herz mit Liebe zu Gott füllen. Liebe wird euer Herz nicht betreten, wenn es bereits voller Selbstsucht und Eingebildetheit ist.

Vergesst somit euer kleinliches Selbst und konzentriert eure Gedanken auf Gott. Wenn ihr Gott liebt, werdet ihr ihn überall sehen. Die Essenz aller spirituellen Disziplin ist in Liebe enthalten.

(Sathya Sai Baba, aus einer *Ansprache vom 2.9.1991*)

So viel in dir die Liebe wächst, so viel wächst die Schönheit in dir. Denn die Liebe ist die Schönheit der Seele.
Augustinus

Bewusstsein

Das Bewusstsein ist wie die Liebe ein Begriff, der sich nur schwer definieren lässt. Jeder hat Bewusstsein und möchte es erweitern, aber was es genau ist, kann niemand so richtig erklären. Aus meiner Sicht ist Bewusstsein der Geist des Menschen, die Persönlichkeit, die im Körper agiert.

www.wikipedia.de meint dazu Folgendes: Der lateinische Begriff für Bewusstsein bedeutet übersetzt so viel wie „Mitwissen" und der griechische Begriff „Miterscheinung" oder „Mitbild". In anderen Sprachen bedeutet er Mitwahrnehmung, Mitempfindung und das Bei-Sinnen-Sein. Der Begriff benennt im weitesten Sinne das Erleben mentaler Zustände und Prozesse. Das deutsche Wort „Bewusstsein" wurde von Christian Wolff als Lehnübersetzung des lateinischen „conscientia" geprägt. Im Lateinischen hatte conscientia ursprünglich eher Gewissen bedeutet und war zuerst von René Descartes in einem allgemeineren Sinn gebraucht worden.

Eine allgemein gültige Definition des Begriffes ist schwer möglich. Der Begriff „Bewusstsein" hat im Sprachgebrauch eine sehr vielfältige Bedeutung, die sich teilweise mit den Bedeutungen von „Geist" und „Seele" überschneidet. Bewusstsein bedeutet auch „belebt sein" oder „beseelt sein". Die wissenschaftliche Forschung beschränkt sich vor allem auf klar definierte Bewusstseinszustände, sie untersucht beispielsweise das „bei Bewusstsein sein". Damit ist der wachbewusste Zustand von Lebewesen gemeint, der sich unter anderem vom Schlafzustand, der Bewusstlosigkeit und anderen Bewusstseinszuständen abgrenzt.

Ein Lebewesen, das **phänomenales Bewusstsein** besitzt, nimmt nicht nur Reize auf, sondern erlebt sie auch. In diesem

Sinne hat man phänomenales Bewusstsein, wenn man etwa Schmerzen hat, sich freut, Farben wahrnimmt oder friert. Ein Lebewesen, das **gedankliches Bewusstsein** besitzt, hat Gedanken. Wer also etwa nachdenkt, sich erinnert, plant oder erwartet, dass etwas der Fall ist, hat ein solches Bewusstsein. **Selbstbewusstsein** in diesem Sinne haben Lebewesen, die nicht nur phänomenales und gedankliches Bewusstsein haben, sondern auch wissen, dass sie ein solches Bewusstsein haben. **Individualitätsbewusstsein** besitzt, wer sich seiner selbst und darüber hinaus seiner Einzigartigkeit als Lebewesen bewusst ist und die Andersartigkeit anderer Lebewesen wahrnimmt. Man trifft es beim Menschen und andeutungsweise im Verhalten einiger Säugetierarten an.

In der indischen Mythologie formt **Dharma** (die Göttliche Ordnung) das Gewissen und den Charakter. **Der Aufbau einer dharmischen Gemeinschaft bewirkt eine Anhebung des Bewusstseins**, verringert das Ego und veredelt unseren Charakter.

Unsere Bemühungen um Einheit und Harmonie innerhalb der Gesellschaft sind ein Mittel, innere Einheit in Gedanken, Wort und Tat zu erlangen, was gleichbedeutend ist mit Einheit von Kopf, Herz und Hand. Zuerst kommt Selbstvertrauen, dann Selbstzufriedenheit (Zufriedenstellen unseres Gewissens) und schließlich Selbstaufopferung, die zur Selbsterkenntnis führt.

Gibt es in der Welt ein Ding, das keinen Schöpfer hat? Betrachtet einen Lautsprecher. Er hat die Kraft, Klang weit jenseits der Stimme eines Einzelnen zu verbreiten und muss jemanden haben, der das notwendige Wissen und die Fähigkeit hat, ihn zu entwickeln und herzustellen. Dieser Jemand mag in Deutschland, der Schweiz oder Japan sein und ist vielleicht unsichtbar für euch! Wäre dieser Lautsprecher ohne diesen Menschen entstanden? Nein! Ebenso gibt es für alles, dessen ihr euch in

dieser Welt erfreut, einen Schöpfer. Die funkelnden Sterne, die Sonne und der Mond, welche die Welt erleuchten, wurden von einer Höchsten Unendlichen Energie erschaffen. Es ist offensichtlich, dass kein gewöhnlicher Mensch diese Superdinge erschaffen und sicherstellen kann, dass sie nach Milliarden von Jahren immer noch funktionieren. Die Schriften (veda) beschreiben uns, dass diese Superkraft Aprameya ist – der Eine jenseits aller Beweise und Begrenzungen. Das oberste Ziel jedes Wesens in diesem Universum ist es, diese Unendliche Energie zu suchen und zu verstehen.
(Sathya Sai Baba, aus der *Ansprache vom 1.3.1981*)

Aus meiner und der Sicht vieler Bewusstseinsforscher ist unser Tagesbewusstsein eigentlich unser Unterbewusstsein. Unsere Realität ist das Unterbewusstsein, das gerade angeschaut und aufgearbeitet wird, wie man so schön sagt.

Vielleicht leben wir auch gerade einen unserer Vorstellungsträume. Ein Beispiel dazu: Du stehst im Stau und überlegst, soll ich den Stau umfahren, rechts herum, links herum, soll ich warten, was ist das Beste. In dem Moment, wo Du Dir gedanklich eine Lösung vorstellst, sie geistig durchspielst, ist sie für die vorgestellten Bewusstseinsformen in Deinem Kopf, Realität.

Du fährst im Geiste Dein Auto rechts herum, erlebst, wie das ist. In einer zweiten Realität fährst Du links herum und erlebst, wie der steinige Umweg sich anfühlt, ob Du Zeit sparst, ob Dein Auto auf dem holprigen Feldweg Schaden nimmt, was Du auf diesem Umweg erlebst. In der dritten Realität, da wartest und wartest Du. Das alles passiert in Sekundenbruchteilen in Deinem Bewusstsein und die drei Aspekte Deines Selbstes in der jeweiligen Vorstellung geben Dir eine Rückmeldung in Form der Gefühle von Energie, die sich einstellen. Angesichts der drei blitzschnell durchlebten Alternativen entscheidest Du dann, ich fahre besser rechts herum! Für die drei Aspekte Deines Selbstes, Deinen Astralkörper, waren die drei Vorstellungen der Staubewältigung Realität, es waren drei kurze Leben, die Du durchlebt hast. Die Realität, in der Du tagein, tagaus lebst und die Du für die wahre hältst, könnte folglich auch nichts anderes sein als so eine kleine Vorstellung von Dir selbst.

Eine andere Theorie der Bewusstseinsforscher ist, dass die Welt wie ein Kinobesuch ist. Du hast den Film selbst gedreht und nun schaust Du ihn Dir an, Deinen „Traum". Du gehst ins Kino, der Film ist Dein jetziges Leben, und wenn der Film zu Ende ist, dann gehst Du in Deinen nächsten Film. In einer Meditation erlebte ich einmal, dass im Grunde alle diese Filme dieselben Filme sind, die man sich aus unterschiedlichen Blickwinkeln anschaut.

Übung: Bewusstseinsausdehnung

Eine einfache Möglichkeit, sein Bewusstsein auszudehnen, ist die Neugier. Wer sich für alles interessiert und alles wissen und verstehen möchte, dehnt sein Bewusstsein aus. Man muss sein ganzes Wissen nutzen, alle Bereiche. Man kann sein Bewusstsein nur in alle Richtungen gleichzeitig ausdehnen, und dazu muss auch das Unwichtigste beachtet werden und wichtig sein.

Nun lege Dich flach auf den Boden und stelle Dir Dein Bewusstsein als Deine Aura vor und dehne es aus.

Wie ein Wassertropfen, der zerfließt, so stelle Dir Dein Bewusstsein vor, welches sich vor allem seitlich und in alle Richtungen gleichmäßig ausdehnt. Stelle Dir vor, Du hast einen ganz großen Kopf. Halte diese Vorstellung ein paar Minuten und wiederhole sie jeden Tag.

Der 8. Sinn

Auf den 8. Sinn bin ich weiter vorne im Buch immer mal wieder kurz eingegangen. Beispielsweise im Zusammenhang mit dem Film *Matrix* und seiner Darstellung dieses 8. Sinns. Wenn der höchste Schwingungszustand erreicht ist, dann ist man in der Göttlichen Ordnung. Ein Wunder! Alles ist perfekt, sei es in Vergangenheit, Gegenwart oder Zukunft. Die gerade eben noch schlimme Situation ist weg. Die schrecklichen Umstände waren nie da. Die Realität hat sich zum rundum Guten verändert, und zwar für alle Beteiligten. Man könnte es das Paradies auf Erden nennen.

Dieses Paradies zeigt sich meist nicht in seiner Ganzheit, sondern in irgendeinem Lebensbereich, in den es im Augenblick integriert ist. Das Einzige, was bleibt, ist die Erinnerung an einen Zustand voller Leid und Begrenzung, und selbst dann weiß man nicht mehr, ob das Erinnerte nicht nur ein Traum gewesen ist, denn alle Umstände haben sich inzwischen zum Ideal hin verändert.

So funktioniert zum Beispiel die geistige Heilmethode der „Göttlichen Aufrichtung“, welche ich in meinem Buch „Die Geistige Wirbelsäulenaufrichtung“ beschreibe. Die gesamte Körperstatik eines Menschen wird innerhalb einer Sekunde von „krumm und schief“ auf „perfekt aufgerichtet und gerade“ verändert. Schlimme Wirbelsäulenverkrümmungen sind zugunsten eines perfekten Rückens verschwunden, so, als wären die über Jahre schief gewachsenen Knochen nie da gewesen. Der Mensch ist ein neuer Mensch und seine alte Realität ist für immer verschwunden, einfach ausgetauscht, man kennt sie nicht mehr, sie bleibt nur noch schwach in Erinnerung.

Eine andere Begebenheit, die ich erzählen möchte, ist die Geschichte eines Mannes, der ein solch schlimmes Schicksal vor sich hatte, dass sich seine Gedanken nur noch um dieses eine, in ein paar Wochen stattfindende schreckliche Ereignis drehten, welches seine Lebensumstände gebildet hatten. Er hatte schon mit seinem Leben abgeschlossen. Aus letzter Kraft und Not heraus konnte er nur noch zu Sathya Sai Baba beten. Er tat das den ganzen Tag lang und versuchte hohe Energien in sich hineinzuziehen, um die zermürbenden Gedanken aus seinem Kopf zu vertreiben. Als das schreckliche Datum kam, trat nichts von dem ein, was er befürchtet hatte. Der Mann wusste sogar nicht einmal mehr, was dieses schlimme, todbringende Ereignis überhaupt gewesen sein sollte. Die ganze unheilvolle Lebenssituation war einfach weg und es hatte sich ein neues Leben materialisiert. Alles war gut.

Materialisationen und Teleportationen fallen meiner Meinung nach auch unter den 8. Sinn.

Wenn der 8. Sinn aktiv ist, braucht man nicht mehr hellsehen, was die beste Zukunft ist, sie findet im Augenblick schon statt. Mir ging es auch einmal so, als das ganze Leben in schlimmen Bahnen zu verlaufen schien und ich keine hoffnungsvolle Zukunft mehr sah. Ich machte die Übung, die ich weiter unten beschreibe. Bereits als ich mitten in der Übung war, rief mich eine Frau an. Sie erzählte mir, dass wir uns letztes Jahr getroffen hätten und sie mir durch ihre Unachtsamkeit einen Schaden zugefügt habe. Zur Wiedergutmachung bot sie mir einen kostenlosen Messestand auf ihrer nächsten Messe an. Ich war überwältigt, das war genau die Lösung für meine aktuellen riesengroßen Probleme. Das Beispiel ist zwar kein Beleg für eine komplette Realitätsveränderung, wie sie stattfindet, wenn der 8. Sinn wirkt, zeigt aber, dass göttliche Energien sofort wirken, wenn eine Bewusstseinsumstellung stattfindet, und das Leben schlagartig verändern.

Es ist schwer, die Wirkkraft des 8. Sinns zu beschreiben, man muss dies aktiv erlebt haben. Mit der nächsten Übung kommst Du schon ganz dicht an diese Schwingungsfrequenz heran.

Übung: Schöpferkraft

Sorge für eine ungestörte Zeit und einen ruhigen Raum. Suche Dir eine entspannte Position im Liegen oder Sitzen. Begebe Dich in einen erweiterten Bewusstseinszustand. Denke nichts. Konzentriere Dich auf den Begriff **„Ausgeglichenheit"** und suche überall positive Entsprechungen dafür in Dir. Vergewissere Dich, dass Du ausgeglichen bist, sage Dir, ich bin ausgeglichen, versichere Dir, dass Du vollkommen ausgeglichen bist, fühle, dass Du ausgeglichen bist. Verbinde alle Deine Sinne mit Ausgeglichenheit. Tue dies so lange, bis Du an Deine Ausgeglichenheit wirklich absolut glaubst und in ihr bist.

Dann nehme die zweite Energie dazu, **„Sicherheit"**. Sei Dir absolut sicher, fühle Dich sicher, gibt Dir Sicherheit und bleibe dabei absolut ausgeglichen. Wenn Du Dir vollkommen sicher bist, nimm den nächsten Begriff dazu.

„Gelassenheit". Sei absolut gelassen und rede Dir dies ein, besser noch, fühle, dass Du gelassen bist, integriere die Gelassenheit in alle Deine Zellen, in jeden Aspekt Deines menschlichen Seins und sei Dir absolut dessen sicher und bleibe vollkommen ausgeglichen in Deiner Gelassenheit.

Nun kommt die **„Unbegrenztheit"** dazu. Wisse, dass Du unbegrenzt bist, sei unbegrenzt, vergewissere Dich, dass Du vollkommen grenzenlos bist, bleibe gelassen und ausgeglichen und sei Dir Deiner Unbegrenztheit vollkommen sicher.

Als Nächstes nimm die **„Allmacht"** dazu. Wisse, dass Du allmächtig bist, vollkommen allmächtig. Sei Dir dessen absolut sicher. Sei Dir absolut sicher, dass Du unbegrenzt und allmächtig bist, und bleibe gelassen und ausgeglichen.

Nun kommt die **„Liebe"** dazu. Liebe Dich, liebe die Welt, liebe Dein Leben, liebe alles, sei die grenzenlose und unbegrenzte Liebe. Sei absolut sicher, dass Du allmächtig bist und jeden grenzenlos liebst. Du bist die allmächtige, unbegrenzte Liebe. Bleibe dabei vollkommen ausgeglichen und sei absolut gelassen dabei.

Halte diese Schwingung und vertiefe sie immer mehr! Halte dies so lange, wie Du kannst!

ASGUAL

- **Ausgeglichenheit**
- **Sicherheit**
- **Gelassenheit**
- **Unbegrenztheit**
- **Allmacht**
- **Liebe**

Wenn Du ein bestimmtes Problem hast, dann kannst Du diese Übung mit Deinem Problem verbinden.

Stelle Dir die ideale Lösung des Problems vor oder stelle Dir Dein Leben ohne diese problematische Situation und Umstände vor und sei absolut ausgeglichen, sicher, gelassen ... allmächtig und so weiter. Ist die Situation in Dir verändert, dann spiegelt sich das im Außen sofort wider. Wie innen, so außen.

Astralreisen

Die ersten fünf Astralkörper:

1. Physischer Energiekörper
2. Emotionalkörper
3. Mentalkörper
4. Astralkörper
5. Spiritueller Energiekörper

Die fünf Astralkörper sind identisch mit den ersten fünf Aurakörpern, wie ich sie weiter vorne im Buch beschrieben habe, nur über die genauen Funktionen und Namen sind sich die Bewusstseinsforscher noch uneinig, und somit variiere ich hier etwas, so, wie es aus meiner Erfahrung heraus am zutreffendsten ist.

Astralreiseerfahrungen habe ich mit dem 3. bis 5. Energiekörper gemacht. Als Kind passierte mir ständig, dass ich meinen Körper verließ. Da ich nicht wusste, was da vor sich ging, hatte ich Angst. Die Fähigkeit verschwand mit dem Älterwerden, aber als ich später auf Bücher zum Thema Astralreisen stieß und wieder bewusst trainierte, kehrte sie zurück.

Je nachdem, mit welchem der Energiekörper das Tagesbewusstsein gekoppelt ist, wenn man den physischen Körper verlässt, besitzt man andere Fähigkeiten und Wahrnehmungen während einer Astralreise.

Bei der idealen Astralreise verlässt man seinen Körper mit einem möglichst tiefen Astralkörper der unteren Stufen und bewegt sich damit fast wie mit seinem echten Körper durch die physische Welt. Man nimmt alles auch genauso wie mit seinem echten Körper wahr. Mit dem Unterschied, dass man durch Wände gehen und sogar fliegen kann. Dieser Astralkörper kann von außenstehenden Personen, wenn diese eine erhöhte Sinneswahrnehmung haben, mit den physischen Augen gesehen werden. Oft werden Geister von Verstorbenen mit den Geistern von lebenden Menschen, die eine Astralreise machen, verwechselt.

Mit Astralkörpern höherer Stufen kann man andere Welten und andere Dimensionen erforschen. So besuchte ich eine Zeit lang im Astralraum höhere Unterrichtsklassen und ging zur Schule wie auf der Erde. Das war sehr informativ, aber auch sehr anstrengend, nun, wie in der realen Schule. Auch kann man auf diese Weise in die Vergangenheit reisen und sogar in die Zukunft. Selbstverständlich lassen sich auch andere Planeten erforschen. Es gibt zwei Arten astral zu reisen, zum einen nach außen in die physische Welt und darüber weit hinaus in andere Welten, oder man richtet sein Bewusstsein nach innen und reist durch ein Chakra nach innen.

Eigentlich führt jede Astralreise nach innen, denn da man feinstofflicher wird, geht man nach innen zur feineren Schwingung obwohl man sein Bewusstsein ausdehnt und energetisch größer wird. Wo ist Gott, innen oder außen? Natürlich in beidem, aber wenn man von den kleinsten Teilchen ausgeht, dann geht es Richtung der feinerer Schwingung nach innen obwohl man gleichzeitig von der Schwingung her größer wird und sich ausdehnt. Nun, diese Details sind im Moment nicht so wichtig, zur Zeit freuen sich die Menschen, wenn sie es überhaupt schaffen, eine Astralreise zu machen, egal wohin sie führt.

Die richtige Schlafhaltung und das Einschlafen sind das Wichtigste beim Astralreisen. Zur Schlafhaltung gibt es zahlreiche Empfehlungen und die unterschiedlichsten Meinungen. Meine ganz persönlichen Erfahrungen sind die folgenden.

Es ist nicht gesund, auf der Seite zu liegen, egal wie viele Spezialkissen man hat. Die Hauptenergieachse, die Wirbelsäule wird in der Seitenlage immer gekrümmt und dadurch blockiert. Energetisch ist es besser, wenn Du möglichst gestreckt liegst. Die flache Rückenlage ist die beste Schlafstellung mit möglichst flachem Kopfkissen oder ohne. So kann die Energie wunderbar durch die Wirbelsäule fließen und die Chakren sind offen. Die Bauchlage ist nicht zu empfehlen, denn der Hals verdreht sich unweigerlich.

Wie soll ich mich umgewöhnen, wirst Du fragen.

Viele Menschen sagen, sie könnten nur auf einer bestimmten Seite schlafen. Ich sage, das ist nur eine Gewohnheit, die man ändern kann.

Übung: Die Schlafhaltung ändern

Stelle Dir nachts alle zwei Stunden den Wecker und jedes Mal, wenn Du aufwachst, überprüfst Du Deine Schlafhaltung und korrigierst sie, wenn es nötig ist. Natürlich tust Du das in Deiner neuen Bewusstseinshaltung, also mit Freude, Leichtigkeit und positivem Denken. Dein Schlaf wird viel gesünder. Fühle Dich wohl und zähle auf, welche Vorteile es mit sich bringt, wenn Du in einer anderen Haltung schläfst.

Nachts aufzuwachen und sich an seine Träume und Gedanken zu erinnern ist hilfreich, um das Bewusstsein zu erweitern. Nachts senden die höheren Energieebenen Botschaften aus und man erhält viele Hinweise und auch Unterricht. Leider erinnern sich die meisten Menschen nicht daran oder stecken in tieferen, nicht so erkenntnisfördernden Phantasien und Traumebenen fest.

Am nächsten Morgen ist diese Vielzahl von Hinweisen und Träumen vergessen. Man erinnert sich gerade mal an ein oder zwei Träume, aber das sind meistens nicht die wichtigen, die man in der Tiefschlafphase hat. Im Zuge der Korrektur Deiner Schlafhaltung kannst Du die Empfänglichkeit für diese Botschaften gleich wunderbar mittrainieren. Früher hatte ich immer Wecker, Schreibblock und Taschenlampe am Bett liegen, ließ mich alle eineinhalb Stunden wecken und notierte mir schnell, was ich erlebt hatte. So bekam ich bald Zugang zu höheren Astralebenen und konnte nachts direkt mit der Geistigen Welt kommunizieren. Von da an gestaltete sich mein Leben immer leichter.

Ein Schlaf im Anderthalb-Stunden-Rhythmus ist nicht ermüdend, im Gegenteil. Wenn Du öfters wach wirst nachts, kannst Du besser entspannen und Dein Bewusstsein verändern, um noch besser zu schlafen. Wer öfters aufwacht, findet mehr Erholung als beim Durchschlafen. Also, freue Dich wirklich, wenn Du nachts wach wirst! Nach einer Woche Training weckt Dich Dein Körper automatisch und Du kannst die Weckzeiten reduzieren. Nach zwei bis vier Wochen solltest Du Dich an die neue Schlafhaltung gewöhnt haben und sie als angenehm empfinden.

Viel schlafen solltest Du sowieso nicht. Je älter der Mensch wird, desto weniger Schlaf benötigt er. Vier bis sechs Stunden sind genug. Zur Erholung verhilft ein ausgeglichener Tagesablauf besser als Schlaf. Die spirituellen Lehrer, zum Beispiel die Gurus in Indien, schlafen gar nicht. Ich kenne Menschen, die schlafen nur zwei bis drei Stunden in der Nacht und sind viel leistungsfähiger als ein Acht-Stunden-Schläfer. Was zählt, ist die Schlafqualität. Lieber ein paar Stunden richtig locker und entspannt und vor allem bewusst schlafen, als stundenlang halb ohnmächtig vor sich hindösen und morgens noch müder und gestresster aufwachen.

Wer sich in der Kindheit ein falsches Schlafverhalten angewöhnt hat, muss als Erwachsener üben, es zu verändern, dies gilt für den Schlaf genauso wie für alles andere im Leben. Ich selbst habe, als ich mich viel mit Astralreisen beschäftigt habe, nachts überhaupt nicht geschlafen. Mein physischer Körper schon, der hat geschlafen, aber ich war wach, konnte nachdenken oder mit meinem Astralkörper etwas unternehmen. Durch die energetische Anhebung war ich morgens noch fitter als sonst. Der Geist selbst benötigt keinen Schlaf, er ist immer wach. Mache Dir klar, was Du nachts geistig alles tun kannst, manchmal mehr als tagsüber. Ich selbst bin nachts oft unterwegs, um Patienten zu heilen, die tags bei mir waren und noch Hilfe brauchen, das Heilen geht dann viel leichter.

Schlaf braucht nur der Schwache oder Kranke. Das muss ich an dieser Stelle mit Nachdruck sagen. Viele Menschen bekommen Rückenschmerzen vom zu langen Liegen. Stelle Dir nur mal vor, wie viel mehr Zeit Du zur Verfügung hättest, wenn Du weniger schlafen würdest, und dazu als Folge des wenigen Schlafes noch ausgeruhter wärst? Es ist wirklich so. Zu viel Schlaf kann durchaus zunichtemachen, was Du Dir tagsüber erarbeitet hast. Niemand, der gesünder werden möchte kommt daran vorbei, das richtige Schlafen einzuüben.

Beherrschst Du das richtige Schlafen, kannst Du über Nacht geheilt werden! Viel Freude und Erfolg dabei!

Übung: Astralreisen

Nun möchte ich die Technik vorstellen, die ich in den meisten Fällen anwende, wenn ich auf eine Astralreise gehen möchte. Sie stammt vom berühmten Astralreiseforscher Robert A. Monroe, dessen Bücher ich nur empfehlen kann. Robert A. Monroe stellte fest, dass 96 % seiner Astralreisen bei warmen Temperaturen stattfanden, während bei kühleren Temperaturen nichts geschah. Die optimale Körperhaltung ist die liegende Position, welche als einzige funktionierte, wobei sich eine Nord-Süd-Körperausrichtung am effektivsten erwies.

Monroes Empfehlungen zu Rückenlage und warmer Umgebungstemperatur kann ich auf dem Hintergrund meiner eigenen Astralreisen nur bestätigen. Wichtig ist darüber hinaus absolute Ruhe und Ungestörtheit.

Für viele, die das Astralreisen lernen wollen, ist Angst eine Hürde, die es zu überwinden gilt. Viele befürchten, dass sie aufgrund der Projektion sterben oder anderweitig Schaden nehmen könnten. Das stimmt natürlich nicht. Das Canterbury-Institut, welches bestens bekannt für seine okkulten Studien ist, führte ein Experiment zur Astralprojektion durch, an dem über 2.000 Menschen beteiligt waren. Keiner von ihnen wurde in irgendeiner Weise geschädigt, im Gegenteil, Astralreisen scheinen den allgemeinen Gesundheitszustand zu verbessern, da der Astralkörper sich nach Loslösung vom physischen Körper besser aufladen kann.

Entspanne Deinen Körper

Die Fähigkeit zu entspannen ist die erste Voraussetzung, vielleicht sogar der erste Schritt selbst, um eine OBE (out of body experience = außerkörperliche Erfahrung) zu erleben. Die Entspannung umfasst sowohl die körperliche als auch die mentale Entspannung. Wie Du in die Entspannung gelangst, bleibt Dir freigestellt. Beginne mit einer Meditation, nimm ein heißes Bad oder mache einen entspannenden Spaziergang.

Erreiche den Zustand des Halbschlafs

Der Zustand des Halbschlafs wird als hypnagogischer Zustand bezeichnet. Eine Möglichkeit, in diesem Zustand zu verweilen, statt einzuschlafen, besteht darin, den Unterarm anzuheben, während der Oberarm auf dem Bett oder dem Boden liegen bleibt. Sobald Du einschläfst, wird Dein Arm nach unten fallen und Du wirst wieder aufwachen. Einer meiner Geistheilerlehrer, Horst Krohne, hatte sein eigene Methode: er tauchte die eine Hand in einen Eimer heißes Wasser und die andere in kaltes Wasser. Auf diese Weise schlief er nie vollständig ein und blieb im Halbschlaf. 3D-Bilder eigenen sich ebenfalls hervorragend, um diesen Zustand zu erreichen und zu halten. Mit etwas

Übung wirst Du den hypnagogischen Zustand kontrollieren können, ohne Deinen Arm zu benutzen.

Eine andere Methode ist, sich auf einen geistigen Gegenstand oder ein bestimmtes geistiges Bild zu konzentrieren. Versuche, Dich genau auf dieses Bild zu konzentrieren, während Du einschlummerst, schlafe jedoch nicht komplett ein! Du kannst Dir auch einfach einreden, dass Du wach bleibst beim Schlafen.

Vertiefung des Zustandes

Leere Deinen Verstand. Beobachte Dein Sehfeld durch Deine geschlossenen Augen. Du kannst zum Beispiel mit geschlossenen Augen an die Decke schauen. Tue nichts anderes für eine Weile. Guck einfach durch Deine geschlossenen Augenlider auf das Schwarze vor Dir. Nach einer Weile wirst Du vielleicht Lichter aufblitzen sehen. Dies sind lediglich neuronale Entladungen. Sie haben keinen speziellen Effekt. Ignoriere sie. Wenn sie vorübergehen, hast Du den Zustand erreicht, den Monroe Zustand B nennt. Von diesem Stadium aus musst Du einen noch tieferen Zustand der Entspannung erreichen, den Zustand C – ein Zustand tiefster Entspannung, in dem sich das Körperbewusstsein komplett auflöst. Man befindet sich in einem Zustand nahezu vollkommener Leere und die eigenen Gedanken sind die einzigen wahrnehmbaren Reize. Am besten trainiert man diesen Zustand laut Monroe am Morgen nach dem Aufwachen oder nach einem kurzen Nickerchen.

Zustand der Schwingungen

Was ich nun beschreibe, ist der wichtigste Teil der Technik und zugleich der Unbestimmteste. Viele Astralreisende berichten von Schwingungen zu Beginn der Projektion. Bei mir treten sie jedes Mal auf, zuerst höre ich einen tiefen Ton, der sich wie ein

Tinnitus anhört, aber natürlich keiner ist, und dann spüre ich Energiewellen durch den Körper fließen. Ich tauche dann ganz tief in das dröhnende Rauschen ein. Diese Schwingungen können auch als schwaches Kribbeln oder wie ein elektrischer Schlag, der durch den Körper zischt, empfunden werden. Es könnte der Astralkörper sein, der den physischen Körper zu verlassen versucht.

Falls Du nicht in den Zustand der Schwingungen kommen solltest, hier eine kleine Anleitung:

Entferne jeglichen Schmuck oder Gegenstände, die in Kontakt mit Deiner Haut stehen. Verdunkle den Raum, sodass kein Licht durch Deine Augenlider dringen kann. Lege Dich hin, sodass Dein Körper entlang einer Nord-Süd-Achse liegt, wobei der Kopf zum magnetischen Norden ausgerichtet werden sollte. Lockere Deine Kleidung, bleibe jedoch bedeckt, sodass Dir etwas wärmer ist, als für Dein normales Wohlbefinden nötig ist. Versichere Dich, dass Du an Deinem Ort nicht von Lärm oder Geräuschen gestört werden kannst. Stelle wenn nötig das Telefon aus. Entspanne Dich. Suggeriere Dir, dass Du Dich während der Sitzung an alles erinnern wirst, was nützlich für Dein Wohlergehen ist. Wiederhole dies fünf Mal. Während Du atmest, konzentrierst Du Dich auf die Leere vor Dir. Denke Dir einen Punkt fünf Zentimeter von Deiner Stirn entfernt. Lasse diesen Punkt langsam in die Höhe wandern, bis er sich etwa 1,5 Meter über Deinem Kopf befindet. Nun stellst Du Dir auf der Höhe des Punktes Deine Aura vor. Stelle Dir nun vor, wie diese Ebene über Deinem Körper anfängt zu schwingen. Versuche diese Schwingungen in Deinen Körper zu transferieren. Auch wenn Du nicht weißt, was diese Schwingungen sind, wirst Du es wissen, wenn Du sie das erste Mal spürst.

Du kannst Dir auch vorstellen, Dich von der Zimmerdecke aus zu betrachten, das hilft mir immer.

Der Schwingungszustand

Lerne die Schwingungen zu kontrollieren, indem Du sie geistig von Deinem Kopf bis zu Deinen Zehenspitzen durch Deinen ganzen Körper dringen lässt. Um diesen Welleneffekt zu erzeugen, konzentrierst Du Dich auf die Schwingungen und leitest eine Welle geistig von Deinem Kopf aus Deinen ganzen Körper entlang. Trainiere dies, bis Du die Wellen auf Kommando hervorrufen kannst. Wenn Du Kontrolle über den Schwingungszustand hast, bist Du bereit, den Körper zu verlassen.

Bei mir klappt die Verstärkung der Welle nicht so gut, denn sobald ich meinen Willen einschalte und dies versuche, verschwindet sie. Also beschäftige ich mich gar nicht damit, und es geschieht von alleine. Ich gucke mir alles von einer Ecke des Raumes aus an.

Der Schlüssel zum Erfolg ist die Gedankenkontrolle. Halte Dir den Gedanken, Deinen Körper zu verlassen, fest vor Augen. Lass ihn nicht schwinden. Abschweifende Gedanken können Dich leicht aus dem Zustand werfen. Wenn Du den Schwingungszustand erreicht hast, kannst Du damit beginnen, den Astralkörper zu erkunden, indem Du eine Hand oder einen Fuß des „zweiten Körpers“ anhebst. Monroe schlägt vor, dass Du ein Glied ausstreckst, bis Du einen bekannten Gegenstand wie eine Wand oder einen Schrank berührst. Dann drückst Du den Arm oder das Bein langsam durch den Gegenstand. Ziehe das Glied nun wieder zurück in Deinen physischen Körper, verringere die Schwingungen und beende das Experiment. Liege ruhig, bis Du wieder im Normalzustand bist. Diese Übung wird Dich für die vollkommene Trennung vorbereiten.

In dieser Phase kann ich mich überhaupt nicht bewegen, ich spüre meine Füße oder Hände, aber ich kann sie einfach nicht bewegen. Ich strenge mich an, aber es geht nicht, da mein physischer Körper tief schläft. Am Anfang bin ich immer sehr erschrocken und habe gedacht, ich sei gelähmt, aber mit der Zeit habe ich mich daran gewöhnt, dass dies eine normale Zwischenphase ist.

Astralkörperabtrennung

Monroe schlägt zwei Methoden dafür vor. Eine Möglichkeit besteht darin, aus dem Körper zu schweben. Um dies zu tun, stelle Dir vor, wie Du leichter und leichter wirst, nachdem Du den Schwingungszustand erreicht hast. Denke daran, wie schön es wäre, umherzuschweben. Behalte diesen Gedanken um jeden Preis im Gedächtnis und lasse keinen störenden Gedanken eindringen. Eine Astralreise wird sich dann ganz natürlich ereignen.

Eine andere Methode ist die Rollentechnik. Wenn Du den Schwingungszustand erreicht hast, versuche Dich zu drehen, als ob Du Dich auf die Seite wendest. (Versuche jedoch nicht, Dich physisch zu drehen.) Versuche Deinen Körper quasi in Deinen zweiten Körper außerhalb Deines physischen Körpers zu drehen. Dann befindest Du Dich bald genau neben Deinem physischen Körper. Stelle Dir vor, wie Du nach oben schwebst, und Du solltest Dich über Deinem Körper wiederfinden.

Ich finde mich meistens in einer Ecke des Zimmers wieder, weil ich mich vorher von dort betrachtet habe.

Die Astralreise

Astralreisewelten gibt es unzählige. Wie schon erwähnt, ideal ist es, Du wachst in einem tiefen Astralkörper auf, dann kannst Dich 1:1 durch die physische Welt bewegen, durch Wände gehen, alles wahrnehmen, Leute beobachten und auch fliegen. Oft allerdings begegnen Dir erst einmal höhere Geistige Lehrer und Helfer, die Dich unterrichten und Dir helfen, den Astralkörper richtig aufzubauen. Man durchlebt Lebenssituationen, die man erst einmal klären muss, um seinen Astralkörper von niederen Ebenen und schweren Lasten zu befreien.

Je weniger Ballast Du aus dem Tagesgeschehen mit auf Deine Astralreise nimmst, desto besser. Jede Astralreise ist immer eine Bewusstseinserweiterung, begrüße alles, was kommt, was Du siehst und was Du erlebst, und gib Dein Bestes. Was Du erlebst, hängt maßgeblich von Deinen Wünschen direkt vor dem Einschlafen ab.

Zurück kommen

Zurück in seinen physischen Körper kommt man meistens viel zu schnell. Oft ist es ein Geräusch, eine kleine Störung, und schwups ist man zurück. Oder man erschrickt in der Astralwelt, bekommt Angst und wacht sofort in seinem physischen Körper auf. Der Astralkörper ist immer durch eine Art Energieverbindung (Schnur) mit dem physischen Körper verbunden, und sobald etwas mit dem physischen Körper in Unordnung ist, bekommt man ein Signal und das Bewusstsein kehrt zurück. Das Zurückkommen und Zurückfinden ist kein Problem, notfalls denkst Du an Deinen Fuß und wackelst mit dem Zeh, prompt bist Du wieder wach. Du brauchst Dir sowieso keine Sorgen zu machen, Deine Astralreise wird von unzähligen geistigen Helfern begleitet und betreut. Du bist immer beschützt. Für die Geistige Welt ist ein Mensch, der eine Astralreise macht, wahrscheinlich genauso spannend wie für uns die erste Mondlandung.

***Wie schön kann ein Mensch sein,
wenn du seinen Körper gar nicht mehr wahrnimmst und
nur noch seine Aura bestaunst.***
Markus Keimel

Gedächtnis und Erinnerung

Ein gutes Gedächtnis und eine perfekte Erinnerung sind nötig, um die vielen Informationen, die Dir im erhöhten Bewusstseinszustand und bei Astralreisen gegeben werden, zu behalten. Eigentlich ist das Gedächtnis nicht das Problem, denn dies speichert alles und es geht kein Wissen verloren. Das Problem liegt im richtigen Erinnern und dem Zurückholen der Informationen in das Tagesbewusstsein. Das Gedächtnis ist nicht nur im Kopf, das Gedächtnis ist das Leben. Das Gedächtnis ist überall um uns herum und die Energie geht nie verloren.

Wer geübt ist, sich zu erinnern, der kann sich auch für andere Menschen erinnern und sehen, was diese in der Vergangenheit erlebt haben. Auf einem Heilerkongress lernte ich einen Geistheiler kennen, der brauchte nur die Hand auf einen Körperteil seines Patienten zu legen, um sich perfekt erinnern zu können, was zum Beispiel das Knie der betroffenen Person erlebt hatte, wann der Mensch gestürzt ist und es verletzt wurde, welche Belastungen und Operationen es auszuhalten hatte und in welcher Reihenfolge, der Heiler wusste einfach alles.

Einen anderen Heiler, Christos Drossinakis, lernte ich auf dem Geistheilerkongress in Basel 2003 kennen. Er nahm dort an einer Studie teil und konnte sich an alle Krankheiten erinnern, die sein Patient von Geburt an hatte.

Auf die Frage, wie er das geschafft habe und die anderen Heiler nicht, antwortete er, nun, ich habe einfach viel geübt, ich habe viel trainiert und mich auf diesen Test vorbereitet.

Anne, Bettina, Christos und Tanja 2023 im Heilzentrum

Um sich an alles zu erinnern, was man selbst oder andere einmal erlebt haben, muss man ein neutrales Gedächtnis haben, das nicht von starken Energieblockaden behindert wird, wenn man dabei ist, sich zu erinnern. Anders ausgedrückt, man muss zu allem, was man erlebt hat, ein neutrales Verhältnis haben und keine Ängste, Wut oder Sorgen, die durch eine niedrigere Frequenz die Aufmerksamkeit fesseln. Durch solche Energieblockaden wird die Erinnerung verfälscht. Ich will ein Beispiel anführen: ein Tag hat 24 Stunden, man erlebt sehr viel in dieser Zeitspanne, es gibt unzählige Ereignisse. Alle diese Ereignisse sind wichtig, sonst würdest Du sie nicht erleben. Was heute für Dich unwichtig ist, kann morgen lebenswichtig sein. Auf einmal passiert etwas an diesem Tag, was Dir heute nicht gefällt, Du bekommst vielleicht Deine Kündigung. Du regst Dich sehr auf und noch wochenlang denkst Du nur an diesen schlimmen Tag.

Vor lauter Ärger kannst Du Dich nicht mehr an das Stellenangebot erinnern, das Du so nebenbei morgens im Bäckerladen gelesen hast. Dieser Job wäre für Dich viel besser gewesen als Deine alte Arbeit aber durch den Ärger hast du die Anzeige vergessen.

Der Lebenskalender

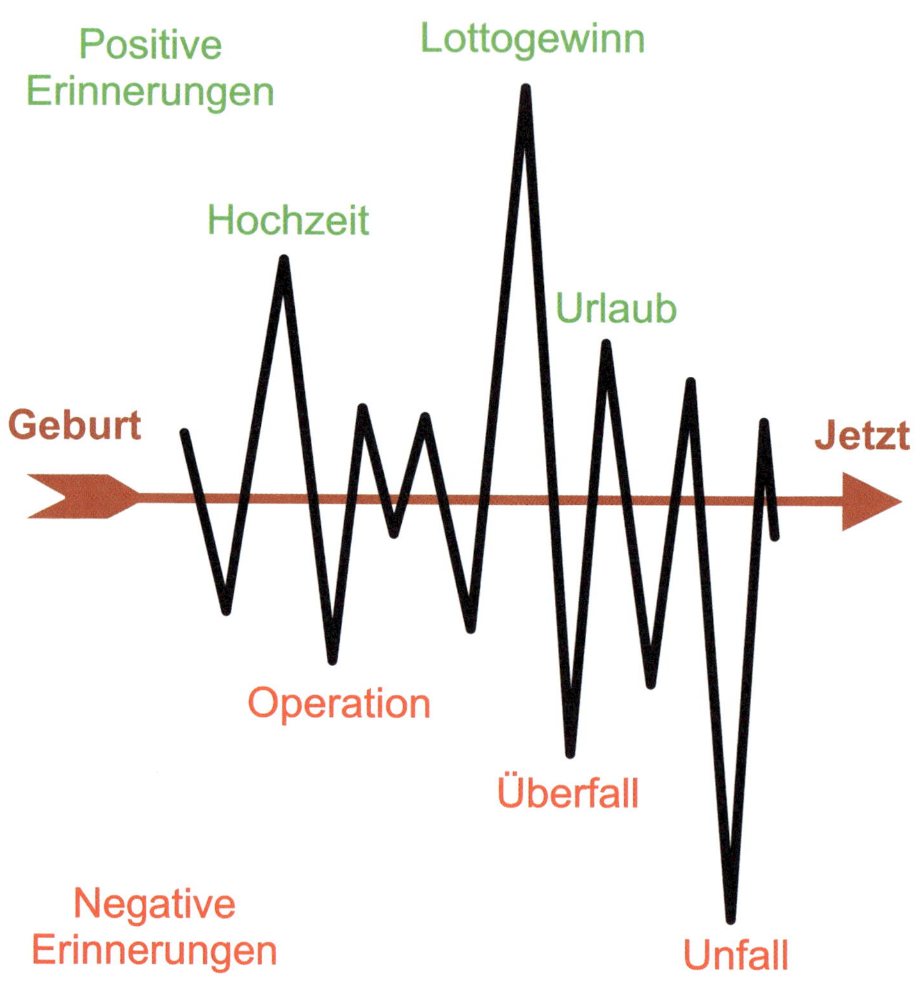

Eine negative Lebenserfahrungseinteilung lässt einen immer nur ein bestimmtes Spektrum der Vergangenheit erkennen, aber niemals die ganze Wirklichkeit. Die Erinnerung wird dadurch verfälscht. Es entstehen Missverständnisse und Lügen. Ein bekannter Spruch sagt:

Wer die Wahrheit verschweigt, hat auch gelogen!

Erinnern wir uns nur an das Positive und ignorieren das Negative, lügen wir auch. Es gibt eigentlich nichts Negatives sondern nur die negative Einstellung. Das Negative ist Ausdruck unserer momentanen Sichtweise auf die Dinge. Es gibt nur das Leben, und das ist göttlich, das ist immer gut. Alles, was uns passiert, ist gut!

Negativer Erinnerungsweg:

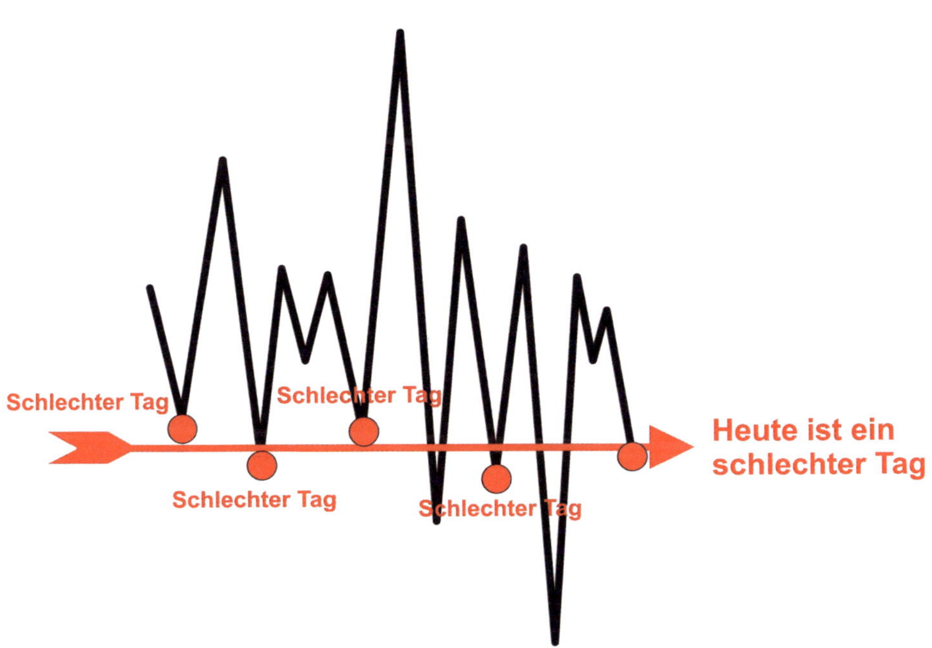

Wie viele Menschen sind am 11. September 2001 in New York zu spät zur Arbeit gekommen und haben sich darüber geärgert. Später, als sie ihren zerstörten Arbeitsplatz sahen, waren sie froh über ihre Verspätung. Denkt man: „Heute ist ein schlechter Tag", so wird aufgrund der augenblicklichen Schwingung das Denken nur an die schlechten Tage der Vergangenheit anknüpfen, die man gespeichert hat und die auf derselben Wellenfrequenz liegen wie die, die man zur Zeit ausstrahlt. Vergleichbar dem Radio, man stellt es auf einen Sender ein und empfängt auch nur einen Sender, obwohl viele Sendungen gleichzeitig laufen.

Genauso wie Du anhand der Symbol-Übung weiter vorne im Buch das innere Alphabet neutral trainiert hast, musst Du es auch mit Deinem Gedächtnis tun. Die Erinnerungsknoten müssen gleichmäßig werden, sodass Dein Bewusstsein alles im Blick hat.

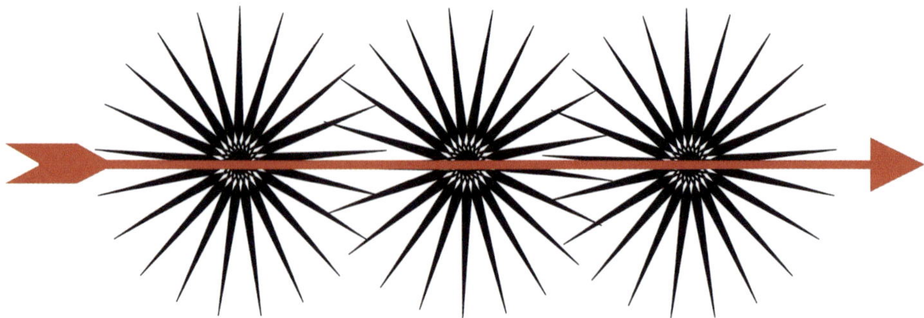

Das Gedächtnis muss lückenlos werden. Lücken entstehen durch niedere Energieknoten, die die dahinter liegenden Erinnerungen verdecken. Wenn keine Erinnerung und kein Ereignis bevorzugt oder vernachlässigt werden, dann kann beim Sich-Erinnern von einem Lebensereignis zum nächsten gesprungen werden und der Mensch kann sich an alles aus seinem Leben erinnern.

Versuche also Deine Gedächtnisamplitude möglichst gleichmäßig zu halten, dann kannst Du Dich an alles erinnern was einen ähnlichen Energiepegel hat. Es kostet dann auch nicht mehr so viel Kraft.

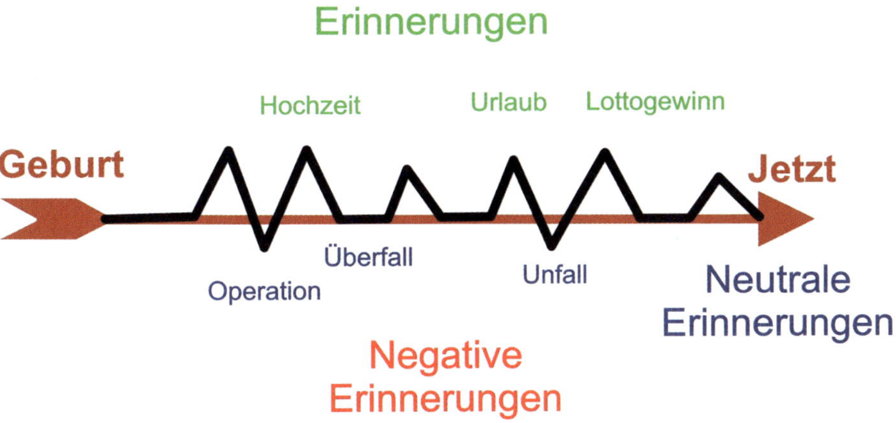

Ich muss es noch einmal betonen, eine neutrale Sichtweise trainieren heißt nicht, dass man gefühllos werden soll, im Gegenteil. Die Erinnerung wird verbessert, sie wird frischer, gefühlvoller und bewusster. Nur die ungesunden niederen Energien verschwinden. Es ändert sich der tatsächliche Umgang mit der Erinnerung. Das Gedächtnis wird befreit, die Wahrheit kommt ans Licht. Deine Erinnerung war immer eine Lüge, auf die Du hereingefallen bist die letzten Jahre. Mit der Löschung der Lüge werden Missverständnisse geklärt und die Erinnerung wird frei.

Die Erinnerung wird nicht genommen. Die Lüge wird gelöscht, nicht die Erinnerung. Energie geht nie verloren, sie ändert nur die Form. Das Problem ist nicht das Problem, sondern die negative Interpretation dazu. Nur diese Lüge wird gelöscht.

Übung: Gedächtnis glätten

Programmiere ab heute Deine Erinnerungen neu.

Wenn Dir eine Erinnerung hochkommt, zum Beispiel ein Unfall, dann lösche die negativen Emotionen dazu und versuche diesen Unfall und die ganze Situation neutral zu beschreiben.

Erinnere Dich vor allem auch daran, was unmittelbar vorher an dem Tag so los war und was danach. Erinnere Dich auch daran, wie das Geschehen für die anderen Beteiligten war. Überprüfe jede Erinnerung, die Dir in den Kopf kommt, auf Neutralität, dann kommen nach und nach immer mehr Erinnerungen ans Licht. So kannst Du auch Deinen gestrigen Tag beschreiben. Wie war es, als Du aufgestanden bist, was hast Du gedacht. Ihhh, schon wieder aufstehen, oh, es regnet, blöd, mir tut alles weh, es gab nichts Gescheites zum Frühstück, kann man das nicht besser erklären.

Ein Beispiel für eine neutrale Beschreibung:

Ich bin gestern, es war der 17.08.2014, um 6 Uhr aufgestanden, ich war in Deutschland, im Zentrum für Geistiges Heilen in Roth. Es regnete leicht, eine Stunde später kam die Sonne heraus. Dann fuhr ich mit dem Auto nach Limburg über die A 61. Es war wenig Verkehr. Zu Hause frühstückte ich Müslibrei mit frischen Reineclauden, dann kam ein Anruf ...

Je öfter Du Deine Tage auf diese neutrale Weise Revue passieren lässt, desto besser werden Deine Erinnerungen und irgendwann kannst Du Dich sogar an den Tag Deiner Geburt erinnern.

Eine gute Konzentration und Disziplin helfen Dir dabei.

Übung: Konzentration und Disziplin fördern

Viele Übende beschweren sich, warum klappt das nicht sofort, wieso kann ich mich nicht sofort erinnern! Die alleinige Ursache ist, dass der Übende selbst träge und undiszipliniert ist. Wenn Du schnell, ordentlich und gewissenhaft arbeitest, dann wird auch die Außenwelt so auf Dich zukommen. Bist Du faul und nachlässig, wirst Du auf die „Geistigen Handwerker“ auch eine Zeit lang warten müssen.

Besorge Dir im Musikgeschäft ein Metronom oder Taktell. Heute gibt es so etwas auch kostenlos als App fürs Smartphone.

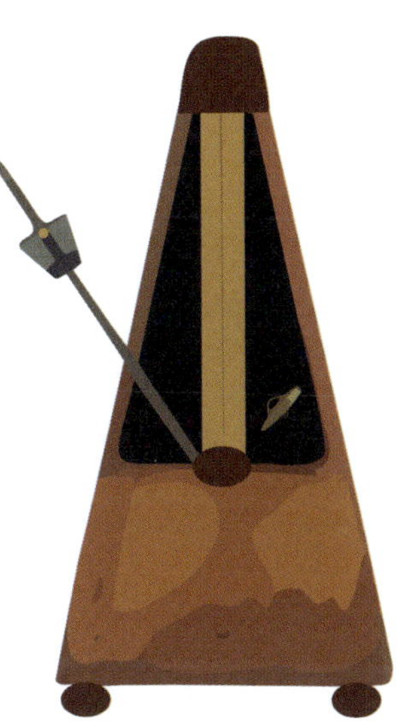

Stelle einen gleichmäßigen Takt von 100 Schlägen ein und fokussiere bei jedem Takt auf eine kurze Linie vom nächsten Übungsblatt. Gehe dabei von links nach rechts und von oben nach unten. Arbeite so die drei Blätter durch, die Du auf den nächsten Seiten findest. Anschließend erhöhe die Geschwindigkeit und mache noch einmal das gleiche. Je höher die Geschwindigkeit, desto besser.

Übung: Positive Energie aufbauen

Als Nächstes mache noch einmal die gleiche Übung. Allerdings sage pro Takt beziehungsweise pro Strich, den Du anschaust, im Geiste ein energiereiches Wort. Zum Beispiel „Gut“, „Licht“ oder „Gesundheit“. Als Nächstes versuche diese positiven Worte zu positiven Glaubenssätzen zu erweitern und versuche pro Takt, diese Sätze wie mit Lichtgeschwindigkeit zu denken. Sie werden dann ganz fein in Deinem Kopf.

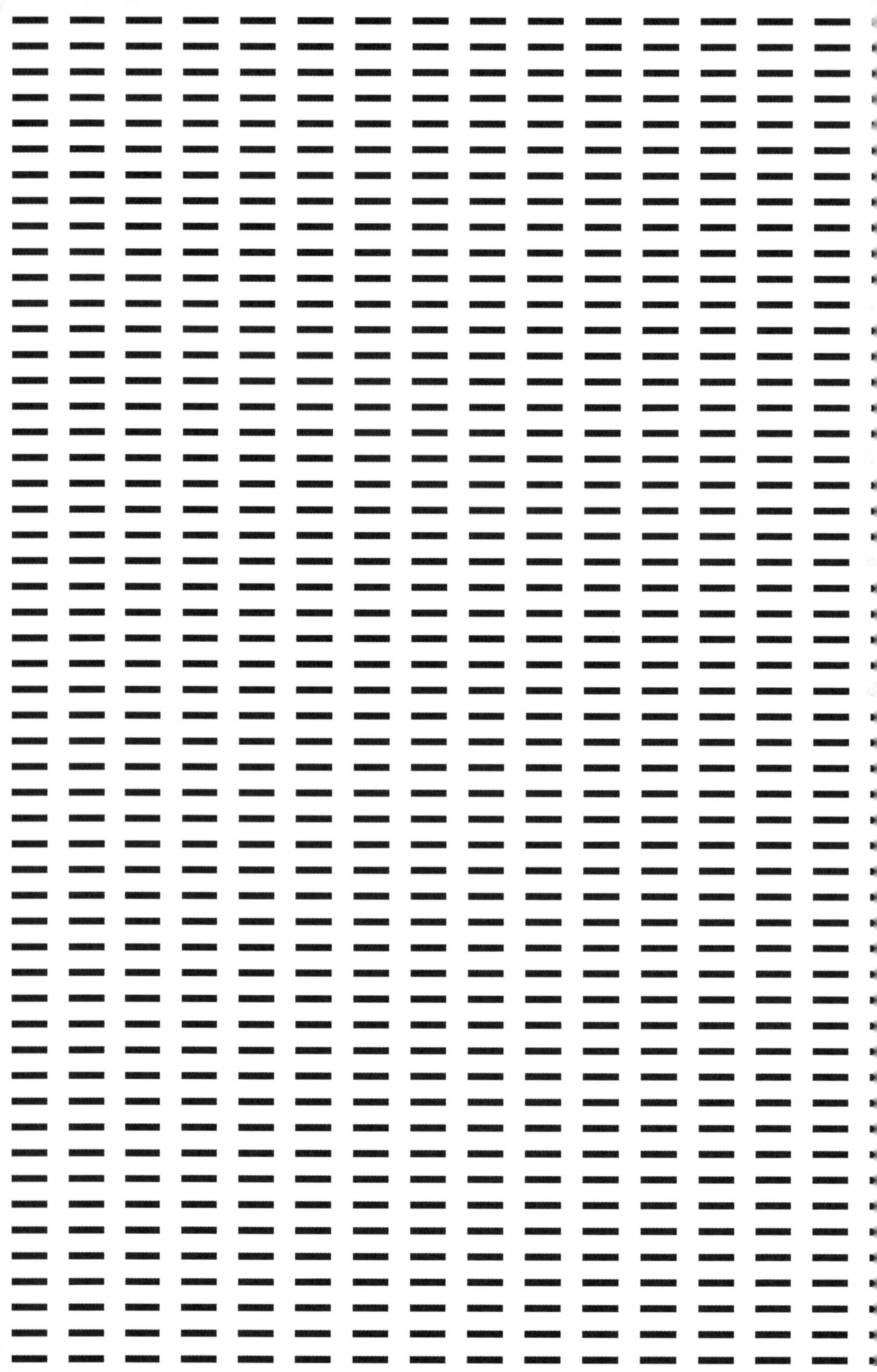

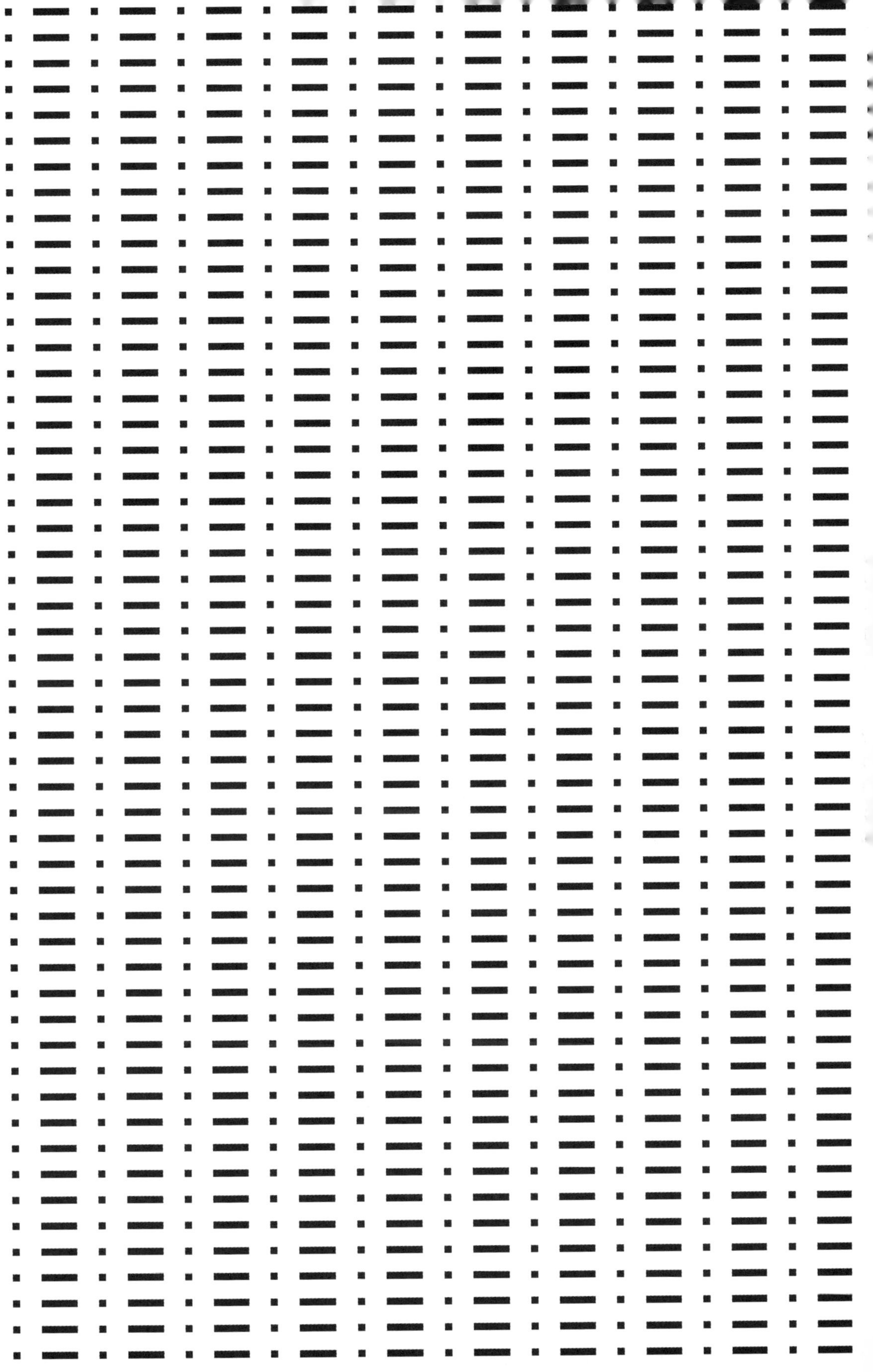

Unseren Lieblingssatz im Heilzentrum kennst Du schon:

Ich bin gesund, mir geht es gut, danke, Gott!

Diese Übungen mit Taktell sind auch eine gute Vorübung, um in den „Nichts denken"-Zustand zu gelangen.

Terroristen sind nicht nur die Menschen, die Gewehre und Pistolen in den Händen halten.

Jeder, der andere in Gedanken, Worten und Taten verletzt, ist ein Terrorist.

Drei wichtige Dinge, auf die ihr alle achten müsst, sind Gedanken, Worte und Taten. Wenn da ein Gedanke ist, folgt das Wort und dann handelt der Körper. Denkt in der Arena der Gedanken niemals schlecht von anderen. Zum Wort. Nutzt niemals harsche Worte, demütigt andere nicht und versucht niemals, andere mit euren Worten zu betrügen. Wenn jemand mit einem Messer oder einer Pistole getötet wird, stirbt er unmittelbar. Aber wenn ihr einen Menschen mit Worten verletzt, ist er oder sie bis zum Tod verletzt. Es gibt Arzneimittel für äußere Verletzungen, dennoch kann keine Medizin und kein Arzt die Wunde oder Verletzung heilen, die von Worten zugefügt wurde. Das Leid, das von Worten verursacht wurde, ist gefährlicher und braucht lange Zeit zur Heilung.

Spirituelle Wege allein können das von Gedanken, Worten und Taten verursachte Leid verwandeln.

(Sathya Sai Baba, aus dem Buch *My Dear Students Volume 2* von Sai Baba inspiriert.)

Frage und Antwort

Genauso wie Gedächtnis und Disziplin in Wechselwirkung stehen, ist es mit den Fragen und den Antworten. Man hat eine Frage oder ein Problem und sucht nach einer Lösung. Doch sobald man eine Frage hat, gibt es auch schon die richtige Antwort. Es hängt jedoch vom eigenen Bewusstsein ab, ob man diese unmittelbar wahrnimmt. Alle Antworten, alle Lösungen gibt es schon. **Das Universum ist vollkommen!** Hat man eine Frage, gibt es den energetischen Gegensatz, die Antwort, ebenfalls. Wie schnell die Antwort zu einem kommt, hängt von einem selbst ab und nicht zuletzt auch von der Frage. Man braucht einen tiefen **Glauben**, den Glauben an Gott, an das Absolute und perfekt Richtige, um sein Bewusstsein für die richtige Antwort offen zu halten. Wenn man fragt ob Weg A oder B besser ist, dann ist das schon die falsche Fragestellung, denn die Antwort ist C. Der richtige Weg ist weder Weg A noch Weg B, sonst hätte man keine Frage gestellt. Es gibt nämlich einen besseren Weg, als man sich im Moment vorstellen kann. Die Antwort weist auf etwas, was man noch nicht kennt, nämlich auf C. **C = Gott (G)**. Wenn man sein Bewusstsein nicht offen hält, wird man die richtige Antwort, die Wahrheit, nicht wahrnehmen können und verzweifelt zwischen Weg A und B hin- und her schwanken.

Bewusstsein und Bewegung

Wie Bewusstsein und Bewegung zusammengehören, habe ich weiter oben schon kurz erwähnt. In meinen Büchern zur **Spirituellen Rückenschule** gehe ich auf das Thema Bewegung ausführlich ein. Ausreichende Bewegung ist für das Bewusstsein absolut notwendig. In Rom gibt es jetzt einen Schulbus, der die Kinder zu Fuß zur Schule bringt. Der Busfahrer kommt zu Fuß, klingelt an der Haustür, holt die Kinder persönlich ab und läuft mit ihnen zur Schule. Diese Kinder sind im Unterricht viel ausgeglichener, intelligenter und gesünder, das haben italienische Studien nachgewiesen. Bei uns in Deutschland gibt es inzwischen die Waldkindergärten. Die Kinder, die diese besuchen, sind ebenfalls viel gesünder und aufnahmefähiger als die Kinder im normalen Kindergarten. Auch viele deutsche Schulen legen immer mehr Wert auf ausreichend Bewegung im Unterrichtsalltag um die Konzentration zu erhöhen und die Kinder ausgeglichen zu halten.

Der Körper ist der Tempel Gottes. Der Körper ist eine sehr starke Komprimierung von Energie. Was wir mit unserem Körper alles tun können in dieser Ebene der Existenz, hat sehr viel Gewicht. Wir können mit Leichtigkeit etwas tun, wofür geistige Lebensformen vielleicht tausende Jahre lang für arbeiten müssten. Der Körper ist die dichteste Form von göttlicher Energie und wir sollten jede Bewegung und jede Handlung mit Bedacht und erhöhtem Bewusstsein ausführen. Jede Handlung hat enorme Auswirkungen auf die Geistige Welt. Um sein Bewusstsein zu erweitern, sind bewusste körperliche Handlungen unumgänglich. Man hat auch nachgewiesen, dass die Zeit schneller vergeht, wenn man sich auf etwas zubewegt. Wenn man ein Problem hat, bringt einen jede Bewegung schneller zur Lösung.

Die eigenen Frequenz erhöhen durch Blütenblätter

Das höchst schwingende Nahrungsmittel sind Blütenblätter. Es gibt so viele essbare Blüten, diese sollten bei keiner Mahlzeit fehlen. Dabei achte ich darauf, möglichst nicht die ganze Blüte / Knospe zu essen sondern sie zu erhalten. Einige Blüten züchte ich allerdings extra dafür im Garten.

Von dem Wirken von „Bachblüten“ hast Du bestimmt schon gehört. Edward Bach legte Blüten in Wasser ein, um dann deren Schwingung wie ein homöopathisches Mittel einzunehmen, mit großem Erfolg. Bachblüten sind heute weltberühmt. Mache es nach.

Frequenzeinfluss Elektrosmog

Was verbirgt sich hinter 4G, 5G und 6G?
Was sind das für Mikrowellen?

Wir bestehen aus Schwingungen!
Wir bestehen zu 70% aus Wasser!

Wasser schwingt durch Frequenzen und Töne und verändert sich. Somit kann es leicht dadurch beeinflusst werden. Auch durch Musik. Man muss genau aufpassen welche Musik man hört und welcher Schwingung man ausgesetzt ist.

Die Menschen in eine gezielte Schwingung zu bringen, ihre Gedanken steuern zu können, das ist Macht besitzen. Wer die Kontrolle über Menschen besitzt, besitzt die Macht, alles zu seinem Vorteil zu lenken. So werden moderne Kriege geführt.

Mikrowellen werden heute überall eingesetzt: Im Militärbereich, Radartechnik, Mikrowellenherd, Mobilfunk, Bluetooth, Satellitenrundfunk, WLAN und Amateurfunk, um nur einige zu nennen. Mikrowellen arbeiten mit hochfrequenter elektromagnetischer Strahlung auf einer Frequenz von 2,45 Gigahertz. Jetzt soll einmal jemand erklären, wieso die schädliche, aufheizende Mikrowellenstrahlung im WLAN, was nur 0,05 GHz weniger schwingt, nicht schädlich ist? WLAN hat 2,4 GHz.

WLAN ist genauso schädlich wie die Mikrowelle, also schalte dein WLAN einfach ab! Wir in unserem Heilzentrum haben nur Kabelverbindungen, auch unsere Handys stecken am Netzwerkkabel, wenn wir sie überhaupt benötigen.

Wir wissen heute das Elektrosmog von Mobilfunkmasten mit all den Frequenzen auf unsere Zirbeldrüse riesigen Einfluss nehmen und nicht nur unser Denken beeinflussen, sondern uns krank machen können. Vögel fallen nach dem Einschalten von 5G vom Himmel.

Die Zirbeldrüse ist eines unserer wichtigsten Organe, wenn es um das Denken geht. Viele Menschen ignorieren es und bemerken nicht, welche Ziele dahinter stecken könnten. Die Suggestion, es sei alles in Ordnung, ist dann unbemerkt zur Wahrheit geworden. Immer mehr neue Krankheiten, die noch nicht richtig erforscht sind, tauchen auf, beeinflussen uns, unsere Umwelt und unsere Lebensqualität. Ich nenne sie „Strahlenkrankheiten“.

Jeder einzelne sollte mehr Verantwortung aufbringen und bewusster sein Umfeld überdenken und gestalten. Es muss sich jeder selber Erkenntnisse aneignen und die richtigen Schlüsse daraus ziehen. Frequenzen sind ein riesiges Thema und sollten mehr Aufmerksamkeit bekommen, denn es geht um unsere Gesundheit.

Jede Zelle hat eine eigene Schwingungssignatur. Mehrere Zellen schwingen wiederum in ihrer zugeordneten Signatur. Organe aus vielen Zellen erzeugen somit auch eine ganz bestimmte Schwingung und letztlich erzeugt unser Körper aus allen Signaturen zusammen nach außen hin ebenso eine bestimmte Schwingung. Und alle Frequenzen sind letztlich auf irgendeine Art miteinander vernetzt. Daraus ergibt sich dann wieder ein bestimmtes Schwingungsmuster. Das kann mehrere Kilometer um den Menschen (ca. 20 Kilometer) noch gemessen werden. Ein Überschneiden der menschlichen Schwingungsfelder vernetzt uns unbewusst miteinander. Ein universelles Heilmittel und Verbindung mit der Ur-Frequenz ist das singen vom Urlaut OM.

Die eigene Frequenz erhöhen durch das OM

OM - DER KOSMISCHE URKLANG!

„Von allen Mantras ist das Om das höchste. Der Laut Om ist das verbale Symbol Gottes. Das Om ist das Symbol des Unendlichen, der Urenergie.

Das Om, das sich aus 'A', 'U', 'M' zusammensetzt, ist die Essenz aller Worte, die je über menschliche Lippen kommen können. Es ist der fundamentale Urlaut, der das universale Absolute symbolisiert. Om ist der uranfängliche Ton, der Ton, der durch die Schwingungen der Schöpfung durch den auftauchenden Willen des form- und attributlosen Brahman verursacht wurde.

Übung: Om singen

OM

Singe 3 x Oooooooooooooommmmmm

Halte dabei den Ton so lange wie möglich. Es bringt direkt Deine eigene Frequenz wieder in die göttliche Ordnung.

Die Bedeutung des Lautes „Om" ist identisch mit der Bedeutung des Begriffes „Wort" des Evangelisten Johannes: Im Anfang war das Wort, das Wort, es war bei Gott, und dieses Wort war selber Gott. Das Leben war in ihm, das Leben war der Menschen Licht, es leuchtet in der Finsternis, die Finsternis vermag es nicht zu greifen.

Die Schumann Frequenz

Überall, wo wir Menschen uns langfristig außerhalb des natürlichen Erdmagnetfeldes bewegen, werden gesundheitliche Störungen früher oder später auftreten.

Stundenlanges Autofahren oder Fliegen im Flugzeug ist als würden wir uns in einem Faraday'schen Käfig aufhalten (schirmt elektrische Ladungen, auch Erdmagnetwellen ab); dies ist vergleichbar mit einer Raumkapsel.

7,83Hz

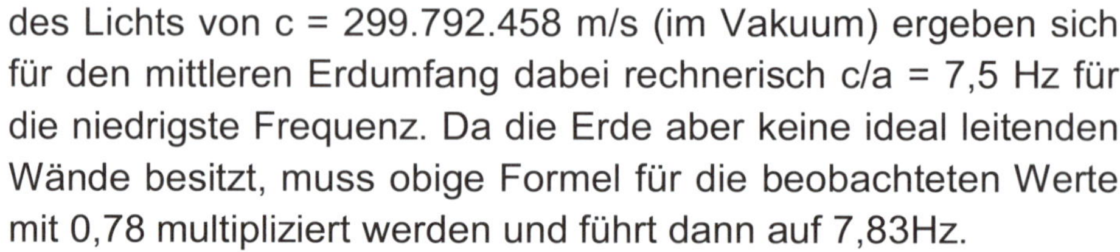

Der mittlere Erdumfang beträgt a = 39.985 km. Bei einer Ausbreitungsgeschwindigkeit des Lichts von c = 299.792.458 m/s (im Vakuum) ergeben sich für den mittleren Erdumfang dabei rechnerisch c/a = 7,5 Hz für die niedrigste Frequenz. Da die Erde aber keine ideal leitenden Wände besitzt, muss obige Formel für die beobachteten Werte mit 0,78 multipliziert werden und führt dann auf 7,83Hz.

Die Physiker nennen es Schumann-MRT und es liegt an dem Schlag, der durch die Strahlen im Raum zwischen Erde und Ionosphäre erzeugt wird. Durch Blitze und andere Vorgänge in der Atmosphäre, u.a. auch das Weltraumwetter, werden elektromagnetische Wellen erzeugt, die zwischen der Erdoberfläche und der Ionosphäre um die Erde laufen. Wenn diese Strahlung die richtige Wellenlänge hat, kommt es zu einer Verstärkung und Überlagerung. So entstehen stehende Wellen, die in etwa achtmal pro Sekunde um die Erde laufen. Diese Resonanz nennt man Schumann-Resonanz, benannt nach seinem Entdecker Winfried Schumann, Physiker der TU München. Die Grundfrequenz liegt aktuell bei 7.83 Hz. Der Mensch fühlte sich unter diesen Bedingungen wohl, da die Vibrationsfrequenz seines Gehirns dieselben Parameter, 7,6-7,8 Hz, hat.

Wie am Anfang des Buches bereits ausführlich erklärt. Ein gesunder Mensch, der locker und fröhlich seinen Alltag bewältigt, ist im Alpha-Zustand. Hat der Mensch Schmerzen, oder nimmt er Medikamente, Psychopharmaka, hat Angst und Stress usw. rutscht er in den Beta-Zustand. Ein Heiler, wenn er arbeitet kommt beim Heilen in den Theta und auch Delta Zustand und kann kosmische Frequenzen in diese Dimension der Existenz ziehen. Vor noch ungefähr 30 Jahren hatten ca. 70% aller Menschen den gesunden Alphazustand. Heute haben das nur noch ca. 40% aller Menschen. Alpha-Wellen sind das Tor zur Intuition, sie sind als Brücke notwendig, damit Informationen aus dem Theta-Bereich in unser Wachbewusstsein gelangen können. Wenn wir so tief meditieren, dass wir nur noch Theta- und Delta-Wellen, aber keine Alpha-Wellen mehr produzieren, werden wir uns an die Inhalte der außersinnlichen Wahrnehmung nicht erinnern können.

Eine Person, die in hohen Schwingungen lebt, optimistisch ist, wird seltener krank als jemand, der ein Pessimist ist und sich an Orten aufhält, die seine Schwingung herab ziehen, z. B. Krankenhäuser, Gefängnisse, Elektroleitungen oder Handymasten. Jede negative Emotion schließt den Zugang zum höheren Bewusstsein und der universellen Quelle; positive Gefühle hingegen erhöhen die Eigenschwingung. Menschen, die sich immer im Bereich von Liebe, Zuneigung, Freiheit des Denkens und verhältnismäßiges Verhalten befinden haben eine hohe Schwingung und sichere geistige Führung.

Das sind:

- Großzügige Menschen
- Diejenigen, die immer dankbar sind
- Die, die die Liebe anderer schätzen
- Menschen, die sich immer verbunden und einfühlsam mit anderen fühlen
- Wenn ein Mensch erkennt, dass Liebe ein gutes, helles und kraftvolles Gefühl ist.
- Eine Person, die allen Kreaturen ohne zu zögern ihr Her gibt
- Diejenigen, die sich für andere Menschen alles geben
- Diejenigen, die unendliche Barmherzigkeit ohne Erwartung haben

Niedrig schwingende Menschen:

- Ängstliche Leute
- Menschen mit regelmäßigem Groll
- Menschen, die immer ein nervöses Verhalten haben
- Anarchisten und abnorme Personen
- Wütende Menschen
- Menschen, die versuchen, andere auszunutzen
- Personen, die Angst und Panik in den Herzen anderer Menschen verursachen
- Menschen, die versuchen andere Menschen zu unterdrücken und auszubeuten
- Diejenigen, die den Schleier des Vertrauens in der Gesellschaft brechen
- Diejenigen, die sich der Wahrheiten der Existenz nicht bewusst sind und die Existenz Gottes leugnen
- Personen, die sich freuen, andere zu demütigen und sich an dem Leid anderer erfreuen
- Menschen, die anderen Menschen gegenüber kein Mitleid zeigen und empfinden

Die Kraft des ICH BIN

Übung: „Ich bin“ Mantra

Du bist universelles Bewusstsein!

Ich bin....

Ich bin gesund. Es geht mir gut. Danke GOTT.
Ich bin gesund. Es geht mir gut. Danke GOTT.
Ich bin gesund. Es geht mir gut. Danke GOTT.

Ich bin wach. Ich bin klar. Mein Geist ist frei.
Ich bin wach. Ich bin klar. Mein Geist ist frei.
Ich bin wach. Ich bin klar. Mein Geist ist frei.

Ich bin geheilt. Ich bin gesund. Danke GOTT.
Ich bin geheilt. Ich bin gesund. Danke GOTT.
Ich bin geheilt. Ich bin gesund. Danke GOTT.

Ich bin im Licht. Ich bin gesegnet. Danke GOTT.
Ich bin im Licht. Ich bin gesegnet. Danke GOTT.
Ich bin im Licht. Ich bin gesegnet. Danke GOTT.

Ein universelles Mantra zur Schwingungsanhebung und um die Angst machende Propaganda oder ungesunde Gedanken im Gehirn zu überschreiben. Eine Positive Gehirnwäsche! Diese Mantren wiederholt man in der Regel 108-mal oder 10 Minuten lang, immer bei Bedarf, es soll kein abhängig machendes Ritual werden. Man kann sie laut vor sich her sprechen oder leise im Geiste aufsagen. Man kann auch jedes Mal, wenn man eine Nachricht oder Information bekommt, die man nicht mag, gleich einen gesunden Satz entgegen sprechen oder denken.

Ist die Erde rund?

Früher war die Erde eine flache Scheibe, untendrunter die Schildkröte und die Sterne waren am Firmament befestigt. Heute weiß man, dass die Erde rund ist, bzw. das sie eigentlich mehr wie eine Kartoffel aussieht. Unser Bewusstsein hat sich die letzten Jahrhunderte erweitert, aber stimmt das?

Neuste Gerüchte sagen die Erde ist hohl.

Das stimmt meiner Meinung nach auch. Die Erde ist ein Dimensionstor, ein Chakra für sich als Ganzes. Im Film Interstellar hat man ein Wurmloch dargestellt als eine Kugel. Meiner Meinung kommt diese Sichtweise der Realität am nächsten. Viele Ufo - Forscher bestätigen, dass eine bestimmte Sorte von UFO´s aus den Chakren der Erde, also von innen nach außen, erscheinen. In dem Buch „Alien Interview" von Lawence R. Spencer erzählt übrigens ein in Roswell abgestürzter Außerirdischer etwas über das Bewusstsein der Erdenbewohner. Er bzw. sie erzählt, dass sie ein „Ich bin", eine Seele ist und der am weitesten entwickelten Rasse im Universum angehört. Sie helfen der Menschheit sich aus dem Bewusstseinsgefängnis Erde zu befreien.

Das ist das Symbol dieser Außerirdischen die erzählen die Erde sei ein Gefängnisplanet wo man aufmüpfige und querdenkende Bewusstseine hin verfrachtet um sich so ihrer zu entledigen. Denn töten kann man kein Bewusstsein, aber sein Gedächtnis löschen und es irgendwo festhalten.

Im Universum sei es teilweise noch schlimmer als auf der Erde. Viele Lebewesen werden wie Sklaven gehalten. Wer sich gegen das politische System auflehnt, der wird auf die Erde verbannt. Hier wird ihr Gedächtnis manipuliert und sie werden mit Unsinn beschäftigt, so dass sie vergessen wer sie sind, vergessen wo sie herkommen und denken sie sind ein sterblicher Körper und kein unsterbliches Bewusstsein. Somit bleiben sie auf ewig auf der Erde gefangen und werden immer und immer Wiedergeboren. Ebenso kommen Künstler, Erfinder und Lehrer auf die Erde, die die andere Bewusstseine vielleicht aus ihrem Sklavendasein aufwecken könnten und natürlich auch Kriminelle. Das sei der Grund, warum hier soviel los ist.

Kein vernünftiger Außerirdischer möchte hier in die Gefängnisfrequenzen kommen, mit seinem Bewusstsein herunter gezogen werden und hier stranden. Deswegen halten sie sich von der Erde fern und versuchen uns von Außerhalb zu helfen. Niemand möchte sein Gedächtnis verlieren.

So sind die Bewusstseine hier auf sich allein gestellt und müssen von innen und durch die Lehren der höheren Bewusstseine mit Gedächtnis, die es hier ab und zu schaffen zu inkarnieren, den Kreislauf von der Wiedergeburt überwinden um dann die Erde zu verlassen. Das ist das Ziel bzw., das ist der Weg!

Affirmationen für die Seele

Viele haben ein Problem mit „Gott“ und denken er ist böse. Viele denken ihre Seele wird sie strafen. Das stimmt nicht. Wir sind auch Gott und unsere Seele. Wir sind der Schöpfer unserer eigenen Realität. Im Grunde sind wir „Alles“ was wir sehen. Aber dazu muss ich wohl ein anderes Buch schreiben, so groß ist das Thema. Die meisten Menschen die eine Krankheit haben, haben auch ein Problem mit Gott. Somit ist es wichtig sich von diesen alten, teilweise kirchlichen Meinungen zu befreien. Am Besten mit Affirmationen. Wiederhole sie so oft wir möglich.

- **Gott ist Gut, er tut mir nur Gutes**
- **Meine Seele bin ich.**
- **Das Schicksal meint es immer gut zu mir**
- **Ich erfahre die Gnade Gottes**
- **Meine Seele wird es schon für mich richten**
- **Mein Geist regeneriert sich**
- **Meine Seele ist gut**

Jene Seelen, die des Christus Bewusstseins gewahr sind, ziehen einander jetzt an, wie Eisen vom Magneten angezogen wird. Sie mögen sich dessen im Moment nicht immer bewusst sein, es wird Ihnen jedoch in den Tagen, die kommen, sehr klar werden. Dieses Bewusstsein führt immer mehr Seelen zusammen, damit ihr alle des inneren Christus gewahr werdet.
Eileen Caddy

Der Mensch kann Wunder nur erleben,
wenn er bereit ist, sein Herz und
seine Augen für sie zu öffnen.
Augustinus von Hippo

Sage nie,

dass Du etwas nicht weißt,
nicht kannst oder nicht verstehst.
In Dir ist alles Wissen,
alles ist in Dir!

Du musst nur zulassen,
dass Dein Urwissen nach außen dringen kann.
Das geht nur, wenn Du Deinem Verstand
Einhalt gebietest und Deinen
Gefühlen das Sagen gibst.

Dann weißt Du alles, dann kannst Du alles,
dann bist Du alles!

Der Erfolg gehört Dir!
Anne Hübner

Zur Autorin

Tanja Aeckersberg

Heilpraktikerin und
anerkannte Geist-Heilerin
Seminarleiterin REIKI Meister/Lehrerin
Geistige Wirbelsäulen-Heilerin und Lehrerin
Physiotherapeutin, int. Parapsychologin
Bestseller Buch-Autorin uvm.

Tanja Aeckersberg wurde **1969** in Wiesbaden geboren. Eine starke Wirbelsäulenverkrümmung führte sie schon als Kind in den Bereich von Gesundheit und Heilung.

Nach ihrem Realschulabschluss machte sie eine Ausbildung zur **Arzthelferin** und MKA. 1990 bildete sie sich zur Krankengymnastin und **Physiotherapeutin** weiter. Offen für neue Therapien, spezialisierte sie sich im Bereich Orthopädie und **Psychosomatik**, leitete Wirbelsäulen- und Skoliosegruppen und bildete Therapeuten aus, um die Erfahrungswerte ihrer eigenen Betroffenheit weiterzuvermitteln, denn längst hatte sie erkannt, das es für Wirbelsäulenprobleme nur sehr begrenzte Heilmöglichkeiten gab. In dieser Zeit, immer auf der Suche nach Verbesserungen, absolvierte sie noch zahlreiche **Zusatzausbildungen**, unter anderem: Manuelle Therapie, Chirotherapie, Reflexzonentherapie, Rückenschulleiterin, Feldenkrais-Methode, Wasser- und Bewegungstherapie sowie eine zweijährige Schulung zur Shiatsu-Therapeutin.

Danach folgten verschiedene Ausbildungen in **alternativen Heilverfahren** unter anderem auch Edelstein- und Bachblütentherapie und natürliche Ernährung, die zu einer erstaunlichen Verbesserung ihres Allgemeinbefindens führten. Dennoch kam es 1994 zu einem schweren Bandscheibenvorfall, dessen Operation missglückte, was zu einem langen Leidensweg führte. Trotz schwerster Betroffenheit bildete sie sich zwei Jahre zur **Heilpraktikerin** weiter und bekam 1997 ihre staatliche Erlaubnis. Es sollte aber noch mehr sein!

So schulte sie sich weiter in den verschiedensten alternativen und geistigen Heilmethoden, unter anderem in Wahrnehmungs- und Gedächtnisentwicklung, und erlernte die Psychometrie. Dies alles führte zu einer großen Bewusstseinserweiterung. Der anschließende Kontakt mit der anerkannten Heilslehre Reiki (Zutritt zu unserer universelle Lebensenergie) brachte sie ganz nah ans Ziel ihrer Wünsche: „Das geistige Heilen“. 1996 schloss sie die Ausbildung mit dem **Reiki Meister- und Lehrer-Grad** ab, um diese einzigartige göttliche Hilfe an die Menschen weiter zu geben. Auf dem Pfad der Geistheilung, erhielt sie 1998, nach dreijähriger Ausbildung, ein Diplom in **Integraler Parapsychologie**. Anschließend, 2002 bis 2004, absolvierte sie **Heilerausbildungen** bei Horst Krohne, Anne Hübner und Pjotr Elkunoviz, die ihr in Heiler-Ausbildungen dazu verhalfen, dass ihre Berufung, den Menschen wirkliche, sinnvolle Hilfe und Heilung zu bringen, zu ihrem Beruf wurde.

Die eigene Heilung fand sie im geistigen Bereich durch energetische Heilmethoden, zu denen Anne Hübner (Geistheilerin) mit ihren Heilwundern vor allem durch die geistige Beckenschiefstandskorrektur mit Wirbelsäulenaufrichtung den wesentlichsten Beitrag leistete. Aus ihrem innigsten Wunsch heraus wurde sie selbst 2003 von Anne und Pjotr zur **Wirbelsäulenbegradigungstherapeutin** ausgebildet und von Anne Hübner in die geistige Alchemie (Entstörung, Entstrahlung von Elektrosmog) eingeweiht, sowie 2012 in den Lehrergrad für die Geistige Wirbelsäulenaufrichtung. Die Möglichkeit, bei den Menschen das schiefe Becken, die unterschiedlichen Beinlängen und die krummen Wirbelsäulen in Sekundenschnelle mit der Kraft des intelligenten Geistes dauerhaft aufzurichten, ohne den Menschen berühren zu müssen, sieht sie als die Krönung ihrer Befähigungen im Dienste an ihrem Nächsten und dessen ganzheitlicher Heilwerdung an. Dies hat sich bereits Millionenfach bewiesen. Der Sieg über die Volkskrankheiten ist vollbracht. Der unermüdliche Einsatz, helfen zu wollen, setzte sich auch in anderen Bereichen durch. So machte sie 2001 als Kinder-**Spiele-Autorin** für ihre bewusstseinserweiternden Gesundheits- und Lernspiele von sich reden und 2002 als **Buch-Autorin** („Gedankendiät"). Eine Auszeichnung und Prämierung waren der Lohn für ihre außergewöhnlichen, zukunftsorientierten Hilfen, die den Menschen wichtige Wegbegleiter sind. 2007 erschien ihr ebenfalls prämiertes Buch „Spirituelle Rückenschule", mit dem sie ganz neue Dimensionen im Heilbereich offenbart. So konnte sie sich im Bereich des Helfens vervollkommnen und arbeitet seit 2003 als sehr erfolgreiche **Heilerin und Lehrerin** im Zentrum für Geistiges Heilen bei Anne Hübner und stellt hier bei den täglichen Heilbehandlungen an Mensch und Tier immer wieder ihr umfangreiches Können unter Beweis.

Das Heilzentrum und erste Schule für die **Geistige Wirbelsäulenaufrichtung** ist 2012 zum erfolgreichsten Geistheilungszentrum Europas erklärt worden. Über 500.000 Menschen fanden den Weg in das kleine Örtchen Roth bei Stromberg und haben dort Heilverläufe erfahren, die man nicht mehr für „Menschenmöglich" gehalten hätte.

Seminare bei Tanja Aeckersberg

- Geistheilerausbildung zum Ausnahme-Heiler
- Reiki-Meister/Lehrer Seminare alle Grade
- Schule für die Geistige Wirbelsäulenaufrichtung
- Bewusstseinserweiterungs- und Wahrnehmungstraining – Erfahre den achten Sinn in aktiver Form
- Spirituelle Rückenschule – Mobilisation der Wirbelsäule mit Gedankenkraft
- Gedankentraining – Energie spüren und steuern
- Denk dich gesund – Selbstheilung durch Gedankenkraft
- Skoliosetherapie mit der Kraft des intelligenten Geistes

Der 8. Sinn – Seminar

Erfahre Deinen 6. und 7. Sinn in aktiver Form und erlebe den 8. Sinn in Aktion. Lerne Energien und Gedanken von Dir und Anderen wahrzunehmen und zielgerichtet auf das Wohl, die Harmonie und Heilwerdung zu lenken! Erlebe eine Sensibilitäts- und Wahrnehmungsschärfung, wie Du sie bisher noch nicht erfahren konntest. Im Seminar lernst Du Aura und Energiefelder

zu sehen und vor allem zu fühlen. Deine Hände werden zu Tastsinneswerkzeugen. Lerne Energieblockaden und Wahrnehmungsstörungen auf Deinem Entwicklungsweg zu erkennen und aufzulösen. Nimm Kontakt mit Deiner "Geistigen Führung" auf und lerne ihr mit innerer Sicherheit zu folgen. Erfahre eine Gesundheitsverbesserung und vertraue auf Deine Selbstheilung. Erlebe eine Kraftanhebung und Schärfung der höchsten Sinne durch eine spezielle Energie-Einweihung.

All Deine Körper: der physische-, der energetische-, der mentale-, der emotionale-, der Seelen- und der Geistkörper, werden sich spürbar erweitern. Erlerne das Hellsehen, das Hellriechen, das Hellschmecken, das Hellfühlen und das Hellhören! Nutze Deine neuen telepathischen Fähigkeiten erst mal für Dich und spüre Deine NEUE Lebensqualität.

Erlebe einen Quantensprung in Deiner spirituellen Entwicklung!

Weiteres von der Autorin

Spirituelle Rückenschule

Eine neue und einzigartige Wirbelsäulengymnastik

Der Mensch besteht nicht nur aus Knochen, Bändern und Organen. Er ist Körper, Geist und Seele und eine Einheit. Er ist ein komplexer Organismus, der verbunden ist mit dem sichtbaren und unsichtbaren Universum. In diesem einzigartigen Buch geht es um eine ganzheitliche Wirbelsäulentherapie, die eine Heilung von Rückenleiden und Beschwerden aller Art ermöglicht. Die spirituelle Rückenschule ist eine geistige Wirbelsäulengymnastik, die eine erweiterte Sichtweise der bioenergetischen Zusammenhänge zwischen Wirbelsäule und Körper eröffnet und die Gesundheit fördert. Mit zahlreichen geistigen und körperlichen Übungen zur Selbstheilung.

Das Buch erhielt 2007 die Auszeichnung:
„Produkt des Jahres"!

Zitat der Jury: In der heutigen Zeit leidet fast jeder an Rückenbeschwerden. Dieses Buch bietet einen Einblick in das Zusammenwirken von Körper, Seele und Geist. Die praxisnahen Anleitungen zu den Übungen sind für den Laien verständlich beschrieben und leicht anwendbar.

Band 1 - ISBN: 978-3-00-016834-5
Band 2 - ISBN: 978-3-940832-05-4

Geistige Wirbelsäulenaufrichtung

Wirbelsäulenverkrümmungen, Bandscheibenvorfälle, Beckenschiefstände und Skoliosen sind heilbar!

Unsere Wirbelsäule ist weit mehr als ein Knochengerüst, das von Sehnen und Bändern gehalten wird. Als Informationsträger speichert sie die Lebensmatrix mit unseren karmischen, schicksalhaften und pränatalen Vorgaben. Sie ist ein hochsensibles geistiges Instrument, das nur heilbar ist, wenn man sich allumfassend wirkender Geisteskräfte bedient. Der Mensch als mehrdimensionales Wesen besteht aus einer Vielzahl von Energiekörpern, die mit dem göttlichen Funken, dem höheren Selbst und ihrer wahren Mensch-Identität kommunizieren.

Für jeden Menschen sollte deshalb die geistige Heilung der Wirbelsäule an erster Stelle stehen. Befreit vom Beckenschiefstand, der Wirbelsäulenverkrümmung, von Schulterverschiebung, Beinlängendifferenz und vielen weiteren Anomalien des Skelettsystems können die Ursachen, die zu späteren Leiden führen, überwunden werden.

Die Hilfe ist da!

ISBN: 978-3-940832-10-8, E-Book - ISBN: 978-3-94-083236-8

Englisch - ISBN: 978-3-940832-61-0

Französisch - ISBN: 978-3-940832-52-8

Corona – als Schreckgespenst oder Retter in der Not?

Das große Erwachen der Menschheit!
Über das Leid zur Erkenntnis.
Von der Erkenntnis zur Freiheit.
Von der Freiheit zur Liebe.
Von der Liebe zu Gott!

Angst macht krank!
Angst ist der größte Virus!

Wir, die Geistheilerinnen Anne und Tanja, informieren Euch über alles was mit der Panik- und Pannendemie zusammenhängt und was Ihr tun könnt, damit Ihr wieder frei von „Angst vor Krankheit“, Kummer, Sorge, Leid und Pein, ein gesundes und glückliches Leben führen könnt!

Lasst uns Corona heilen. Ein unerforschtes Element, was die Menschheit wachrüttelt und in die spirituelle Entwicklung führt.

1. Auflage 2020.
2. Auflage 2021.

ISBN: 9783940832672

Reflexzonen - Geschichte, Diagnose und Therapie

Eine schnelle Hilfe für sich und andere! „Heilen kann so einfach sein“

Die Heilerin und Heilpraktikerin Tanja Aeckersberg gibt in diesem Buch eine Übersicht über die Reflexzonenmassage.

Es wird auf die Geschichte und Entstehung der Reflexzonenbehandlung bis zur Entwicklung der heutigen Reflexzonentherapie eingegangen. Die Anatomie und Physiologie werden vereinfacht und verständlich erklärt, bis hin zur Diagnose und Behandlung der einzelnen Reflexzonen.

Neue Techniken, wie die Behandlung des Lebenskalenders und die Metamorphose, werden mit vielen praktischen Beispielen durchgearbeitet.

Einschließlich integrierten Übersichtskarten zu den Hand-, Ohr- und Fußreflexzonen, zu Irisdiagnose, Rückenzonen, Darmzonen, Gesichtszonen und Organuhr. Des Weiteren Tabellen der Zahnzonen, Chakren, Emotionen und Meridiane.

Mit Behandlung des Lebenskalenders und Metamorphosetechnik!

ISBN: 978-3-00-008049-4
E-Book - ISBN: 978-3-940832-38-2

Gedankendiät

In ihrem prämierten Buch beleuchtet die Heilpraktikerin und anerkannte Heilerin Tanja Aeckersberg das Thema Diät von einer interessanten Seite. Es sind vor allem die eigenen Gedanken, die dringend einer Diät bedürfen!

Damit die Pfunde purzeln können, wird der Leser mit den Fehlern seiner „Gedanken – Ernährungsweise“ konfrontiert, die zu falschem Essverhalten und Übergewicht geführt hat. Weiterhin vermittelt die Autorin eine gesunde Lebenseinstellung, die gespeist wird von der Kraft der Gedanken. Folglich ist dieses Buch nicht nur zum Abspecken von Körpergewicht gedacht, sondern auch dazu, sich von der Gedankenlast und von unerwünschten Denk- und Verhaltensweisen zu befreien, die meist schon von der Kindheit herrühren. Dieses Buch ist somit auch eine wahre Gesundheitshilfe! Leben Sie von nun an gesund und schlank durch Ihre von einem gesunden Geist genährte Gedankenkraft!

Das Buch erhielt 2002 die Auszeichnung: „Produkt des Jahres“.

Zitat der Jury: Aufgrund der einfachen Handhabung als Übungs- und Arbeitsbuch, führt es auf gut strukturierte Weise die Menschen an ihre zu verändernden Problematiken heran und kann somit über einen längeren Zeitraum ein hilfreicher Begleiter auf dem spirituellen Weg zu sich selbst sein.

ISBN: 978-3-00-021907-8

Reflexzonen-Lehrtafeln

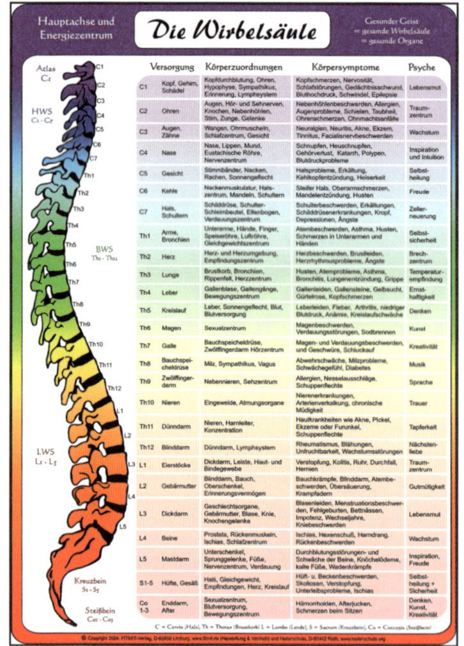

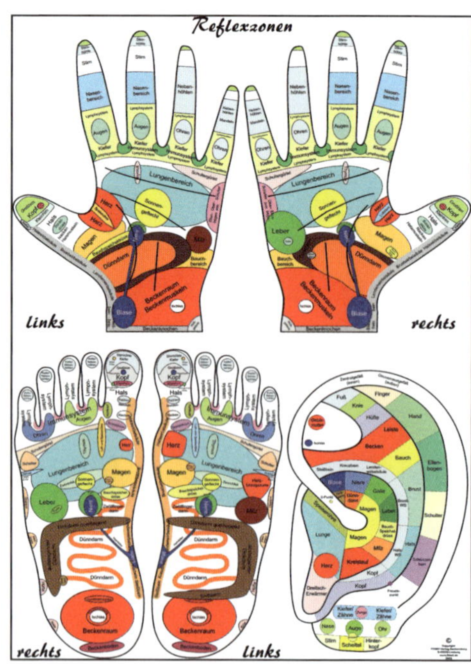

Lehrtafeln von Reflexzonen der Füße, Hände, Ohren und Iris, Bezugszonen der Chakras, Zähne, Wirbelsäule und Organuhr sind beim FITMIT-Verlag erhältlich. Desweiteren Tabellen der Zahn-, Gesichts- und Darmzonen, sowie Chakren, Emotionen und Meridiane.

Die Übersichtskarten sind laminiert, in hochwertiger Qualität als Farb-Fotodrucke in Postergröße in allen Variationen, in Deutsch und in Englisch, erhältlich.

Die auf den Tafeln dargestellten Zonen sind nach Überlieferungen der Chinesen, der Maya, Messungen und Erfahrungen der Radiästhesie und Bioenergetik angefertigt. Sie stimmen mit der allgemein anerkannten Lehrmeinung der Naturheilkunde überein.

Aktiv-Spiele

- Aktiv sein im Spiel mit Körper und Geist!
- Wissen und Spiel verbinden
- Spielend lernen

- **Fußreflexzonen-Spiel**
- **Handreflexzonen-Spiel**
- **Ohrreflexzonen-Spiel**
- **Edelstein-Spiel**
- **Telepathie-Spiel**
- **Aktiv-Spiel**

Aktiv sein - Spiele sind sinnvolle Geschenke für die ganze Familie und machen jedem Spaß. Von der Kinderbetreuung bis hin zum Altersheim sind die Spiele sehr gefragt und beliebt. Die Brettspiele sind komplett mit Holz-Spielsteinen, Holzwürfel, Spielanleitung und entsprechendem Zubehör.

Spielen Sie aktiv mit, tun Sie etwas für Ihre Gesundheit. Ein Diagnosewürfel sorgt für einen spannenden Spielablauf. Kleine Übungen zur Durchblutungsanregung sind im Spielgeschehen eingebunden und bringen zusätzlich Abwechslung und Spielspaß. Lernen Sie Ihren 7. Sinn kennen und üben sich in Gefühl und Wahrnehmung. Entdecken Sie die Telepathie und dass es Lebensbereiche gibt, die die heutige Wissenschaft immer noch nicht richtig erforscht hat. Mit einem speziellen Farbwürfel und Symbolkarten bringt dieses Spiel besonders viel Abwechslung.

Erdkraft - Lichtkarte

- Die neue Energiemedizin
- Erdkraft-Ladestation

Zur Selbstheilung und Meditation mit der Energie des planetarischen Geistes!

Diese Erdkraft-Heilkarte ist durch die Impulsgabe höherer Intelligenzen, die sich Anne Hübner offenbarten, zum Wohle der ganzen Menschheit entstanden.

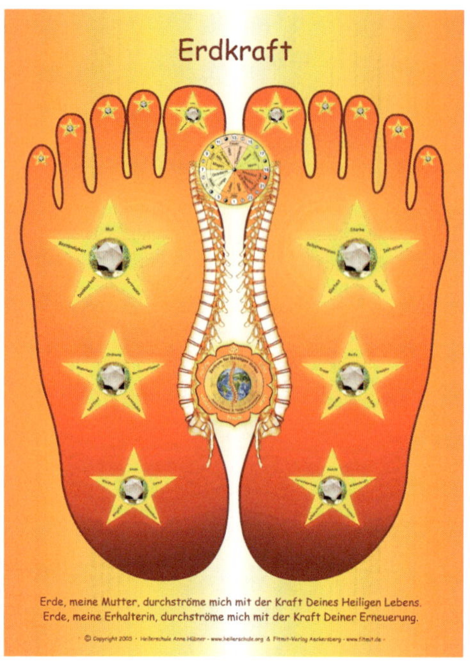

Die über 1000 heilbringenden Informationen, die Du durch die Anwendung dieser Heilkarte aufnimmst, dienen der karmischen Überwindung Deiner Dir unbewussten Erinnerungsmuster an frühere Leben, die Dir den Zutritt in das Reich des Ur-Wissens versperrten.

Die tägliche Aufladung mit Lebensenergie zur Stabilisierung einer vollkommenen Erdung, der Standfestigkeit, Mut, Kraft, Stärke, dem Selbstwert dient vor allem auch der heilsamen Beeinflussung bei Krankheits-Symptomen jeglicher Art. Nun ist die Zeit gekommen, wo Du das „Neue“ Schwingungsmuster Deines Planeten Erde in Hingabe und Liebe erfahren darfst. Lasse Dich vom unbändigen Kraftstrom der Mutter Erde - der die Liebe ist - für immer nähren! Du bist jetzt geerdet! Programmiert und energetisiert von Anne Hübner und Tanja Aeckersberg.

Geistige Heilhilfe für Geimpfte

Wiederherstellung des natürlichen Immunsystems
Ausleitung widernatürlicher DNA Impfmanipulationen
Zellheilung ist Körperheilung

Rettung für Geimpfte - Impfgiftausleitung - Heilung eurer Zellintelligenz - auch für frühere Kinderimpfungen - körperliche Erneuerung - spirituelle Transformation und vieles mehr...

Es ist vollbracht! Der Mensch ist ein Energiegebilde und kann nur mit Energie geheilt werden! Dieses Bewusstsein setzt sich jetzt durch! Geistheilung nimmt im Gesundheitswesen endlich den Stellenwert ein, den sie seit Menschengedenken verdient. Wir dürfen uns wieder an Heil-Wunder gewöhnen.

Mit eingeimpften Giftstoffen hat man Eure Körper, sowie die Zellintelligenz schon von Kindesbeinen an geschädigt! Mit der geistigen Suggestion, daß der Mensch unvollkommen ist und einen Herdenschutz wie Grundimmunisierung zum Überleben braucht, hat sich das intelligente, jedem Menschen innewohnende Urwissen über die Selbstheilungskräfte, die eigene Immunabwehr, der Heilungs- und Überlebenswille, die körpereigene Regenerationskraft und die geistig spirituelle Entfaltung so abgeschwächt, daß die Menschheit Opfer dieser Massenhypnose wurde. Du sollst wissen: Jeder Körper ist eine eigenständige Intelligenz, ausgestattet mit ureigenen Selbstheilungspotentialen. Diese werden durch diese Heilkarte wieder aktiviert!

Danksagung

Hiermit möchte ich denjenigen danken,
die mir in meinem Leben hilfreich zur Seite standen!
Vor allem Euch, die ihr mir mit diesem Buch geholfen habt,
ich danke Euch von Herzen! Es ist mir eine Freude!
Eure Tanja

Internetquellen

Anne Hübner – Zentrum für Geistiges Heilen
www.facebook.com/AnnesEngelbotschaften
www.heilerschule.org, www.heilerschule.info

Sai Baba inspiriert
www.facebook.com/Sai.Baba.inspiriert

Wikipedia
www.wikipedia.de

Gedankendiät – Mentaldiet
www.facebook.com/gedankendiaet

Video-Kanäle – Heilerschule, GeistheilerTV
www.youtube.com/HealingschoolAnneandTanja
www.vimeo.com/heilerschule
www.odysee.com/@GeistheilerTV:e

Telepathie-Spiel von Tanja Aeckersberg
www.fitmit.de

Telegram-Kanal – Geistige Wirbelsäulenaufrichtung
t.me/wsaufrichtung

Test-Objekt – Hellsehen

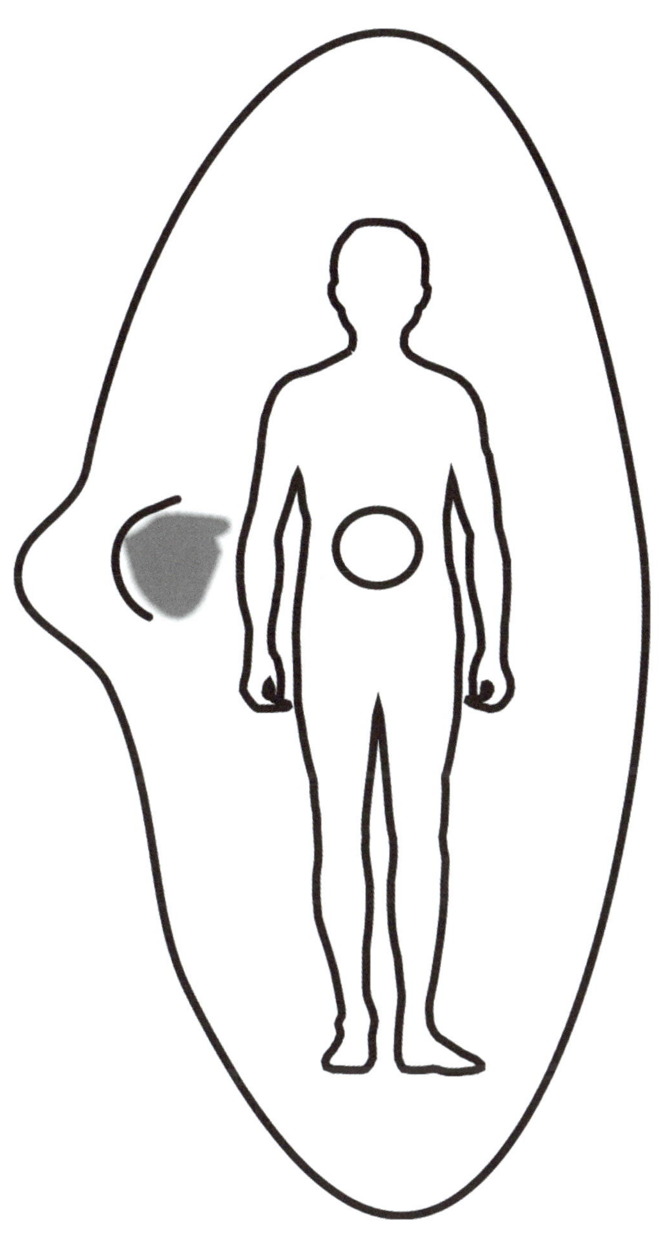

Testkarte – Telepathie

Kreis

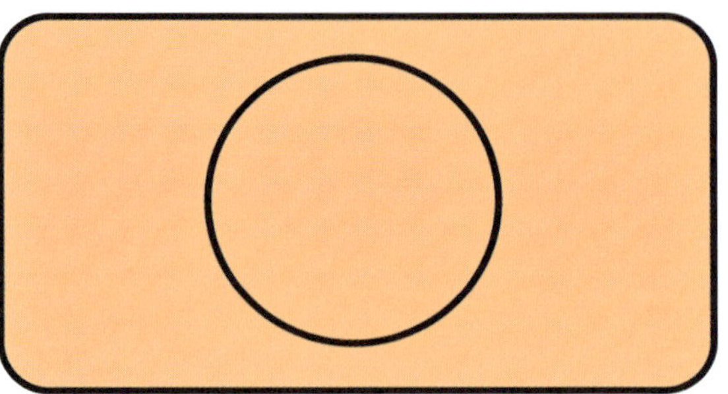

Telepathiekarten
zum Ausschneiden

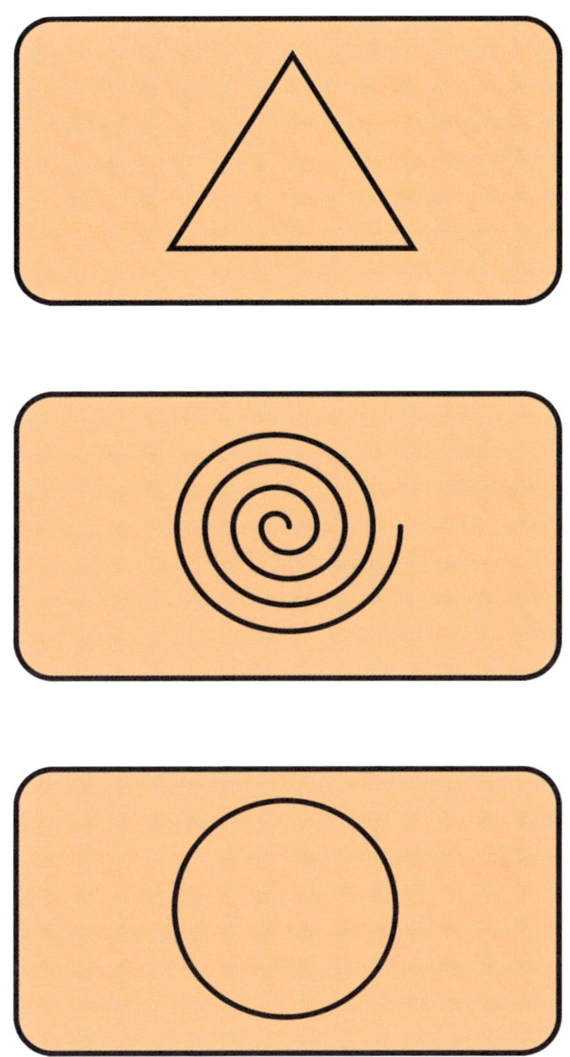

Telepathiekarten
zum Ausschneiden

Optische Illusion
Zeichnung zum Ausschneiden

Bitte Feld A ausschneiden und es neben Feld B legen!

Bewusstseinserweiterung
Karte zum Ausschneiden

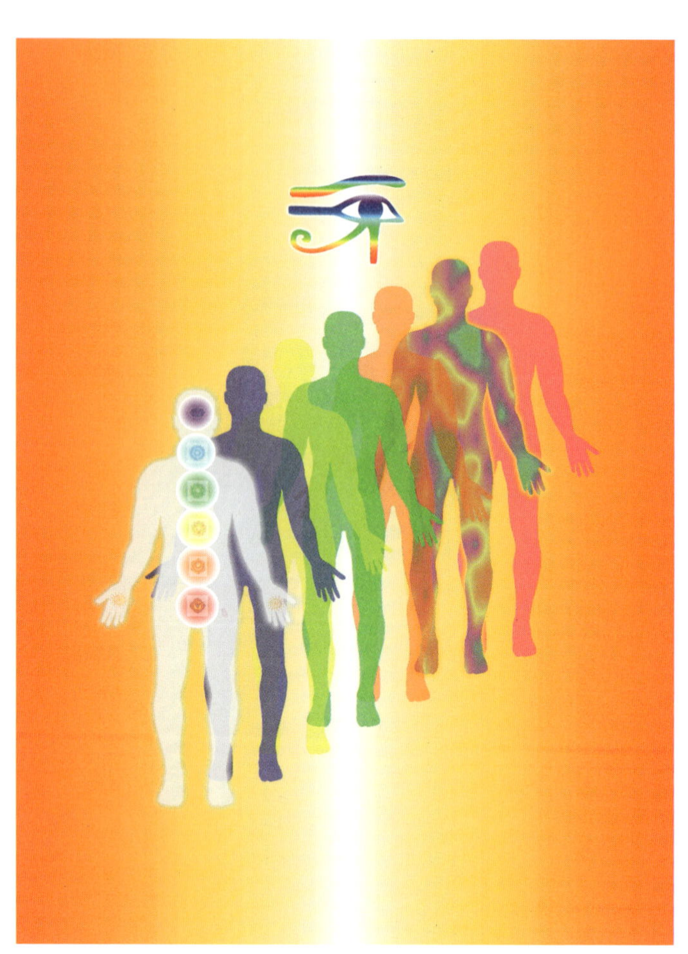